21世纪高等职业教育精品教材·房地产类

U0805570

李昌 主编
罗赞 金丹 副主编

物业管理法规

WUYE GUANLI FAGUI

（第四版）

东北财经大学出版社
Dongbei University of Finance & Economics Press
大 连

图书在版编目（CIP）数据

物业管理法规 / 李昌主编．—4版．—大连：东北财经大学出版社，2021.9（2023.1重印）

（21世纪高等职业教育精品教材·房地产类）

ISBN 978-7-5654-4285-8

Ⅰ．物…　Ⅱ．李…　Ⅲ．物业管理-法规-中国-高等职业教育-教材　Ⅳ．D922.181

中国版本图书馆CIP数据核字（2021）第149365号

东北财经大学出版社出版

（大连市黑石礁尖山街217号　邮政编码　116025）

网　　址：http://www.dufep.cn

读者信箱：dufep@dufe.edu.cn

大连日升彩色印刷有限公司印刷　　东北财经大学出版社发行

幅面尺寸：185mm×260mm　　字数：308千字　　印张：14.5

2021年9月第4版　　2023年1月第2次印刷

责任编辑：李丽娟　刘　佳　　责任校对：徐　群　石建华

封面设计：张智波　　版式设计：原　皓

定价：36.00元

教学支持　售后服务　　联系电话：（0411）84710309

版权所有　侵权必究　　举报电话：（0411）84710523

如有印装质量问题，请联系营销部：（0411）84710711

第四版前言

本教材是东北财经大学出版社“21世纪高等职业教育精品教材·房地产类”系列教材中的一种。它是为物业管理专业的学生学习掌握我国物业管理法规而编写的，也可供物业管理从业人员培训、学习、参考之用。本教材在课程内容、能力结构及评价标准等方面强化中高职衔接，满足了中职生升入高职院校进行专业对口学习的畅通、灵活、开放要求，充分体现职业教育特色，便于学生进一步理解和掌握全书的重要内容，提高解决实际问题的能力。

本教材第一、第二、第三版出版后，受到了广大读者的喜爱。本次修订在内容上更加突出理论性与实践性、适用性相融合，具体特征如下：

第一，根据物业管理法规领域的最新法律法规变动及最新的案例，对具有时效性的内容和资料，包括原版中的引例、实战演练、案例分析等资料进行了增删修订，保持与时俱进。特别是增加了《中华人民共和国民法典》和《不动产登记暂行条例》等相关内容。

第二，根据本教材的特点，为了培养学生实践操作的能力，体现信息化的要求，第四版教材增加了二维码，包含相关法律规定及知识拓展类内容，让学生能够用手机扫码学习掌握最新的物业管理法规的相关内容，培养学生解决实际问题的能力。

第三，为了增加本教材的实用性和可操作性，编写团队中增加“双师型”教师和企业人员。本次修订引进了物业服务企业中多名具有丰富实际工作经验的人员参与修订、审稿，他们为本教材提供了诸多实际工作中的案例和实践教学内容，使学生能学到更多贴近实际工作的知识和技能。

本教材由中国物业管理协会行业发展研究中心首批研究员李昌担任主编，中南林业科技大学教师、长沙市环境工程研究会副会长罗赞和湖南财政经济学院金丹担任副主编。具体分工为：湖南财政经济学院金丹编写第1、11章；长沙法眼法律咨询有限公司总经理、法眼云律集团总经理钟迎华编写第2、8章；湖南省生态环境厅张丽娟编写第3章；罗赞编写第4章；湖南省物业管理行业协会副秘书长张建勋编写第5、6章；长沙烨帆招标代理有限公司总经理章冶编写第7章，湖南财信智慧生活服务有限公司总经理罗艳霞编写第9章；李昌编写第10章；长沙沁园物业管理有限公司董事长陈满元编写第12章。李昌负责全书的统筹、修改、定稿工作。

本教材编写过程中，在调查研究的基础上，参考了近年来许多专家、学者的相关论著和案例分析资料，在此一并表示衷心的感谢。由于编者水平有限，书中疏漏之处在所难免，望读者批评指正。

编　者

2021年3月

目录

第1章

物业管理法规概论

学习目标

通过本章的学习，要求了解物业、物业管理、物业管理法规的概念，了解我国物业管理立法的概况，掌握物业立法的渊源。

引例

张先生要买房子，经过多方咨询、筛选，他选中了一处位置、价格、质量都较为理想的房屋。就在他准备签购房合同时，朋友告诉他，购房时，除了了解房屋的基本条件外，还应看看开发商是否重视物业管理。张先生搞不清楚其中的原因。

资料来源：作者根据相关资料整理编写。

为了了解物业管理相关内容，本章将主要介绍物业管理的概念、特征及物业管理相关法规等内容。

1.1 物业与物业管理

1.1.1 物业的概念及法律属性

1）物业的概念

“物业（real estate/property）”是由中国香港传入内地并逐渐流行，以至现在被普遍接受的一个专有名词，指的是单元性房地产。具体来说，物业是指已建成并投入使用的各类房屋建筑及其附属设施、设备和相关场地。物业可以是一个完整的住宅小区，也可以是其中的一栋楼宇、一个单元。物业可以包含各种建筑物类型，如住宅、商业大厦、酒店宾馆、工业厂房等。近年来，随着物业管理业务领域的拓展，物业的概念有时被延伸至一定的空间场所，如公园、码头等。

具体来看，物业的构成包括以下几个部分：

（1）建筑物本体。它是指已经建成并投入使用的各类建筑物，如住宅、商场、厂房、写字楼等。

（2）配套设施设备。它包括建筑物的附属设施和公共设施。建筑物的附属设施是指保证建筑物各项使用功能的设施，如供水、排水、燃气、消防等设施。公共设施是市政设施的一部分，如物业管理区域内的道路、绿地、停车场、照明路灯、排水管道等。

（3）相关场地。它是指建筑物本体及配套设施设备所占用的土地。

2）物业的法律属性

“物业”并不是法律意义上的概念。法律上的“物”包括动产和不动产。物权作为一个法律范畴，是指权利人直接支配特定的物的权利，包括所有权、用益物权和担保物权。建筑物的物权就是建筑物的所有权，包括建筑物的所有权，土地的使用权、收益权和处分权，是多种权利的集合体，是一个完整的权利体系。物业所有人有权将物业转让、出租、抵押等。

1.1.2 物业管理及其在我国的发展

1）物业管理的概念和特征

物业管理作为房地产市场的消费环节，实际上是房地产开发的延续和完善，是在房地产开发经营中为完善市场机制而逐步建立起来的一种综合性经营服务方式。物业管理既是房地产经营管理的重要组成部分，又是现代化城市管理不可缺少的一环。物业管理的定义有广义和狭义两种。广义的物业管理既包括政府部门的行政管理和行业管理，又包括企业化、专业化的管理，也包括个人的、分散的、自发性的房屋管理，并且涉及物业生产、交换、分配、消费的各个环节；狭义的物业管理仅指企业在物业的消费环节对物业所做的维修、养护和管理。国务院2018年修订的《中华人民共和国物业管理条例》（以下简称《物业管理条例》）第二条对这种狭义的物业管理做了清晰的界定，该条规定：本条例所称物业管理，是指业主通过选聘物业服务企业，由业主和物业服务企业按照物业服务合同约定，对房屋及配套的设施设备和相关场地进行维修、养护、管理。

①物业管理是一种社会化的管理模式。物业管理将分散的社会分工汇集起来统一管理，如房屋维修、水电、清洁、保安、绿化等。每位业主只需面对物业服务企业一家，就能将所有关于房屋和居住（工作）环境的日常事宜办妥，而不必分别面对各个不同的部门，犹如为业主找到了一个“总管家”。业主只需根据物业管理部门批准的收费标准按时交纳管理费和服务费，就可以获得周到的服务，既方便业主，又便于统一管理，有利于提高整个城市管理的社会化程度。

②物业管理是一种专业化的管理。物业管理是由专业的管理企业——物业管理公司实施对物业的统一管理。物业服务企业可以通过设置分专业的管理职能部门来从事相应的管理业务，也可以将一些专项服务业务委托给相应的专业性服务企业，俗称物业外包。例如，物业保安可以向保安公司雇聘，园林绿化可以承包给专业绿化公司，环境卫生也可以承包给专业清洁公司。

③物业管理是一种经营型的管理。物业管理单位是企业单位，物业服务企业必须依照物业管理市场的运行规则参与市场竞争，依靠自己的经营能力和优质的服务在物业管理市场上争取自己的位置和拓展业务，用管理的业绩去赢得商业信誉。物业服务企业的服务性质是有偿的，即推行有偿服务、合理收费。物业管理的经营目标是保本微利，量入为出，而不以高额利润为目的。物业服务企业可以通过多种经营，使物业的管理定位于“以业养业、自我发展”的道路，从而使物业管理有了造血功能，既减轻了政府和各主管部门的压力和负担，又使得房屋维修、养护、环卫、治安、管道维修、设备更新的资金有了来源，还能使业主得到全方位、多层次、多项目的服务。

④物业管理是一种规范化的管理。物业管理方面的规范既有国家法律、法规和物业服务合同的明确规定，也有物业管理的专业性技术规范。物业服务企业的选聘、业主大会的召开、业主委员会的成立、物业服务合同的签订等都要符合法律规定。同时，物业服务企业从事物业管理活动必须要遵循相应的专业技术规范，如常用消防器材使用养护的规范、电梯设备使用保养的规范等。

【实战演练1-1】

王先生于2019年国庆节在某小区购入房屋一套，并于当月入住。不久，王先生就感觉很不方便，如进出小区要出示业主证，自行车必须停放在指定地方，被子也不能在小区空地上随意晾晒，音响声大保安也要干预。王先生认为，物业管理就是在原来的房产管理上增加点内容，比如扫扫地、浇浇花、看看门，物业管理公司是业主聘请来为业主服务的，为什么却又处处管着自己？

问题：（1）物业管理到底是管理还是服务？

（2）物业管理公司的做法是否违背物业管理宗旨？

2）物业管理的内容

物业管理属于第三产业中的服务行业，具体的管理内容和范围相当广泛，且随着行业的发展不断丰富和创新。物业管理是一种综合的经营型管理服务，融管理、经营于服务之中。按服务性质和提供服务的方式，物业管理的内容可作如下分类：

（1）基本业务。

基本业务是指物业管理中面向所有业主、使用人提供的最基本的管理和服务工作，内容通常在物业服务合同中作具体约定，目的是保证物业的完好与正常使用，维持人们正常生活、工作的秩序和物业良好的环境。以住宅小区的物业管理为例，常规性的公共服务大致包括以下内容：①房屋管理服务；②房屋装修管理服务；③物业共用设施设备管理服务；④环境清洁卫生管理服务；⑤绿化管理服务；⑥安全管理服务；⑦文化、娱乐服务。此外，还有物业档案的管理。关于物业管理档案的内容，可以扫描相关二维码查看。

拓展阅读1-1

物业管理档案

（2）针对性的专项服务。

针对性的专项服务是物业服务企业为改善和提高业主、物业使用人的工作和生活条件，提供满足部分业主、物业使用人特殊需要的各项服务，通常是物业管理单位事先设立服务项目，并公布服务内容与质量、收费标准，业主、物业使用人需要某项服务时，可向物业管理单位提出需求，双方按服务内容协商服务质量和收费标准。专项服务的主要内容有：①代办类服务，如代缴水电费、煤气费、电话费等；②高层楼宇的电梯管理、外墙清洗等；③一般的便利性服务，如提供室内清扫、维修、装修等服务。

（3）委托性的特约服务。

委托性的特约服务是指物业服务企业为了满足业主、物业使用人的个别需求，受其委托而提供的服务，通常是指在物业服务合同中未约定、在专项服务中未设立，而业主、物业使用人又有该方面需求的服务。特约服务实际上是专项服务的补充和完善，当有较多的业主和物业使用人有某种服务需求时，物业服务企业可以将此项特约服务纳入专项服务中。常见的特约服务项目有：①代订代送牛奶、书报；②送病人就医、喂药、医疗看护；③代请钟点工、保姆、家教、家庭护理员，代做家政服务；④代接代送儿童入托、入园及上下学等；⑤代购及代送车、船、机票与物品；⑥代洗车辆；⑦代住户设计小花园，绿化阳台，更换花卉盆景等；⑧代办各类商务及业主、物业使用人委托的其他服务项目。这类服务项目一般是协商定价，以微利或轻利标准收费。

（4）经营性服务。

除了少量的无偿服务项目外，物业服务企业提供的其他服务项目都是经营性的。这里所说的经营性服务是指物业服务企业为了扩大企业收入来源、推动企业发展壮大而积极开展的物业管理延伸性多种经营服务项目，其服务对象不仅包括物业管理区域的业主、物业使用人，同时也面向社会，具体包括：①开办餐饮、理发美容、洗衣、熨衣店和商店；②开办农贸市场；③花卉种苗出售；④利用区内空地或道路夜间空闲开辟日夜收费停车场（需得到业主大会和相关业主的同意，并依法办理手续）；⑤开办维修公司，装修装潢公司，家电、车辆及各类生活用品的维修服务公司，绿化公司，清洁公司等经济实体，开展旅游、健身、商业、餐饮业、娱乐业等经营活动；⑥从事房地产出租、信托、中介、咨询和评估以及物业管理咨询等；⑦其他多种经营服务项目。

【案例分析1-1】

李某和他的朋友在谈论物业管理，有的人认为物业管理就是房产管理，只不过房产管理和物业管理的体制不一样，名称换了一下，其根本区别就是收不收费；也有人说物业管理就是在原来的房产管理上增加点内容，如扫扫地、浇浇花、看看门。这些说法对吗？

资料来源：作者根据相关资料整理编写。

分析： 案例中的说法不正确。

物业管理与传统的房产管理的区别主要体现在以下四个方面：

一是管理体制不同。房产管理是在计划经济体制下由政府或各部门、企事业单位采用行政手段直接进行的福利型的封闭式管理，管理单位是终身制。物业管理是市场经济体制下的企业行为，是经营型的、有偿的。

二是管理内容不同。传统的房产管理多年来一直以单一的收租养房为主要内容，管理内容单一。实际上由于是福利型的低租金，收了租也养不了房，需要政府的大量财政补贴，盖的房越多，管的房越多，包袱就越重，形成恶性循环。物业管理则是对房屋设备设施等实行多功能、全方位、综合性经营管理，既管物又服务于人，政府不给补贴，实现资金的良性循环。

三是所管房屋的产权结构不同。传统的房产管理，不论是政府还是单位管理的房屋，绝大多数是国家或单位所有，是公产，其产权关系单一，使用人仅是承租者，而不是产权人。

四是管理机制不同。传统的房产管理是管理者按自身的意志去管理用户，与用户是管理与被管理的关系。用户无法选择管理者，很少有监督权，更谈不上决策权，处于被动地位。物业服务企业与产权人和使用人是被委托与委托、服务与被服务的关系。

3）物业管理在我国的发展

1981年，深圳市借鉴香港地区的管理模式，在东湖丽苑小区率先实行了物业管理，此后在全国各地新建住宅小区陆续推广，取得了良好的效果。这种专业化、社会化、经营型的管理机制、模式和全方位、多层次的服务，与房地产综合开发的现代化生产方式相配套，与住房制度改革而形成的产权多元化格局相衔接，一出现就充满生机和活力，迅速从沿海城市向内地城市扩展。

随着各地对小区管理模式、管理内容、管理方法等多方面的探索，1989年9月建设部（1988年4月设立，其前身是中华人民共和国城乡建设环境保护部，2008年后改称为中华人民共和国住房和城乡建设部）在大庆市召开了第一届全国住宅区管理工作会议，总结推广各地探索积累的管理经验，部署有关住宅小区管理规章和标准的文件起草工作，拉开了全国统一性小区管理工作的序幕，也标志着我国物业管理工作的全面启动。

在此基础上，建设部每两年举行一次全国性的物业管理工作会议，分别就新建住宅小区建立物业管理新体制、推动旧住宅小区物业管理、培育和规范物业管理市场等一系列问题做出部署，逐步把全国的物业管理引向深入，大大推动了各地物业管理工作的开展。特别是1998年，《国务院关于进一步深化城镇住房制度改革加快住房建设的通知》明确指出，要加快改革现行的住房维修、管理体制，建立业主自治与物业服务企业专业管理相结合的社会化、专业化、市场化的物业管理体制，各地政府更要把物业管理工作列入重要日程。媒体加大宣传力度，地方性法规、政策陆续出台，行业协会纷纷成立，对物业管理各级从业人员的培训及专业教育范围逐渐扩大，物业管理普及度大大提高。

20多年来，物业管理的内涵愈加丰富，运作日趋规范，物业服务的领域从住宅区逐步扩展到工业区、学校、医院、商场、办公楼等，目前，全国城市物业管理的覆盖率已占物业总量的38%，经济发达的城市已达50%以上，深圳市已超过95%。

随着2003年9月1日《物业管理条例》的施行，我国的物业管理正在从普及走向规范。此后该条例根据2007年10月1日施行的《国务院关于修改〈物业管理条例〉的决定》（国务院令第504号）第一次修订；根据2016年2月6日施行的《国务院关于修改部分行政法规的决定》（国务院令第666号）第二次修订；根据2018年3月19日施行的《国务院关于修改和废止部分行政法规的决定》（国务院令第698号）第三次修订。此外，各地也纷纷出台地方性条例，如《北京市物业管理条例》《深圳经济特区物业管理条例》《重庆市物业管理条例》等。

1.2 物业管理立法

1.2.1 物业管理法的概念和调整对象

1）物业管理法的概念

拓展阅读 1-2

《物业管理条例》

物业管理法的概念可以从广义和狭义两个层次来表述：

广义的物业管理法是指调整在物业管理过程中产生的一系列社会关系的法律规范的总称，包括宪法、法律和法规、地方性法规等有关物业管理的规范性文件。

狭义的物业管理法是指立法机关颁布的物业管理方面的专门法律或法规，如国务院颁布的《物业管理条例》。

2）物业管理法的调整对象

物业管理法的调整对象，是指物业管理法应当促进、限制、取缔和保护的各种社会关系。物业管理法的调整对象主要包括两大类：一是调整不平等主体之间的行政管理关系，即调整政府在物业管理活动中的行政管理关系；二是调整平等主体之间的民事关系，主要是调整物业服务企业在物业管理活动中的协作关系。

（1）物业管理活动中的行政管理关系。

物业管理活动涉及面广，同社会发展息息相关。同时，物业管理活动的优劣直接影响人们的生产和生活，甚至影响社会的安定。因此，国家必须对物业管理活动实行严格的管理。物业管理活动中的行政管理关系，主要包括政府主管部门与业主、业主委员会、物业使用人的关系，政府主管部门与物业服务企业的关系，政府与建设单位的关系。一方面，政府要对物业管理活动进行规划、指导、协调；另一方面，政府要对物业管理活动进行检查、监督、调节与控制。这既要明确责任，又要有效监管，必须要有物业管理法律、法规的制约和调整。

（2）物业管理活动中的民事关系。

物业管理活动中的民事关系是指因物业管理活动而产生的国家、企事业单位、社会团体、公民之间的民事权利、义务关系，主要包括物业服务企业与建设单位的关系，物业服务企业与业主、业主委员会的关系。这些方面既牵涉国家、社会利益，又关系着个人的权益，因此，应当按照《中华人民共和国民法典》（以下简称《民法典》）和物业管理法中的相关规范予以调整。

【思政思考 1–1】

与新加坡、英国等国物业立法模式相比，我国物业管理立法有何特点？为何不能盲目照搬？

1.2.2　物业管理法的渊源

物业管理法的渊源是指以宪法为核心的各种物业管理制定法，即物业管理法律规范的各种表现形式。物业管理法律规范，是指由国家制定或认可，反映掌握国家政权的阶级的意志，并由国家强制力保证实施，用来确定物业管理活动中各物业管理主体的地位、权利和义务、行为等的具体准则。

物业管理法的渊源有：

1）宪法

宪法由全国人民代表大会制定，具有最高的法律效力。宪法是物业管理法律规范制定的基础和依据，并且物业管理法律规范的规定不得同宪法相抵触，否则无效。

2）法律

法律是由最高权力机关全国人民代表大会及其常务委员会根据宪法颁布的规范性文件，其效力仅次于宪法。目前我国尚未制定专门调整物业管理法律关系的物业管理法等法律，与物业管理有关的法律主要有：《民法典》、《中华人民共和国公司法》（以下简称《公司法》）、《中华人民共和国城市房地产管理法》（以下简称《城市房地产管理法》）、《中华人民共和国招标投标法》（以下简称《招标投标法》）、《中华人民共和国消防法》等。

3）行政法规

行政法规是国家最高行政机关国务院根据宪法和法律颁布的规范性文件，其效力次于宪法和法律。行政法规往往是由主管部门制定的实施细则，它具有灵活、详细的特点。我国涉及物业管理方面的行政法规有：《建设工程质量管理条例》《物业管理条例》等。《物业管理条例》是目前规范物业管理、维护业主和物业服务企业合法权益的基本法规，是我国物业管理中最主要、最直接、最高效力的行政法规。

4）部门规章

部门规章是指由国务院所属部、委、办、署根据宪法、法律、行政法规在各自权限内发布的规范性命令、指示和规章，其地位和效力低于行政法规。与物业管理有关的部门规章较多，主要由住房和城乡建设部发布。

目前有关物业管理的部门规章主要有：建设部1994年第33号令发布的《城市新建住宅小区管理办法》，建设部、财政部1998年11月9日发布的《住宅共用部位共用设施设备维修基金管理办法》，建设部2003年6月26日发布的《前期物业管理招标投标管理暂行办法》，国家发改委、建设部2003年11月13日发布的《物业服务收费管理办法》等。

5）地方性法规

地方性法规是指由省、自治区、直辖市或全国人大常委会特别授权的城市的人民代表大会及其常务委员会制定和发布的、实施于本地区的法规。它们在不同宪法、法律、行政法规相抵触的情况下才是有效的，其效力低于宪法、法律和行政法规，如《广东省物业管理条例》《湖南省城市住宅区物业管理条例》《上海市住宅物业管理规定》等。地方性法规与当地的经济发展水平和物业管理发展水平有关，对当地物业管理市场的发展、完善及规范化起着积极的作用。

6）司法解释

司法解释也是物业管理法律规范的表现形式之一。司法解释是指国家最高司法机关根据法律赋予的职权就具体应用法律问题所制作的具有普遍司法效力的规范性文件。司法解释中关于物业管理法律规定的规范性解释是有法律约束力的，因而也应纳入物业管理法律规范的表现形式中。

此外，在物业管理过程中涉及的物业服务合同、管理规约等文件，本身不具有法律效力，但在一定条件下会对当事人产生法律约束力。例如，业主委员会代表全体业主与物业服务企业签订的物业服务合同对全体业主和物业服务企业都具有法律约束力。

【案例分析1-2】

湖南省A市人民政府为加快物业管理进程，根据《民法典》《物业管理条例》，拟出台《A市城市住宅小区物业管理暂行办法》。后来发现该暂行办法有一条款与湖南省人大常委会出台的《湖南省城市住宅区物业管理条例》相冲突。A市人民政府是否应该对这一条款进行修改？

资料来源：作者根据相关资料整理编写。

分析：我国法律、法规的效力层级基本规则为：宪法至上，上位法优于下位法；法律仅次于宪法而高于其他法的形式；行政法规仅次于宪法和法律，高于地方性法规和部门规章，地方性法规高于本级和下级地方政府规章，部门规章之间、部门规章与地方政府规章之间具有同等效力。湖南省人大常委会出台的《湖南省城市住宅区物业管理条例》属于地方性法规，而A市拟出台的《A市城市住宅小区物业管理暂行办法》属于下级地方政府规章，因此A市人民政府应该对这一条款进行修改，使其符合《湖南省城市住宅区物业管理条例》的相关规定。

1.2.3　我国物业管理立法存在的问题

由于我国幅员辽阔，地区差异较大，加之物业管理在我国也只有30多年的历史，各地区物业管理发展水平参差不齐，物业管理理论研究尚处于起步阶段，对物业管理法律关系、物业管理主体的权利和义务等还没有形成统一的认识，因此，综合分析我国现有物业管理法律规范，还存在以下问题：

（1）全国性物业管理法规还不完善，立法层次较低。现有的全国性法规，无论从内容还是形式上来看，都是全局性的，较为笼统，而且有些物业管理活动中所涉及的重要法律问题还没有明确，如业主委员会的法律地位、开发商遗留问题的处理、共用部位和共用设施的产权界定等问题。这就给物业管理实践带来了诸多操作上的困难。

（2）地方立法活跃，体系不协调，规范性差。自从1994年《深圳经济特区住宅区物业管理条例》出台后，全国已有上海、广东、江苏、河南、广西等20多个省市相继推出了物业管理条例。尽管地方性法规以全国性法律规章为前提，但是其大部分已突破全国性立法的范围。而且我国地域辽阔，政治、经济发展水平不平衡，各地区人民生活水平和习俗存在较大差异，造成地方性法规之间存在差异，导致各地区物业管理法规之间的整体性、配套性、协调性也相对较差。在现实生活中，常出现同类性质的案件，由于适用法律不同，判决结果不同的情况，这对司法的公正性产生了不良影响。

（3）物业管理的配套法律、法规还不完善。在建立健全物业管理法律体系和法律制度的同时，必须健全与物业管理有着密切联系的法律、法规。例如，楼宇的“区分所有权”问题和物业项目中“非住宅公共地方所有权和使用权”的归属问题等，还有待将来物权法等相关法律去解决。

加强物业管理立法，对规范物业管理活动、维护业主和物业服务企业的合法权益、促进房地产管理的发展都具有重要的意义：

（1）物业管理立法是我国社会经济发展的内在要求。

（2）物业管理立法是维护物业管理市场秩序的需要。

（3）物业管理立法是保障业主和物业服务企业合法权益的需要。

（4）物业管理立法是促进物业管理产业健康发展的需要。

本章小结

物业管理作为新兴产业，随着我国社会经济的发展，也得到了蓬勃发展，在经济生活中发挥着越来越重要的作用。物业管理有广义和狭义之分。狭义的物业管理，是指业主通过选聘物业服务企业，由业主和物业服务企业按照物业服务合同约定，对房屋及配套的设施设备和相关场地进行维修、养护、管理，维护相关区域内的环境卫生和秩序的活动。物业管理具有社会化、专业化、经营型、规范化等特征。

物业管理行业的蓬勃发展，要求运用物业管理法规来加以规范、约束、推动和保障。我国目前的物业管理立法已经形成了以宪法为根本法，以《民法典》等法律为基本法，以《物业管理条例》等行政法规为中心，加之以配套的前期物业管理办法、物业服务企业资质办法、物业服务收费管理办法和地方性法规、规章的多层次的物业管理法律体系，但我国物业管理立法还有待完善。

关键概念

物业　物业管理　物业管理立法

基础知识练习

△ 选择题

1.（　　）属于物业配套设施设备。

A.消防设施　　B.绿地　　C.道路　　D.住宅楼

2.物业管理的内容包括（　　）。

A.基本业务　　B.针对性的专项服务

C.委托性的特约服务　　D.经营性服务

3.物业管理基本业务的内容有（　　）。

A.房屋装修管理服务　　B.文化服务

C.医疗看护　　D.绿化管理服务

4.《物业管理条例》出台于（　　）。

A.2003年6月　　B.2003年9月　　C.2005年6月　　D.2005年5月

△ 判断题

1.房地产就是物业。（　）

2.物业管理在我国发端于上海。（　）

3.《民法典》法律效力大于《物业管理条例》。（　）

△ 思考题

1.怎样理解物业管理的含义？

2.物业管理的特征有哪些？

3.物业管理法各种表现形式之间的法律效力的关系如何？

第2章

物业权属法律制度

学习目标

通过本章的学习，要求了解所有权和用益物权的内容；掌握物权的概念，掌握房屋所有权、建筑物区分所有权和物业相邻权的内容以及物业权属的登记制度。

引例 **能否擅自在其底层拆改装潢**

某房屋侵权诉讼案例情况如下：

原告等诉称：原告居住的楼房，底层为被告所有，二层以上的产权为原告等所有。被告擅自在其底层拆改装潢，为架设夹层而深挖屋内地面将基础梁暴露在外，用膨胀螺栓把槽钢固定在楼房框架和四周墙体上，明显加大了楼房主体的负荷。被告的行为致使原告等的住宅墙体开裂，层面渗水，水管漏水，严重影响了原告等的居住安全。被告的行为侵犯了原告等作为产权人的合法权益。请求判令被告恢复房屋原状，并对受损的楼房主体结构和给排水系统采取补救加固措施。

被告辩称：被告是在自己的产权范围内对属于自己的房屋进行装潢改造，所有工程都是经过有资质的设计单位设计，报有关行政机关批准后进行的，并且得到了房屋安全鉴定机关的鉴定认可，根本不侵犯原告的权利。原告所称的损害是楼房质量问题，与被告的装潢改造无关。原告所诉无理，应当驳回。

分析：根据《民法典》第二百九十五条的规定，不动产权利人挖掘土地、建造建筑物、铺设管线以及安装设备等，不得危及相邻不动产的安全。原告与被告既是相邻权人，又是对楼体框架相连部分的共有权人。本案中被告虽有批准证明，但并没有确切证据证明是在严格监督下按照批准的施工质量标准组织施工的。所以被告应承担相应的民事责任，支持原告的部分诉讼请求，由被告对受损的楼房主体结构和给排水系统采取补救加固措施。

为了了解物业权属相关法律法规，本章将主要介绍有关房屋所有权、物业相邻权等内容。

2.1 物 权

2.1.1 物权的概念

物权是指权利人依法对特定的物享有直接支配和排他的权利，包括所有权、用益物权和担保物权。

这一概念包含如下几个方面的含义：

（1）物权是法定的，民事主体应当依法行使。

（2）物权是以物为权利客体的民事权利。作为物权客体的“物”，是指有体物，包括动产和不动产。

（3）物权是直接支配标的物并享受其利益的权利。所谓直接支配，是指权利主体得依自己的意思对标的物进行使用、收益、处分。

（4）物权人有权排除他人对其享有物权和行使物权的干涉。

【案例分析2-1】

2021年3月，王某与李某出于投资的目的，共同出资购买了一处房产，并将该房屋出租给张某，租金收益双方按投资比例分享。由于房价一路飙升，王某与李某就该房是出租还是出售产生了分歧。王某主张出售，李某希望继续出租，以期获得更多投资收益。李某表示，王某若执意出售，自己愿意购买，但承租人也有意购买。

承租人认为其享有对该房屋的优先购买权。李某认为自己是该房的共有权人，也享有优先购买权，双方为此各执己见。

资料来源：作者根据相关资料整理编写。

分析：《民典法》第七百二十六条规定："出租人出卖租赁房屋的，应当在出卖之前的合理期限内通知承租人，承租人享有以同等条件优先购买的权利；但是，房屋按份共有人行使优先购买权或者出租人将房屋出卖给近亲属的除外。"因此，在同等条件下，共有权人的优先购买权利优先。

2.1.2 物权的保护

《民典法》第三章规定："物权受到侵害的，权利人可以通过和解、调解、仲裁、诉讼等途径解决。"因物权的归属、内容发生争议的，利害关系人可以请求确认权利。无权占有不动产或者动产的，权利人可以请求返还原物。妨害物权或者可能妨害物权的，权利人可以请求排除妨害或者消除危险。造成不动产或者动产毁损的，权利人可以依法请求修理、重作、更换或者恢复原状。侵害物权，造成权利人损害的，权利人可以依法请求损害赔偿，也可以依法请求承担其他民事责任。《民典法》第三章规定的物权保护方式，可以单独适用，也可以根据权利被侵害的情形合并适用。

侵害物权，除承担民事责任外，违反行政管理规定的，依法承担行政责任；构成犯罪的，依法追究刑事责任。

2.2 所有权

所有权人对自己的不动产或者动产，依法享有占有、使用、收益和处分的权利。所有权人有权在自己的不动产或者动产上设立用益物权和担保物权。用益物权人、担保物权人行使权利，不得损害所有权人的权益。法律规定专属于国家所有的不动产和动产，任何单位和个人不能取得所有权。

《民法典》规定：为了公共利益的需要，依照法律规定的权限和程序可以征收集体所有的土地和组织、个人的房屋以及其他不动产。征收集体所有的土地，应当依法及时足额支付土地补偿费、安置补助费以及农村村民住宅、其他地上附着物和青苗等的补偿费用，并安排被征地农民的社会保障费用，保障被征地农民的生活，维护被征地农民的合法权益。征收组织、个人的房屋以及其他不动产，应当依法给予征收补偿，维护被征收人的合法权益；征收个人住宅的，还应当保障被征收人的居住条件。任何组织或者个人不得贪污、挪用、私分、截留、拖欠征收补偿费等费用。

国家对耕地实行特殊保护，严格限制农用地转为建设用地，控制建设用地总量。不得违反法律规定的权限和程序征收集体所有的土地。因抢险救灾、疫情防控等紧急需要，依照法律规定的权限和程序可以征用组织、个人的不动产或者动产。被征用的不动产或者动产使用后，应当返还被征用人。组织、个人的不动产或者动产被征用或者征用后毁损、灭失的，应当给予补偿。

2.2.1 国家所有权和集体所有权、私人所有权

1）国家所有权

（1）行使主体。

法律规定，属于国家所有的财产，属于国家所有即全民所有。国有财产由国务院代表国家行使所有权。法律另有规定的，依照其规定。

（2）范围。

国家所有权的具体范围包括：矿藏、水流、海域属于国家所有。无居民海岛属于国家所有，国务院代表国家行使无居民海岛所有权。城市的土地，属于国家所有。法律规定属于国家所有的农村和城市郊区的土地，属于国家所有。森林、山岭、草原、荒地、滩涂等自然资源，属于国家所有，但是法律规定属于集体所有的除外。法律规定属于国家所有的野生动植物资源，属于国家所有。无线电频谱资源属于国家所有。法律规定属于国家所有的文物，属于国家所有。国防资产属于国家所有。铁路、公路、电力设施、电信设施和油气管道等基础设施，依照法律规定为国家所有的，属于国家所有。

国家所有的财产受法律保护，禁止任何组织或者个人侵占、哄抢、私分、截留、破坏。

2）集体所有权

（1）行使主体。

农民集体所有的不动产和动产，属于本集体成员集体所有。

（2）范围。

集体所有的不动产和动产包括：法律规定属于集体所有的土地和森林、山岭、草原、荒地、滩涂；集体所有的建筑物、生产设施、农田水利设施；集体所有的教育、科学、文化、卫生、体育等设施；集体所有的其他不动产和动产。

集体所有的财产受法律保护，禁止任何组织或者个人侵占、哄抢、私分、破坏。农村集体经济组织、村民委员会或者其负责人做出的决定侵害集体成员合法权益的，受侵害的集体成员可以请求人民法院予以撤销。

3）私人所有权

私人对其合法的收入、房屋、生活用品、生产工具、原材料等不动产和动产享有所有权。私人的合法财产受法律保护，禁止任何组织或者个人侵占、哄抢、破坏。

2.2.2 房屋所有权

房屋所有权是指对房屋全面支配的权利。房屋的所有权分为占有权、使用权、收益权和处分权四项权能。

按照房屋所有权主体内容构成的不同，房屋所有权可以分为单独所有房屋所有权、共同所有房屋所有权和建筑物区分所有权。

1）单独所有房屋所有权

独有是指一栋房屋归一个所有权人所有，它是房屋所有权归属最简单的形式。这里的房屋，可以是独立的一间平房，也可以是一栋楼房，甚至相互毗邻的楼群。这里强调的是一栋建筑物与其他建筑物的独立，进而该栋建筑物上只有一个所有权主体。只要一栋独立的建筑物归一个人（自然人、法人）所有，那么就属于这里的独立所有的情况。

在法律上，房屋的一个人所有最主要表现在，房屋的登记簿和产权证书上记载的房屋所有权人只有一个人。独有是最简单的房屋所有权形式。

2）共同所有房屋所有权

（1）房屋共有的概念。

房屋共有是指两个或两个以上的公民或法人对同一项房产共同享有所有权。

两个或两个以上的所有权主体称为共有人，共同拥有的标的称为共有房产，这种特殊的所有权称为房屋共有权。

共有权是指数个人对一个物享有一个独立所有权，而不是每一个共有人各自都有一个独立的所有权。

共有与公有是两个不同的概念，它们的区别表现在：

第一，公有财产的主体是单一的，共有财产的主体是多个共有人。

第二，公有财产已脱离各个公有组织的成员而存在，共有财产则未脱离各共有人。

第三，单个公民退出或加入公有组织不会对公有财产产生影响，但共有人的退出或加入则会对共有财产产生影响。

（2）共有关系的法律要求。

①共有人按照约定管理共有的不动产或者动产；没有约定或者约定不明确的，各共有人都有管理的权利和义务。

②处分共有的不动产或者动产以及对共有的不动产或者动产作重大修缮的，应当经占份额三分之二以上的按份共有人或者全体共同共有人同意，但共有人之间另有约定的除外。

对共有物的管理费用以及其他负担，有约定的，按照约定；没有约定或者约定不明确的，按份共有人按照其份额负担，共同共有人共同负担。

共有人约定不得分割共有的不动产或者动产以维持共有关系的，应当按照约定，但共有人有重大理由需要分割的，可以请求分割；没有约定或者约定不明确的，按份共有人可以随时请求分割，共同共有人在共有的基础丧失或者有重大理由需要分割时可以请求分割。因分割对其他共有人造成损害的，应当给予赔偿。

共有人可以协商确定分割方式。达不成协议，共有的不动产或者动产可以分割并且不会因分割减损价值的，应当对实物予以分割；难以分割或者因分割会减损价值的，应当对折价或者拍卖、变卖取得的价款予以分割。共有人分割所得的不动产或者动产有瑕疵的，其他共有人应当分担损失。

因共有的不动产或者动产产生的债权债务，在对外关系上，共有人享有连带债权、承担连带债务，但法律另有规定或者第三人知道共有人不具有连带债权债务关系的除外；在共有人内部关系上，除共有人另有约定外，按份共有人按照份额享有债权、承担债务，共同共有人共同享有债权、承担债务。偿还债务超过自己应当承担份额的，按份共有人有权向其他共有人追偿。

共有人对共有的不动产或者动产没有约定为按份共有或者共同共有，或者约定不明确的，除共有人具有家庭关系等外，视为按份共有。

（3）房屋共有的形式。

①共同共有。

共同共有是指共同共有人对共有的不动产或者动产共同享有所有权。共同共有人对共有的不动产或者动产共同享有占有、使用、收益和处分的权利。

共同共有的法律特征主要有：

第一，共同共有以一定的共同关系的存在为前提，如夫妻关系是夫妻共有的前提。

第二，共同共有的财产不分份额。

第三，各共同共有人对整个共有财产平等地享有权利和承担义务。

共同共有人对共有房屋享有平等地占有、使用、收益和处分的权利。关于共同共有人的权利和义务，应当把握以下几点：

一是共同共有人对共有房屋平等地享有权利，平等地承担义务。

二是对一项财产，部分共有人主张按份共有，而另一部分共有人主张共同共有的，如果不能证明是按份共有，则应认定为共同共有。

三是对共同共有房屋的处分，一般须经全体共有人的同意。部分共同共有人擅自处分财产的行为无效。

四是共有房屋在共有关系存续期间，各共同共有人无权要求分割共有财产。

五是共有关系终止时，可依协议分割共有财产；没有协议的，应按等分原则处理。

六是共同共有房屋分割后，某一共有人出卖其分得的财产时，如该房屋与其他原共有人的房屋属于一个整体或配套使用，则其他共有人在同等条件下可以主张优先购买权。

【案例分析2-2】

王某夫妇有一子王甲、一女王乙。王甲在外地工作，已成家另立门户。王乙尚未成家，与父母住在一起。王某夫妇拥有一栋三层楼房。2020年1月，王某夫妇因病相继去世，王甲和王乙继承了该楼房，二人约定该楼房由王乙管理。2020年3月，王乙在没有告知王甲的情况下，将整栋楼房卖给了陆某，价款为人民币50万元。陆某认为王乙是该房的主人，二人签订了房屋买卖合同，并办理了房屋过户手续。王甲得知王乙卖房一事后十分恼火，诉到法院请求宣告该房屋买卖无效。法院受理后，做出王乙与陆某的房屋买卖合同无效的判决。

资料来源：作者根据相关资料整理编写。

分析：王甲和王乙对该楼房具有共同共有关系。共同共有人对共有财产享有权利、承担义务。王甲和王乙对该楼房尚未进行分割，而是共同继承了该楼房，因此他们对该楼房为共同共有关系。王乙出卖该楼房，要事先经王甲的同意。王乙在不告知王甲的情况下，擅自卖房屋给陆某，侵犯了王甲的所有权。在该案中，王乙对陆某应承担缔约过失责任。由于王乙的过错致使合同无效，使陆某遭受了损失。对于陆某的损失，王乙应当承担责任。

②按份共有。

按份共有是指按份共有人对共有的不动产或者动产按照其份额享有所有权。按份共有人按照其份额对共有的不动产或者动产享有占有、使用、收益和处分的权利。

虽然按份共有人对共有物享有不同的份额，但是各共有人的权利并非局限于其份额，而是及于共有财产的全部，所以共同共有人与分别所有是不同的。分别所有是不同的所有人对财产不同的具体部分单独享有所有权。

按份共有人按照特定的份额分别对共有财产享有占有、使用、收益和处分的权利，同时也按各自的份额分担义务。

对按份共有人的权利，主要应把握以下几点：

第一，虽然按份共有人按其份额行使权利，并享有利益，但是共有财产归属于全体共有人。

第二，共有财产归属于全体共有人所有，一个或几个共有人未经全体共有人的同意不得擅自处分共有财产。

第三，按份共有人有权分出或转让其份额，其他共有人在同等条件下有优先购买权。

第四，按份共有人对共有的不动产或者动产享有的份额，没有约定或者约定不明确的，按照出资额确定；不能确定出资额的，视为等额享有。

【案例分析2-3】

王某与其父亲共有一处房产，王某是房产证的户主，其父亲是共有人。王某有一弟弟，在王某的父母过世后，王某能否完全享有该房屋的全部产权？若王某想一个人完全拥有房产权利，需要怎么办？

资料来源：作者根据相关资料整理编写。

分析：（1）王某和其弟弟都有权利继承其父亲的财产（如果没有明确的遗嘱）。

（2）如果没有具体指明共有份额，一般理解为王某和其父亲各自占有50%。

（3）王某的父母过世后，他们50%的份额由他们兄弟二人共同继承。也就是说，王某除了拥有50%的共有产权外，在父母的50%里还可以有一份，具体有多少可以根据承担赡养义务的情况进行分配。

（4）如果王某想一个人完全拥有房产，可以购买其弟弟应继承的那部分份额（最多占25%）。如果他弟弟放弃继承，也可以完全拥有。

3）建筑物区分所有权

（1）建筑物区分所有权的概念和特征。

建筑物区分所有权，是指业主对建筑物内的住宅、经营性用房等专有部分享有所有权，对专有部分以外的共有部分享有共有和共同管理的权利。

建筑物所有权主要是由专有权和共有权两方面构成的，因此权利的客体也包括两个方面，即专有部分和共有部分。专有部分主要是指根据建筑物的结构和功能而分割出来的具有独立建筑构造和独立使用功能的部分。共有部分则是指建筑物的共用部分和附属设施等不具独立使用功能的建筑部分。

专有部分必须具备以下条件：

第一，具有构造上的独立性，能够明确区分；

第二，具有利用上的独立性，可以排他使用；

第三，能够登记成为特定业主所有权的客体。

（2）建筑物区分所有权的内容。

①专有权。

专有权是指业主对其建筑物专有部分享有占有、使用、收益和处分的权利。业主行使权利不得危及建筑物的安全，不得损害其他业主的合法权益。专有部分是指在构造上能够明确区分，具有排他性且区分所有权人可独立使用的建筑物部分。

②共有权。

共有权是指业主对建筑物专有部分以外的共有部分享有权利，承担义务，不得以放弃权利不履行义务。业主转让建筑物内的住宅、经营性用房，其对共有部分享有的共有和共同管理的权利一并转让。

这种共有权是法定的权利，无需当事人的约定，且与专有权密不可分。共有部分则是指区分所有权人所拥有的单独所有部分以外的建筑物的其他部分。共有部分既可以由法律直接规定，也可以由区分所有权人共同约定。《住宅专项维修资金管理办法》第三条规定："住宅共用部位，是指根据法律、法规和房屋买卖合同，由单幢住宅内业主或者单幢住宅内业主及与之结构相连的非住宅业主共有的部位，一般包括住宅的基础、承重墙体、柱、梁、楼板、屋顶以及户外的墙面、门厅、楼梯间、走廊通道等。共用设施设备，是指根据法律、法规和房屋买卖合同，由住宅业主或者住宅业主及有关非住宅业主共有的附属设施设备，一般包括电梯、天线、照明、消防设施、绿地、道路、路灯、沟渠、池、井、非经营性车场车库、公益性文体设施和共用设施设备使用的房屋等。"

建筑物区分所有权人对共用部分享有的权利有：

第一，业主不得违反法律、法规以及管理规约将住宅改变为经营性用房。业主将住宅改变为经营性用房的，除遵守法律、法规以及管理规约外，应当经与之有利害关系的业主同意。

第二，业主大会或者业主委员会的决定，对业主具有约束力。业主大会或者业主委员会作出的决定侵害业主合法权益的，受侵害的业主可以请求人民法院予以撤销。

第三，建筑物及其附属设施的维修资金，属于业主共有。经业主共同决定，可以用于电梯、水箱等共有部分的维修。维修资金的筹集、使用情况应当公布。

第四，建筑物及其附属设施的费用分摊、收益分配等事项，有约定的，按照约定；没有约定或者约定不明确的，按照业主专有部分占建筑物总面积的比例确定。

第五，业主可以自行管理建筑物及其附属设施，也可以委托物业服务企业或者其他管理人管理。对建设单位聘请的物业服务企业或者其他管理人，业主有权依法更换。

第六，物业服务企业或者其他管理人根据业主的委托管理建筑区划内的建筑物及其附属设施，并接受业主的监督。

建筑物区分所有权人对共用部分享有的义务有：

第一，区分所有建筑物周围上下及防空避难室等，非依法律规定并经区分所有权人会议决议，区分所有权人或专有部分占有人不得变更其构造、颜色、使用目的及设置广告物。

第二，共用部分的修缮、管理、维护，由管理人员或管理委员会承担，其费用由区分所有权人按其共有的应有部分的比例分担，但修缮费系因可归责于区分所有权人的事由所发生时，由该区分所有权人负担。

第三，专有部分的共同壁、楼地板及专有部分内的管线，其维修费用由该共同壁双方或楼地板上下双方的区分所有权人共同负担。但修缮费系因可归责于区分所有权人的事由所发生时，由该区分所有权人负担。

第四，区分所有权人不得任意弃置垃圾、排放各种污染物、恶臭物或制造喧嚣、振动及其他类似行为。

第五，区分所有权人不得于楼梯间、共同走廊、消防设备及防空设施等地堆放杂物、设置栓栏，或违规设置广告物或私设路障及停车位，不得侵占通道、妨碍出入。

第六，区分所有权人饲养动物，不得妨碍公共卫生、公共安宁及公共安全，但法律或规约另有禁止饲养动物的规定的，从其规定。

③成员权。

成员权是指建筑物区分所有权人基于在一栋建筑物之构造、权利归属及使用上的不可分离的共同关系而产生的、作为建筑物的一个团体组织而享有的权利与承担的义务，即物业管理中的权利与义务。其权利为：

第一，制定和修改业主大会议事规则；

第二，制定和修改建筑物及其附属设施的管理规约；

第三，选举业主委员会或者更换业主委员会成员；

第四，选聘和解聘物业服务企业或者其他管理人；

第五，筹集和使用建筑物及其附属设施的维修资金；

第六，改建、重建建筑物及其附属设施；

第七，有关共有和共同管理权利的其他重大事项。

决定上述第五项和第六项规定的事项，应当经专有部分占建筑物总面积三分之二以上的且占总人数三分之二以上的业主同意。决定上述其他事项，应当经专有部分占建筑物总面积过半数的且占总人数过半数的业主同意。

其义务为：执行区分所有权人管理团体之决议义务；遵守管理规约之义务；接受管理者管理之义务等。

【案例分析 2-4】

2019年2月，张先生入住位于顶层的新房。由于物业服务公司在其顶楼做了霓虹灯广告，影响了张先生晚上休息，张先生便把霓虹灯的电源掐断了。最后，因双方纠纷无法解决，开发商把张先生告上了法庭。

法院经审理后判决：物业服务公司经业主委员会同意后可继续发布霓虹灯广告，收益由物业公司和全体业主共有，分给顶层业主的比例为1/3。

资料来源：作者根据相关资料整理编写。

分析：顶楼并非顶层业主的专有财产，它实际上是在为整个楼宇的用户服务，所以顶楼是商品房的公共建筑部分，其产权由业主共有，是否设立广告应由业主委员会做出决定。因此，虽然在楼顶上搭建广告牌是物业公司出面联系，但是收益应由业主和公司共享。考虑到广告灯光问题给顶层业主可能造成一定影响，收益可多分配给其一些。

【实战演练 2-1】

就像其他大厦的一楼难以销售一样，甲公寓大厦的一楼住宅也乏人问津。它的开发商为了促进销售，做出了将窗前绿地随同一楼的房屋单元一并交给业主单独使用的广告宣传。

问题：一楼的业主能够凭借着他和开发商之间的房屋买卖合同而取得这样的专有使用权吗？

2.3 物业相邻权

2.3.1 物业相邻权概述

1）物业相邻权的概念

相邻权是指两个或者两个以上相互毗邻的不动产所有人或使用人，在行使不动产的所有权或者使用权时有权要求其相邻方履行一定义务的一种资格。不动产的相邻权利人应当按照有利于生产、方便生活、团结互助、公平合理的原则，正确处理相邻关系。

只要他人不动产的使用对自己不动产的使用有影响，或者说对本人不动产的使用影响到他人不动产使用的整个辐射面积和空间的，都可称作相邻。例如，《民法典》第二百九十三条规定："建造建筑物，不得违反国家有关工程建设标准，妨碍相邻建筑物的通风、采光和日照。"两栋房屋在物理上并不邻接，没有共同的墙体，甚至中间还间隔了其他房屋，但其中一栋房屋在实质上影响了另一栋房屋的通风、采光和日照，那么这两栋房屋同样存在相邻关系。又如，《民法典》第二百九十四条规定："不动产权利人不得违反国家规定弃置固体废物，排放大气污染物、水污染物、噪声、光、电磁波辐射等有害物质。"居民小区之外的几百米处有一化工厂，化工厂的废气排放影响到小区居民的正常生活，此时化工厂与小区之间同样存在相邻关系。

在房地产经济活动中讨论相邻权具有重要的意义：

第一，有助于房地产开发活动的顺利进行，提高经济效益。例如，管线设置权，允许为安装电线、水管、煤气管在必要时进入他人的土地房屋，保障了正常经济活动的便捷开展。

第二，有助于房地产消费者排除不当妨害，促进生活便利。例如，房地产所有人、使用人根据相邻权有权禁止相邻他方的污染物侵袭、噪声干扰。

第三，有助于各方人员团结互助，维护社会安定。

2）物业相邻关系的特征

相邻关系具有以下特征：

（1）相邻关系的主体是相互毗邻的不动产的所有权人或使用权人。

（2）相邻关系的客体是行使不动产权利时所体现的利益而非房地产本身。

（3）相邻关系的内容主要是一方有权要求另一方给予必要的便利，而另一方的权利因此受到限制。

2.3.2 物业相邻权的内容

根据法律规定，不动产所有人和使用人行使权利时，应给予相邻的不动产所有人和使用人以行使权利的必要的便利。在实际生活中，因为不了解相邻权而产生的纠纷非常普遍。

1）因土地通行和占用而产生的相邻权

（1）不动产权利人对相邻权利人因通行等必须利用其土地的，应当提供必要的便利。

（2）不动产权利人因建造、修缮建筑物以及铺设电线、电缆、水管、暖气和燃气管线等必须利用相邻土地、建筑物的，该土地、建筑物的权利人应当提供必要的便利。

（3）不动产权利人挖掘土地、建造建筑物、铺设管线以及安装设备等，不得危及相邻不动产的安全。

（4）不动产权利人因用水、排水、通行、铺设管线等利用相邻不动产的，应当尽量避免对相邻的不动产权利人造成损害；造成损害的，应当给予赔偿。

2）建筑物内通行而产生的相邻权

（1）对于一方所有的或者使用的建筑物范围内形成的必需通道，所有权人或者使用权人不得堵塞。

（2）因堵塞而影响他人生产、生活，他人要求排除妨碍或者恢复原状的，应当予以支持。但如果有条件另开通道的，也可以另开通道。

3）用水与排水而产生的相邻权

（1）相邻多方共临同一水源时，各方均可以自由使用水源，但不得影响相邻方的用水。相邻一方擅自堵截、改变水路或者独占自然用水，影响他方正常生产、生活的，他方有权请求排除妨碍，因此造成他方损失的，截水一方应负赔偿责任。

（2）相邻一方必须使用另一方的土地排水的，应当予以准许，但排水一方应当在必要限度内使用并采取适当的保护措施。如果因此而给另一方造成损失，受益人应当给受害人适当的补偿。

（3）相邻一方可以采取其他的合理措施排水而未采取，向他方土地排水毁损或可能毁损他方财产，他方要求致害人停止侵害、消除危险、恢复原状、赔偿损失的，人民法院应当予以支持。

4）开挖土地而产生的相邻权

相邻一方在自己的土地上挖水沟、水池、地窖、水井和地基时，应注意他方房屋、地基以及其他建筑物的安全。如果因此而影响他方建筑物的安全和正常使用，人民法院应当分情况，责令其消除危险、恢复原状或者赔偿损失。

5）种植林木而产生的相邻权

相邻一方在自己的土地上种植林木的，应当注意不影响他方土地或者建筑物的正常使用。如果一方种植的林木根枝伸延，危及另一方土地或建筑物的安全和正常使用，应当责令林木种植人消除危险、恢复原状或者赔偿损失。处理纠纷时，如当事人达不成协议，可提起诉讼。

6）房屋滴水而产生的相邻权

相邻一方建造房屋应尽量避免房檐滴水对他方造成损害。因相邻房屋滴水而发生的纠纷，人民法院审理时，对有过错一方造成损害的，应当责令过错方排除妨碍或者赔偿损失。

7）采光与通风而产生的相邻权

相邻各方建造房屋或其他建筑物，必须与邻居保持适当距离，不得妨碍邻居的通风和采光。相邻一方违反有关规定修建建筑物，影响他方通风采光的，受害人有权要求停止侵害、恢复原状或赔偿损失。

2.3.3 物业相邻权的保护

物业相邻权的保护实际上就是相邻各方的相邻权的保护。随着人们法治观念的提高和对生活环境等各方面条件要求的改善，房屋使用人的房屋相邻权的保护也越来越受到人们的重视。从我国现行法律规定的内容来看，对房屋相邻权的保护主要依据民法的规定，因此就我国目前而言，房屋的保护除了当事人的自力救济外，主要是民法保护。

所谓当事人对房屋进行的自力保护，主要是指相邻一方的权利受到相邻他方的侵害时，双方通过协商寻求解决的方式。这种当事人的自力保护相对保护性和救济性不强，需要相邻他方的密切配合和协作，而实践中因为相邻关系发生的争执与相邻各方的利益都紧密相联，自行协商解决的可能性并不高。因此，当事人的自力保护仅仅是房屋相邻权保护的辅助性方式，不是主导方式，但由于协商解决可以缓解矛盾和节约成本，故应提倡当事人通过协商解决房屋相邻关系中的问题，从而保护相邻各方的相邻权。

房屋相邻权的民法保护与其他民事权利的保护基本一致，都是通过民事责任制度使违反义务的一方承担不利的法律后果，从而实现对相对方的权利的救济。对房屋相邻关系而言，民法保护主要是要求侵害一方房屋相邻权的相邻他方承担停止侵害、排除妨碍、消除影响、恢复原状以及赔偿损失等责任。至于具体案件中的保护方式，则首先由受到侵害的相邻方选择协商解决或诉讼解决，然后根据具体情况由侵害方进行赔偿或排除妨碍等，选择诉讼解决的，则由法院决定具体的保护措施。

【案例分析2-5】

2019年5月，经北京市综合投资公司拆迁，某小区52户居民搬到位于京石高速公路旁的丰台六里桥10号院9号楼居住。入住后，居民就开始被京石高速公路上来往车辆的噪声所困扰：9号楼距离高速公路仅30余米，日夜来往的车辆产生的噪声使楼内居民寝食难安。在请有关部门检测后，居民们得知该楼所受的噪声污染超过国家标准。

资料来源：作者根据相关资料整理编写。

分析：法院认为，在已有道路一侧建设噪声敏感建筑物，开发商有责任采取减轻交通噪声影响的措施。作为高速公路的经营管理者，北京首发公司也应有义务对居民所受噪声污染承担责任。法院判决开发商为住户安装隔声窗，将该住房的室内噪声降到白天60分贝以下，夜间45分贝以下。开发商一次性支付3 000元赔偿金。同时，居民从1994年入住起至安装隔声窗日的期间，每月获得60元的噪声污染损失费，由开发商支付50元，北京首发公司支付10元。

2.4 用益物权

2.4.1 用益物权的概念

用益物权是指用益物权人对他人所有的不动产或者动产，依法享有占有、使用和收益的权利。用益物权人行使权利，应当遵守法律有关保护和合理开发、利用资源的规定。所有权人不得干涉用益物权人行使权利。因不动产或者动产被征收、征用致使用益物权消灭或者影响用益物权行使的，用益物权人有权依照《民法典》的规定获得相应补偿。

2.4.2 用益物权的内容

用益物权具体包括土地承包经营权、建设用地使用权、宅基地使用权和地役权。

1）土地承包经营权

农民集体所有和国家所有由农民集体使用的耕地、林地、草地以及其他用于农业的土地，依法实行土地承包经营制度。土地承包经营权人依法对其承包经营的耕地、林地、草地等享有占有、使用和收益的权利，有权从事种植业、林业、畜牧业等农业生产。

土地承包经营权自土地承包经营权合同生效时设立。县级以上地方人民政府应当向土地承包经营权人发放土地承包经营权证、林权证、草原使用权证，并登记造册，确认土地承包经营权。土地承包经营权人依照《中华人民共和国农村土地承包法》的规定，有权将土地承包经营权通过转包、互换、转让等方式流转。流转的期限不得超过承包期的剩余期限。未经依法批准，不得将承包地用于非农建设。

2）建设用地使用权

建设用地使用权是指建设用地使用权人依法对国家所有的土地享有占有、使用和收益的权利，有权使用该土地建造建筑物、构筑物及其附属设施。

建设用地使用权可以在土地的地表、地上或者地下分别设立。新设立的建设用地使用权，不得损害已设立的用益物权。设立建设用地使用权，可以采取出让或者划拨等方式。工业、商业、旅游、娱乐和商品住宅等经营性用地以及同一土地有两个以上意向用地者的，应当采取招标、拍卖等公开竞价的方式出让，严格限制以划拨方式设立建设用地使用权。

建设用地使用权转让、互换、出资、赠与或者抵押的，当事人应当采取书面形式订立相应的合同。使用期限由当事人约定，但不得超过建设用地使用权的剩余期限。建设用地使用权转让、互换、出资或者赠与的，应当向登记机构申请变更登记。建设用地使用权转让、互换、出资或者赠与的，对附着于该土地上的建筑物、构筑物及其附属设施一并处分。

3）宅基地使用权

宅基地使用权是指宅基地使用权人依法对集体所有的土地享有占有和使用的权利，有权依法利用该土地建造住宅及其附属设施。宅基地使用权的取得、行使和转让，适用土地管理法等法律和国家有关规定。宅基地因自然灾害等原因灭失的，宅基地使用权随之消灭。对失去宅基地的村民，应当重新分配宅基地。

4）地役权

地役权是指地役权人有权按照合同约定，利用他人的不动产，以提高自己的不动产的效益。其中，他人的不动产为供役地，自己的不动产为需役地。

2.5 物业权属登记制度

2.5.1 物业权属登记概述

物业权属登记是指房地产行政主管部门代表政府对房屋所有权以及由上述权利产生的抵押权、典权等房屋他项权利进行登记，并依法确认房屋产权归属关系的行为。

《民法典》第二百零八条规定："不动产物权的设立、变更、转让和消灭，应当依照法律规定登记。"第二百零九条规定："不动产物权的设立、变更、转让和消灭，经依法登记后，发生效力；未经登记，不发生效力，但法律另有规定的除外。"第二百一十条规定："不动产登记，由不动产所在地的登记机构办理。国家对不动产实行统一登记制度。统一登记的范围、登记机构和登记办法，由法律、行政法规规定。"

《不动产登记暂行条例》第二条规定："本条例所称不动产登记，是指不动产登记机构依法将不动产权利归属和其他法定事项记载于不动产登记簿的行为。"

【案例分析2-6】

2019年1月2日，甲将自己的房子出卖给丙，双方在合同中约定房子所有权自丙支付完全部房款后即转移至丙。2019年2月5日，丙支付完全部房款，但一直没有办理过户登记手续。同年3月4日，甲又将该房子出卖给丁，并办理了过户登记手续。丙知道后，认为该房屋早归自己所有，甲无权将该房屋卖给丁，丁也不能取得该房屋的所有权，遂与甲、丁发生争执。那么，丙可否取得该房屋所有权呢？

资料来源：作者根据相关资料整理编写。

分析：丙无法取得所有权。法律明文规定，不动产所有权变更登记后生效。丁已经取得所有权，丙只能追究甲的违约责任。

2.5.2　物业权属登记的种类

按照《中华人民共和国城市房地产管理法》（以下简称《城市房地产管理法》）、《不动产登记暂行条例》，房屋权属登记可分为以下几种：

1）初始登记

按照规定，申请人应当自房屋竣工验收合格之日起3个月内向登记机关申请房屋所有权初始登记，并应当提交用地证明文件或者土地使用权证、建设用地规划许可证、建设工程规划许可证、施工许可证、房屋竣工验收资料以及其他有关的证明文件。集体土地上的房屋转为国有土地上的房屋，申请人应当自事实发生之日起30日内向登记机关提交用地证明等有关文件，申请房屋所有权初始登记。

2）转移登记

因房屋买卖、交换、赠与、继承、划拨、转让、分割、合并、裁决等原因致使其权属发生转移的，当事人应当自事实发生之日起90日内申请转移登记。申请转移登记的，权利人应当提交房屋权属证书以及房地产转让证明材料（房地产转让合同或协议，法院司法文书，房地产赠与、房地产继承公证书等）等文件。

3）变更登记

申请人名称变更和房屋现状发生下列情形之一的，申请人应当自事实发生之日起30日内申请变更登记：

（1）房屋坐落的街道、门牌号或者房屋名称发生变更的；

（2）房屋面积增加或者减少的；

（3）房屋翻建的；

（4）法律、法规规定的其他情形。

申请变更登记，权利人应当提交房屋权属证书和房屋翻建的批件，以及名称、房屋面积等发生变化的有关证明文件。根据《城市房地产管理法》第六十条第（三）款的规定："房地产转让或者变更时，应当向县级以上地方人民政府房产管理部门申请房产变更登记，并凭变更后的房屋所有权证书向同级人民政府土地管理部门申请土地使用权变更登记，经同级人民政府土地管理部门核实，由同级人民政府更换或者更改土地使用权证书。"

4）他项权利登记

设定房屋抵押权等他项权利的，权利人应当自事实发生之日起30日内申请他项权利登记。申请房屋他项权利登记，权利人应当提交房屋权属证书，设定房屋抵押权等他项权利的合同书以及相关的证明文件。

5）注销登记

房屋灭失、土地使用年限届满、他项权利终止等，权利人应当自事实发生之日起30日内申请注销登记。注销登记应当在受理登记后的15日内核准注销，并注销房屋权属证书。申请注销登记，权利人应当提交原房屋权属证书、他项权利证书，以及相关的合同、协议、证明等文件。

有下列情形之一的，登记机关有权注销房屋权属证书：

（1）申报不实的；

（2）涂改房屋权属证书的；

（3）房屋权利灭失，而权利人未在规定期限内办理房屋权属注销登记的；

（4）因登记机关的工作人员工作失误造成房屋权属登记不实的。

注销房屋权属证书，登记机关应当作出书面决定，将其送达当事人，并收回原发放的房屋权属证书或者公告原房屋权属证书作废。

2.5.3 房屋权属登记的程序

《城市房地产管理法》第六十条第（二）款规定："在依法取得的房地产开发用地上建成的房屋，应当凭土地使用权证书向县级以上地方人民政府房产管理部门申请登记，由县级以上地方人民政府房产管理部门核实并颁发房屋所有权证。"负责接受登记申请及核实、办理房屋所有权登记以及颁发房屋所有权证书工作的是房屋所在地的县级以上地方人民政府房产管理部门。办理房屋所有权登记的程序是：

1）提出登记申请

房屋权属登记由申请人提出申请。申请人为法人、其他组织的，应当使用其法定名称，由其法定代表人申请；申请人为自然人的，应当使用其身份证件上的姓名。共有的房屋，由共有人共同申请。房屋他项权利登记，由权利人和他项权利人共同申请。房地产行政主管部门直管的公房由登记机关直接代为登记。申请人可以委托代理人申请房屋权属登记。申请人申请登记时，应当向登记机关交验单位或者相关人的有效证件。代理人申请登记时，除向登记机关交验代理人的有效证件外，还应当向登记机关提交申请人的书面委托书。

【案例分析2-7】

2019年，张某以户主的身份提出建房申请，经批准后建了二层楼房。随后张某口头委托何乙申请办理房屋权属登记，何乙以张某的名义向A市政府申请私有房屋所有权登记。A市政府经审查后向张某颁发了房屋所有权证。

资料来源：作者根据相关资料整理编写。

分析：在本案中，张某承认口头委托何乙申请办理房屋权属登记，但未出具委托书。因此，A市政府在未交验代理人有效证件、权利人的书面委托书的情况下，而向张某颁发房屋所有权证的行为属于行政程序违法行为，登记行为应予以撤销，应判决确认登记行为违法。

2）受理登记申请

《不动产登记暂行条例》第十七条的规定：不动产登记机构收到不动产登记申请材料，应当分别按照下列情况办理：

（1）属于登记职责范围，申请材料齐全、符合法定形式，或者申请人按照要求提交全部补正申请材料的，应当受理并书面告知申请人；

（2）申请材料存在可以当场更正的错误的，应当告知申请人当场更正，申请人当场更正后，应当受理并书面告知申请人；

（3）申请材料不齐全或者不符合法定形式的，应当当场书面告知申请人不予受理并一次性告知需要补正的全部内容；

（4）申请登记的不动产不属于本机构登记范围的，应当当场书面告知申请人不予受理并告知申请人向有登记权的机构申请。

不动产登记机构未当场书面告知申请人不予受理的，视为受理。

3）权属审核

权属审核分内查工作和外调工作两部分。内查工作一般以产权、产籍档案的历史资料和实地调查、勘察的现实资料为基础，以国家现行的政策、法律和有关的行政法规为依据，对申请人的身份、申请书、墙界表以及其他产权证明进行审查，审查其申请登记的房屋产权来源是否清楚，产权转移和房屋变动是否合法。外调工作是以产权人为单位，逐户逐处进行实地勘察，查清房屋现状，丈量计算面积，核实墙体归属，确定边界四至，绘制分户平面图，补测或修改房屋的平面图（地籍图），为产权审查和制图发证提供依据。同时，对需要评估的登记业务，由评估机构出具评估报告，然后将现场勘测调查所取得的材料与申请登记人所提供的有关材料进行对比、审查和核实。审核工作的目的在于确认房屋产权，这也是整个产权登记的核心。

【实战演练2-2】

甲拥有一处房产，但其产权证书一直由其妈妈乙保管。甲与丙一起在外打工，某天，丙对甲母说，甲向银行借款需要用产权证抵押，要他过来取，于是乙就将产权证交给了丙。但是丙并未将产权证交给甲，而是自己跑到银行，伪造了甲的身份证，伪造了一份甲的授权委托书并仿造了甲的签字，办理了抵押登记。后来，丙不能清偿到期债务，银行向甲提出实行抵押权，要将房屋拍卖。

问题：登记机关有无责任？

2.5.4 房屋权属证书

房屋权属证书包括房屋所有权证、房屋共有权证、房屋他项权证。

房屋所有权证是国家依法保护房屋所有权人合法权益的法律凭证，是产权人行使其合法权益的必备要件。未经登记的房屋不受法律保护，同时也会给购房人带来不必要的麻烦和损失。

（1）未经登记的房屋不能买卖。即使私下成交，也不能办理过户手续。

（2）未经登记的房屋不能抵押。以房屋抵押进行贷款，是一种银行认可的安全融资方式，如果没有产权证，房屋就不能抵押，将影响生意或投资。

（3）未经登记的房屋不能出租。如果出租的房屋没有产权证，租赁双方发生纠纷（欠租或到期不腾房）时，出租人的合法权益不能得到保护。

（4）未经登记的房屋得不到保护。权益未经登记的房屋，当权利人因房屋产权问题与他人发生纠纷或遭到侵害时，由于无法向行政、仲裁或司法机关提供产权证，自己的权益就得不到保护。

（5）未经登记的房屋不能得到补偿。此类房屋一旦遭遇房屋拆迁补偿，购房人会因没有产权证而有可能得不到补偿。

（6）未经登记的房屋不能办理继承或赠与。当房屋进行赠与或继承时，要办理公证手续。而按规定，没有产权证，公证部门不予办理相关手续，继承人和受赠人的权益得不到保障。

共有的房屋，由权利人推举的持证人收执房屋所有权证书，其余共有人各执房屋共有权证书一份。房屋共有权证书与房屋所有权证书具有同等的法律效力。房屋他项权证书由他项权利人收执。他项权利人依法凭证行使他项权利，受国家法律保护。

房屋权属证书破损，经登记机关查验需换领的，予以换证。房屋权属证书遗失的，权利人应当及时登报声明作废，并向登记机关申请补发，由登记机关做出补发公告，经6个月无异议的，予以补发。

2.5.5 物业权属登记的法律责任

根据《不动产登记暂行条例》，房屋权属相关法律责任有：

（1）不动产登记机构登记错误给他人造成损害，或者当事人提供虚假材料申请登记给他人造成损害的，依照《民法典》的规定承担赔偿责任。

（2）不动产登记机构工作人员进行虚假登记，损毁、伪造不动产登记簿，擅自修改登记事项，或者有其他滥用职权、玩忽职守行为的，依法给予处分；给他人造成损害的，依法承担赔偿责任；构成犯罪的，依法追究刑事责任。

（3）伪造、变造不动产权属证书、不动产登记证明，或者买卖、使用伪造、变造的不动产权属证书、不动产登记证明的，由不动产登记机构或者公安机关依法予以收缴；有违法所得的，没收违法所得；给他人造成损害的，依法承担赔偿责任；构成违反治安管理行为的，依法给予治安管理处罚；构成犯罪的，依法追究刑事责任。

（4）不动产登记机构、不动产登记信息共享单位及其工作人员，查询不动产登记资料的单位或者个人违反国家规定，泄露不动产登记资料、登记信息，或者利用不动产登记资料、登记信息进行不正当活动，给他人造成损害的，依法承担赔偿责任；对有关责任人员依法给予处分；有关责任人员构成犯罪的，依法追究刑事责任。

（5）当事人对行政处罚决定不服的，可以依照《行政复议条例》《中华人民共和国行政处罚法》（以下简称《行政处罚法》）的有关规定，申请行政复议或者向人民法院起诉。逾期不申请复议或者不向人民法院起诉，又不履行处罚决定的，由作出处罚决定的机关申请人民法院强制执行。

【案例分析2-8】

公民甲与乙系夫妻，在婚姻关系存续期间，甲与乙购买了房屋，该房屋产权证书上登记的产权人为甲一人。后来甲与乙感情不和，甲一人持房地产权证将房屋出卖给了丙，双方签订了房屋买卖合同，并到市房地产机关办理了变更登记，市房地产机关为丙颁发了房地产权证。乙得知后，以市房地产机关为被告向法院提起行政诉讼，要求撤销颁发给丙的房地产权证。

乙的要求合理吗？法院应该如何判决？

资料来源：作者根据相关资料整理编写。

分析：合理。法院经审理认为，房屋系甲与乙在夫妻关系存续期间所购，应为夫妻共同财产。房地产机关在颁证时未审查共有人是否同意即向丙颁发房地产权证，属认定事实不清，遂判决撤销该颁证行为。

本章小结

物权是指权利人依法对特定的物享有直接支配和排他的权利，包括所有权、用益物权和担保物权。

所有权指的是所有权人对自己的不动产或者动产，依法享有占有、使用、收益和处分的权利。法律规定，属于国家所有的财产，属于国家所有即全民所有。国有财产由国务院代表国家行使所有权；法律另有规定的，依照其规定。农民集体所有的不动产和动产，属于本集体成员集体所有。私人对其合法的收入、房屋、生活用品、生产工具、原材料等不动产和动产享有所有权。私人的合法财产受法律保护，禁止任何单位和个人侵占、哄抢、破坏。房屋所有权是指对房屋全面支配的权利。它分为占有权、使用权、收益权和处分权四项权能，这也是房屋所有权的四项基本内容。按照房屋所有权主体内容构成的不同，房屋所有权可以分为单独所有房屋所有权、共同所有房屋所有权和房屋区分所有权。房屋共有的形式包括共同共有和按份共有。

建筑物区分所有权的内容包括专有权、共有权和成员权。

相邻权是指两个或者两个以上相互毗邻的不动产所有人或使用人，在行使不动产的所有权或者使用权时有权要求其相邻方履行一定义务的一种资格。不动产的相邻权利人应当按照有利生产、方便生活、团结互助、公平合理的原则，正确处理相邻关系。

用益物权是指用益物权人对他人所有的不动产或者动产，依法享有占有、使用和收益的权利。用益物权具体包括土地承包经营权、建设用地使用权、宅基地使用权和地役权。

物业权属登记是指房地产行政主管部门代表政府对房屋所有权以及由上述权利产生的抵押权、典权等房屋他项权利进行登记，并依法确认房屋产权归属关系的行为。房屋权属登记分为：总登记；初始登记；转移登记；变更登记；他项权利登记；注销登记。房屋权属登记的程序是：提出登记申请；受理登记申请；权属审核；公告；核准登记，颁发房屋权属证书。房屋权属证书包括《房屋所有权证》《房屋共有权证》《房屋他项权证》。

关键概念

物权　所有权　房屋共有　建筑物区分所有权　专有权　共有权　物业相邻权　物业权属登记

基础知识练习

△ 选择题

1. 城市的土地，属于（　　）所有。

A. 国家　　B. 集体　　C. 地方政府　　D. 私人

2. 房屋共有的形式包括（　　）。

A. 共同共有　　B. 单独所有　　C. 按份共有　　D. 按人共有

3. 物业权属登记的内容有（　　）。

A. 初始登记　　B. 转移登记　　C. 他项权利登记　　D. 注销登记

△ 判断题

1. 专有权属于建筑物区分所有权的内容。（　　）

2. 一栋别墅外50米处有一超高建筑，此时这两个建筑之间不存在相邻关系。（　　）

3. 没有权属登记的房屋可以买卖。（　　）

4. 征收单位、个人的房屋及其他不动产，应当依法给予拆迁补偿，维护被征收人的合法权益。（　　）

△ 思考题

1. 试述建筑物区分所有权的内容。

2. 建筑物区分所有权人对共用部分享有的权利和义务包括哪些？

3. 简述物业相邻关系的特征。

4. 简述物业权属登记的种类。

实践操作训练

△ 案例题

东方时代广场地处厦门市中央商务区中心区，该小区楼房外墙的广告位一年的收益至少为100万元。但过去几年，都是开发商将商品房外墙面广告位的收益收入囊中，因此，业主们认为开发商抢了他们的“蛋糕”，他们要求拿回自己的“蛋糕”。但是，开发商坚持“按合同办事”，不让出一分收入。2013年6月，东方时代广场73户业主状告开发商，要夺回小区外墙使用权。业主施先生于2007年7月向厦门富春东方房地产开发有限公司购买了东方时代广场的一套商品房，在《商品房买卖合同》的第十七条第（一）、（二）款写明，“商品房所在楼宇的屋面使用权和外墙面使用权归出卖人所有”。但施先生和其他业主认为这是“霸王条款”，按照相关法律规定，外墙面使用权应该属于全体业主。

问题：东方时代广场外墙使用权归谁？

△ 实训题

[实训情境设计]

2021年1月1日《民法典》正式实施，某小区物业管理经理想组织本小区所有物业管理工作人员学习《民法典》的相关法律知识，以便今后更好地开展物业工作。

[实训任务要求]

你作为该经理，应如何组织这个学习？

[实训提示]

从计划、组织、实施三个步骤来回答。

[实训效果评价表]（针对物业管理经理）

评价内容	分值（分）	评分（分）
有详细的计划安排	20	
具备相关的组织能力	20	
具备协调能力，妥善处理各方面的关系	20	
具备一定的表达能力	20	
能顺利完成该任务	20	

注：考评满分为100分。60分以下为不及格；60~69分为及格；70~79分为中等；80~89分为良好；90分及以上为优秀。

第3章

物业管理法律关系

学习目标

通过本章的学习，要求了解物业管理法律关系的含义、特征以及物业管理法律事实的概念，掌握物业管理法律关系的主体、内容和客体，理解物业管理法律关系产生、变更、消灭的前提和条件以及物业管理法律事实的分类。

引例

陈先生入住新成小区后，违规进行装修，将阳台向外扩展。物业服务企业要求他拆除违规建筑，遭到陈先生的拒绝，不得已，物业公司对他采取了断水断电的“制裁”措施。

资料来源：作者根据相关资料整理编写。

分析：本案例涉及物业管理民事法律关系。陈先生已经按照物业管理合同的规定交纳了物业管理费，这就意味着他在物业管理法律关系中已经履行了自己的义务，那么他就应该得到完善的物业管理服务，包括水、电、气、暖等设施设备的良好使用等。物业公司应该保证其权利的实现，而其他人则不能对这种权益进行侵害。物业公司用停水停电的方式迫使陈先生拆除违规建筑，违背了其法定职责与义务，因为水电费由电力局和自来水公司管理，只要陈先生按时交纳水电费，物业公司就无权停水、停电。

为了详细了解物业管理法律关系，本章将介绍有关物业管理法律关系的分类、法律关系的主体、客体和法律关系的内容等知识。

3.1 物业管理法律关系概述

3.1.1 物业管理法律关系的概念

法律关系是法律规范在调整人们行为的过程中所形成的一种特殊的社会关系，即法律上的权利与义务关系。物业管理法律关系实际上是法律关系的一种。

物业管理法律关系是现实物业管理社会关系的法律形式，是受国家强制力保护的人与人之间的社会关系的一种，体现物业管理关系当事人、参与者的行为目的的主观意志与国家意志的结合程度。从总体上来看，它主要包括主体、内容和客体三个要素。

物业管理法律关系是法律关系的一种，它是指物业管理法律规范在调整物业管理服务行为过程中形成的权利义务关系。物业管理法律关系的这一概念包括以下几层含义：

（1）物业管理法律关系是物业管理法律规范调整物业管理活动的结果。

（2）物业管理法律关系是在物业管理法律规范调整之下的物业管理主体之间的社会关系。这种社会关系既包括业主委员会与物业管理公司之间的关系，也包括业主与物业管理公司之间、业主与业主之间、业主与业主委员会之间的关系，还包括上述主体与行政管理机关的关系等。

（3）物业管理法律关系是物业管理各参加主体之间的权利义务关系。物业管理法律关系是以物业管理主体的权利和义务为内容的。

3.1.2 物业管理法律关系的特征

物业管理法律关系有以下特征：

（1）物业管理法律关系是由多重关系共同组成的统一体。在这些多重关系中，有主要关系和次要关系之分。次要关系是从属于主要关系的，没有主要关系的发生，次要关系也不会存在。

(2) 物业管理法律关系的内容既有平等主体间的民事关系，又有不平等主体间的行政管理关系。在物业管理过程中，物业管理公司作为一种民事主体，对物业进行修缮、养护、经营和对业主或非业主使用人提供特约服务，业主或非业主使用人向物业管理公司支付一定的劳务报酬。双方的权利义务用物业管理合同的形式予以反映。另外，物业是城市的基本组成部分，管理、维护物业及环境是一种重要的社会管理内容，各种物业管理主体在公共安全、公共秩序、社会责任等方面也应当承担一定的法律责任，所以政府或司法机关对开发建设单位、物业管理公司、业主、非业主使用人在物业使用、维护、监控等方面进行监管。但并不是说，只要界定和规范好业主与物业管理公司的关系，政府就可以不用管了，在民事关系之外，还必须存在行政管理关系。

(3) 法律对物业管理法律关系的产生、变更和终止都有严格的程序规定。

3.1.3 物业管理法律关系的分类

物业管理法律关系的具体种类很多，可按不同标准划分出多种类型。按规范法律关系的法律部类不同，物业管理法律关系可分为民事法律关系、行政法律关系、经济法律关系、刑事法律关系四大类。其中，刑事法律关系一般不在物业管理规范性法律文件中直接作出规定，只是指出物业管理行为涉及犯罪的按刑法相应规定处理，因此本书不对物业管理刑事法律关系作介绍。

1) 物业管理民事法律关系

物业管理民事法律关系是指平等民事主体之间发生的有关房地产的社会关系。物业管理法律关系中民事法律关系占多数，这类关系主要有：物业共有关系；物业相邻关系；房屋拆迁关系；物业转让、租赁、抵押、交换、典当、继承、赠与关系；房屋维修和物业管理关系；房地产中介服务关系和其他与物业有关的民事法律关系。

民事法律关系主要有三个特点：

(1) 民事法律关系的参与者法律地位是平等的，当事人之间不存在不平等的命令与服从、管理与被管理的关系。

(2) 民事法律关系大多是由当事人自愿成立的，是否成立和以何种形式成立何种民事法律关系，一般是由当事人的合法意愿决定的。

(3) 民事法律关系中当事人的权利义务一般是对等的。权利义务对等是指当事人双方之间互相享有权利和承担义务；但也有只是一方享有权利，另一方仅负有义务的民事法律关系。

物业管理民事法律关系除具有民事法律关系的主要特点外，还有一些自身的特色：

(1) 物业管理民事法律关系的主体为业主、业主团体组织和物业服务企业。

(2) 物业管理民事法律关系的客体主要是物业和基于物业管理发生的服务效果。

(3) 物业管理民事法律关系的内容，即权利义务的设定，受国家意志制约性较强。鉴于物业管理涉及的公共利益较为重大，物业管理法规在尊重民事法律关系当事人意愿的前提下，对当事人的民事权利义务特别是义务作出了较多的指导性和强制性规定。例如，管理规约的订立、物业管理项目委托合同的订立在行为形式上都要求采用书面形式，为规范服务行为而出台《普通住宅小区物业管理服务等级标准》等。

2）物业管理行政法律关系

所谓物业管理行政法律关系，是指物业管理活动中相关政府机构与有关当事人发生的服从与被服从、管理与被管理、监督与被监督的关系，主要包括：行政机关对开发商及物业服务企业的管理关系；行政机关对业主、非业主使用人、业主团体组织相关行为的管理关系。

物业管理行政法律关系一般划归行政管理法律关系类。中国物业管理法规对物业管理行政法律关系的规定有以下几点：

（1）解决多头行政管理混乱问题，明确政府职能部门的归口主管权和分工管理权关系。县级以上各级人民政府依法指定本级政府的物业管理归口管理行政部门，其他相关行政职能部门按各自管辖权限配合主管部门实施管理。

（2）解决行政干预违法问题，确定物业管理行政主管部门只有指导权和监督管理权。在现代法治国家，为保护和增进社会公共利益和私人利益，对需由政府管理的事项皆以立法形式或政策文件加以明确并明示管理规则。行政机关不得任意干预社会组织和个人的自主决定，也不得违反法定管理规则擅自越权行使或滥用行政职权，必须严格依法办事。

（3）解决物业管理事业发展经济障碍问题，充分利用行政资源和社会资源，以行政立法和行政执法方式积极促进物业管理市场和物业管理行业健康发展，保护业主自治管理的经济利益。为达此目的，物业管理法规及有关政策文件要求：市场调节与政府监控要相结合，建立物业管理市场机制，鼓励正当市场竞争活动，规范物业管理市场行为，支持物业管理行业自律管理，保持政府对市场适度有力的监控，加强政府对业主自治管理和物业服务企业标准化服务的行政指导，运用政府考评手段和舆论宣传力量促进物业服务企业自觉调整和规范内部机制，增强创优争先活力，从而推动物业管理行业整体竞争能力和服务质量水平全面提高，保证业主自治管理这一新生事物不断发展和良性运行。

在促进物业管理行业健康、全面提高整体素质和质量水平方面，中国政府主管部门有所谓“四大法宝”：立法（加强立法，以法护航），资质（通过资质管理促进物业服务企业保持和不断增强自身实力，推动大型物业管理集团公司出现和创立，保持物业管理品牌，促进物业管理全行业的集约化规模管理经营和服务价格理性化），招标（建立和健全物业管理项目招标、投标制度，实行物业管理市场准入制度和适者生存市场法则，鼓励竞争和提倡优质优价），考评（利用业绩和利益挂钩的行政考评机制，发挥竞赛的优势，形成持久的全行业创优争先的高潮）。这“四大法宝”在一定程度上反映了中国物业管理行政法律关系的中国特色和重要内容。

3）物业管理经济法律关系

物业管理经济法律关系是指国家及各级政府职能部门在协调和控制物业管理事业运行过程中与业主、业主团体组织、物业服务企业及其他单位（如物业的开发建设单位、公房出售单位等）和社会组织（如物业管理行业协会、业主自治团体联合会等）之间依经济法形成的经济权利义务关系。

物业管理经济法律关系是物业管理法规中规定内容最多的部分，这是由物业管理法规属于经济法范畴的性质所决定的。中国物业管理经济法律关系具有一定的特色：

（1）物业经济法律关系分为业主自治管理法律关系和物业管理行业管理法律关系两大板块。其中业主自治管理板块不仅包含物业经济管理关系的内容，而且渗透着人居环境文明建设管理的内容。

（2）物业管理经济法律关系中代表国家执行对物业管理事业的归口管理的机关，不是一般的综合经济管理部门（如发改委、国家市场监督管理总局等），而是国务院房地产行政主管部门（如住房和城乡建设部）和由县级以上地方政府确定负责物业管理归口管理的部门。

（3）物业管理经济法律关系涉及经济法律规范所调整的各种经济关系（规划、计划、财政、物价、工商、税收、金融、会计、劳动、环境保护、反不正当竞争、产品和服务质量监督、消费者权益保护等经济法律关系）。

首先，随意罚款是其中较为典型的一种。许多物业管理企业的心态和指导原则不对，不是把自己当作服务提供者而是当作了管理者，角色定位不正确，所以在工作中出现了很多与其职能不符的做法。例如，一些装修人员在施工区域吸烟，搬家公司损坏了电梯，或小区以外的人员在进出小区时随意停放车辆等都可能被罚款，这些行为只是违反安全规定的行为或民事损害行为，物业管理公司可以制止，也可以要求他们支付违约金或赔偿金，但不能罚款。违约金或赔偿金应以实际损失和违约责任为准。其次，管理费用使用不明确。根据法律，业主对自己所交纳管理费用的支出有知情权和监督权，而物业管理公司也有义务对业主公开财务。物业管理公司所收取的管理费用除了维持自身正常运作外，一般均用作公共支出，如绿化、卫生和其他项目所耗用的水费、电费等。但据群众反映，有一些物业管理公司不愿意对业主公开财务，即使公开也是公开假账。而有些物业管理公司虽然会公开水费、电费，但是只限于总额，没有明细。也有业主反映，在某些小区，属于管理费用之一的公摊水费一个月的耗用量，竟然与自己当月的用水量相当。正是由于这些小区的物业管理公司缺乏必要的自律性，以致这些小区经常会出现“细水长流”“灯火长明”的浪费现象，直接增加了业主在物业管理费用上的负担。

3.2　物业管理法律关系的构成

在物业管理活动中之所以出现许多问题，一个主要原因是很多人对物业管理中的法律关系认识不清，错误地理解自己在物业管理中的法律地位。物业管理是一个非常复杂的系统工程，涉及一处物业区域的法律关系往往是由几个方面构成的：首先是开发物业区域的房地产开发公司；其次是物业管理公司、业主、使用人以及主要由业主代表构成的业主委员会和向物业区域提供其他方面专业服务的有关单位；最后还有政府有关部门。上述几个方面的物业管理法律关系的构成都应该由物业管理法律规范来确定。所以有必要弄清楚什么是物业管理中的法律关系的构成，并树立法治意识，只有这样，物业管理工作才能做好。

3.2.1 物业管理法律关系的主体

物业管理法律关系的主体，是指物业管理法律关系的参加者，是物业管理法律关系中依法享有权利和承担义务的个人、法人及其他组织。法律关系是一种人与人之间的社会关系，所以必须有参加这种关系的主体。物业管理法律关系的主体主要包括业主和非业主使用人、业主大会和业主委员会、开发商、物业服务企业、行政管理机关、物业管理行业协会、其他相关机构。

1）业主和非业主使用人

（1）业主。业主是物业所有权人，按其拥有的物业所有权状况，又可分为独立所有权人和区分所有权人。由于购买了物业，购房人成了物业的产权所有人，合法地拥有所购物业。现代物业区域各业主的权利形态一般是区分所有权。而且，各业主之间共同关系的复杂程度已超出了传统民法的相邻关系，于是全体业主通过召开业主大会、选举业主委员会来实施自治管理。

需要注意的是，有使用权的人不一定是物业的真正主人。例如，房屋租赁者有使用权只表明对物业享有占有权和使用权，对物业没有处理和支配的权利，因而不是物业的真正主人。同时，有物业使用权的人而无所有权的人也不像所有权人那样关心物业的保值增值及公共事务的管理，他们在物业管理中的权利和义务也不尽相同。所以，物业的所有权人只能是业主，而不应包括有使用权的人。

（2）非业主使用人。非业主使用人主要是指物业的承租人或其他实际使用物业的人。物业使用人与开发商、物业服务企业没有直接关系，不是物业销售合同的当事人，也不是物业管理合同的委托方；物业使用人不是物业区域的区分所有权人，不具有成员权，一般不参加业主大会与业主委员会。此外，在2020年新冠肺炎疫情防控期间，部分城市住宅小区管理的通告明确表示，出租户（业主）必须明确告知未返回本地的承租人（非业主使用人）近期不得返回。因此，非业主使用人的法律地位低于业主，权利也受到较大的限制。

2）业主大会和业主委员会

（1）业主大会。从性质上讲，业主大会是业主团体的权力机关，是一种自治性组织。其主要职能是对有关全体业主利益的管理的重大事项进行决策。这些重大事项主要包括：制定、审议并表决通过管理规约；选举、罢免业主委员会及其组成人员；决定业主委员会的职权、任期、议事方式和表决程序；聘用和解聘物业管理公司等。但现实情况是很多业主大会难以召开。

（2）业主委员会。它也称管理委员会或管委会，由业主大会选举产生，是业主大会的执行机关。现行立法对其性质、产生、组成、职权、任期、召集和议事程序做了较为详细的规定，但对其法律地位，现行立法的规定不尽合理。这一点在本书第6章进行详细介绍。

3）开发商

开发商是物业管理中十分重要的一员。开发商又称发展商，即房地产开发企业，依据《城市房地产管理法》第二十九条的规定，房地产开发企业是以营利为目的，从事房地产开发和经营的企业。

一般认为，业主仅指从开发商手中买房的人，开发商不属于业主的范畴。然而，从民法学角度讲，开发商享有业主享有的一切权利，即对房屋可以占有、使用、收益、处分；从物业管理的角度讲，开发商名下的房屋虽然空置，但是也得到了保安、绿化、水电管路维修、保养等物业管理服务。例如，一小区有100套房屋，出售前，开发商是这100套房屋的业主。卖出1套后，购买人拥有该套房屋的产权，而开发商则是其余99套房屋的业主。由此可知，当全部房屋卖完后，开发商就不再是小区的业主了。

另外，开发商作为第一业主，物业开始出售后的一段时期内仍持有较高所有权比例，因此有第一次选择物业服务企业的优先权与便利。开发商通常直接以自己作为委托方，签订前期物业管理合同，并作为住宅等物业出售合同的附件。开发商应当与物业管理公司签订临时委托管理合同，合同期限一般为一年。因为业主管理委员会成立后，有可能在一年后重新选聘物业管理公司。

4）物业服务企业

物业服务企业是根据物业服务合同接受业主或者业主委员会的委托，依照法律规定及合同约定，对物业进行专业化管理，以营利为目的的社团法人，是物业管理法律关系的重要主体。

当前，我国现有物业管理公司在资质和服务上都参差不齐，主要有三种类型：

（1）由原来的房地产公司、房管所转轨而来的物业管理公司。这类公司有着浓厚的计划经济色彩，不适应物业管理发展形势的要求而将逐渐被淘汰。

（2）属于房地产开发商的物业管理公司。这类公司主要以本房地产开发商开发的小区和楼宇为管理对象，虽然有稳定的市场，但是运作不够规范，很难真正实现专业化和规模化，其发展受到一定限制。

（3）专业化、社会化的物业管理公司。此类公司有独立的法律地位和优良的资质，提供的服务规范而周到，代表了物业管理的发展方向。

可以说，我国的物业管理鱼龙混杂。这种状况既不利于维护广大业主的切身利益，又制约了物业管理及相关产业的进一步发展。物业管理公司要为业主提供专业化、社会化、市场化的高层次服务，必须具备一定的市场准入条件。除了要符合《公司法》规定的资金、场地、人员素质等方面的条件外，还要由房地产行政主管部门确定审批资质等级，向市场监管部门办理注册登记。房地产行政主管部门还应进行日常的监督和年度审核。因此，物业管理公司与业主的法律关系是一种平等的法律关系。在这个关系中，业主的“上帝”地位不得动摇，而物业管理公司的法律定位则是公共物业服务人。物业管理虽被冠以“管理”之名，但其实质是一种服务。因此，物业管理公司要充分认识到自己同业主之间是服务与被服务的关系，而不是管理与被管理的关系。只有如此，物业管理公司才能摆正自己的位置，处理好同业主之间的关系，从而在激烈的市场竞争中获得更大的生存空间。

【案例分析3-1】

张先生花费大量时间和金钱刚刚装修好的房子，因楼上住户漏水，厨房、卫生间、客厅部分屋顶被浸泡至墙皮脱落。张先生找到楼上业主，答复是他家一点也没有漏，并且很不情愿配合解决问题。虽说经物业公司工程人员多次修缮已解决了问题，但张先生心里还是不痛快，认为物业在装修管理上没有尽到责任，所以拒绝交纳物业管理费。请问：对物业公司的服务不满意，是否可以不交纳物业管理费？

资料来源：作者根据相关资料整理编写。

分析：(1) 业主混淆了不同的法律关系，该案涉及业主与开发商、业主与物业管理公司、业主与业主之间的法律关系。(2) 楼上漏水可能由两种原因引起：房屋质量不好导致水渗漏和楼上业主过失导致漏水，但无论是哪种原因引起的，都与物业管理公司无关，不涉及物业管理公司与业主的法律关系。(3) 房屋质量不好导致水渗漏涉及业主与开发商之间基于房屋买卖合同而产生的合同法律关系，开发商交付的房屋存在瑕疵导致水管漏水致使业主遭受损失，开发商应当承担违约赔偿责任。(4) 楼上业主过失导致漏水涉及业主之间基于侵权行为而产生的侵权法律关系，楼上业主的过错导致楼下业主房屋遭受损失，该行为已经构成对楼下业主财产权利的侵犯，构成侵权应当承担侵权赔偿责任。(5) 物业管理公司在本案中只涉及对受损业主家内部的维护和修缮。由于受损部分不属于公共设施、公共区域，该部分的物业服务不属于物业管理费所涵盖的服务范围，而属于特殊的物业管理服务，对该部分维修应当另行支付费用，业主没有理由拒缴物业管理费。

5）行政管理机关

市场经济中的物业管理活动一般通过业主、物业服务企业平等主体间的合同约定开展。但物业管理涉及百姓日常生活、城市正常秩序，政府行政管理机关如公安、消防、环保机关等基于行政职权均会介入物业管理活动，对各方的行为进行指导监督。在我国，房地产主管部门还直接负责对公房的物业管理。2018年修订的《物业管理条例》第五条规定："国务院建设行政主管部门负责全国物业管理活动的监督管理工作。县级以上地方人民政府房地产行政主管部门负责本行政区域内物业管理活动的监督管理工作。"《城市新建住宅小区管理办法》第三条对物业管理中相关行政机构规定："房地产行政主管部门负责小区管理的归口管理工作；市级绿化、卫生、交通、治安、供水、供气等行政主管部门和住宅小区所在地人民政府按职责分工，负责小区管理中有关工作的监督指导。目前，各地房地产行政管理部门一般都设有物业管理办公室，负责本行政区域内的物业管理工作。"

6）物业管理行业协会

物业管理行业协会是物业服务企业依法自愿组成的行业性社会团体，通过开展各种有益的活动，在行业内起到协调、协作和监督管理的作用。它不具有法人资格，但可以以自己的名义进行民事活动。其作用具体体现在：

(1) 在政府行政主管部门的领导下，宣传政府关于物业管理行业的政策、法规，协助制定本行业的道德规范、自律准则和管理标准；

(2) 协助政府主管部门对物业服务企业进行等级评定、质量评优；

(3) 开展物业管理的调查研究，解决行业工作中出现的新情况、新问题；

（4）搜集、整理和提供物业管理市场信息，组织业内的学术和经验交流，对物业管理人员进行培训；

（5）协助解决物业管理公司与业主之间出现的矛盾。

7）其他相关机构

物业服务企业依据委托管理合同在物业区域内开展管理工作，需要和管理工作有关的其他公司发生联系，如保安公司、煤气公司、电梯公司、环卫机构、建筑维修部门等。物业服务企业要与它们签订新的有关委托合同，由它们就物业内新的业务提供服务。这里产生的直接法律关系是物业服务企业与这些公司签约而形成的法律关系，但其结果却直接影响业主，所以对于重大的协议、合同，管理公司应请业主委员会审议。

【案例分析3-2】

据调查，80%以上拒交物业管理费的业主均以“房屋存在质量问题或物业费与服务标准不相符”为由。

请问：其中涉及的法律关系有哪些？这些做法对吗？为什么？

资料来源：作者根据相关资料整理编写。

分析：物业管理公司与业主之间是物业合同关系；而开发商与业主之间是商品房买卖合同关系。房屋质量等问题属于业主与开发商之间商品房买卖合同调整范畴，因此业主不能以房屋质量问题为由，拒绝向物业管理公司交纳物业费。但是，如果在物业合同中约定了物业管理公司有对房屋维护和修缮的义务，业主要求物业管理公司进行维修，物业管理公司未履行义务的，业主有权拒绝交纳物业管理费。

3.2.2　物业管理法律关系的客体

物业管理法律关系的客体是指法律关系主体承受的权利、义务所指向的对象。客体也称“标的”，是主体所需合法利益的外在表现载体，它直接反映了人们社会关系中最核心的利益关系。

各种不同的物业管理法律关系，其客体有所不同，总的来说，可划分为物、行为、非物质财富三类。

1）物

在物业管理法律关系中，“物”是指物业，即建筑物本体、附属设备、公共设施及相关场地。现代意义上的物业属于物类客体范畴，它包括传统法律规定的不动产或房地产之实物及其围括的空间和环境。物业既是设置于物业上的物权法律关系的客体，又是物业所有权、共有权、自治共管权、使用权、共用空间权、共享环境权等物权关系的客体，还是物业管理公司代管物业权的客体。

【案例分析3-3】

某机关将小区内的一栋住宅楼全部买下，分给单位职工居住。但该单位认为负责小区物业管理的物业服务公司物业管理费比较高，物业管理服务质量也较差，所以想把自己买下的这栋楼封闭起来，由本单位自己进行管理或由本单位委托其他物业服务公司来管理。

该想法一经提出，开发商、物业服务公司立即明确告知该单位，绝不能由其单独进行物业管理。可该单位员工认为，既然业主有权选聘物业服务公司，开发商、物业服务公司就没有任何权力对此进行干涉。双方为此争论不休。请问：这栋楼能单独进行物业管理吗？

资料来源：作者根据相关资料整理编写。

分析：《物业管理条例》第九条规定：物业管理区域的划分应当考虑物业的共用设施设备、建筑物规模、社区建设等因素，具体办法由省、自治区、直辖市制定。所以这栋楼不能单独进行物业管理。

2）行为

“行为”是指物业管理中业主、开发商、物业服务企业以及政府主管部门等各方主体的活动。行为是权利和义务本身的构成形式。行为作为物业管理法律关系的客体，主要包括国家机关在物业管理方面提供管理性行政服务的行为、物业管理公司按委托提供有偿服务的行为、业主交纳物业维修资金而建立和补充物业维修资金的行为等。行为包括作为和不作为。作为是指主体积极实施的某种行为。不作为是指主体消极不实施的某种行为。不作为是相对于作为而言的，是指行为人负有实施某种积极行为的特定的法律义务，并且能够实行而不实行的行为。

【案例分析3-4】

2020年，天地红太阳小区物业办公室门口活动场地的不锈钢扶手损坏断裂，未及时维修，也未张贴警示标语，直接导致5岁女童玩耍时被扶手断裂接口处的铁片划伤，其右手手掌被划开一道6厘米长的伤口，伤及神经，缝了10针！不锈钢扶手断了很久，一直未维修，扶手断裂接口处的铁刺在外面露着，扶手本来都是人扶的，别说小孩子，大人也难免会被扎伤！请问：谁应该承担赔偿责任？

资料来源：佚名. 物业公司不作为，导致5岁女童手掌受伤，伤口缝10针［EB/OL］.［2020-06-01］. https：//people.lyd.com.cn/wenti/20200601185417438/.

分析：物业公司应承担责任。物业公司一般不会发生故意的过错，但常会对过失认识不够。过失就是欠缺注意，学理上根据欠缺注意的程度将过失分为不同等级。在本案中，物业管理公司显然未注意到活动场地扶手失修造成的隐患，从而导致物业管理公司构成了未尽到应有的注意、未妥善履行管理义务的过失。

3）非物质财富

非物质财富即智力活动成果，包括精神文化财富，如物业小区的荣誉称号、规划设计等。

3.2.3 物业管理法律关系的内容

根据物业管理法律关系的不同主体划分，物业管理法律关系的内容可分为业主自治法律关系和物业委托管理法律关系。

1）业主自治法律关系内容

业主自治法律关系的内容是指法律法规和管理规约规定的自治主体所享有的权利和承担的义务。业主自治的权利和义务可分为业主个体自治的权利和义务与业主团体自治的权利和义务两类。

（1）业主个体自治的权利和义务。

业主个体自治权利和义务是基于物业区分所有权后对专有部分所享有的权利和依法应承担的义务。在建筑物区分所有权与物业管理的法律关系中，业主个体既是共有权人，又是专有权人。作为专有权人时，业主个体自治权利表现在两个方面：一是基于其所有权而可以行使的自治权利；二是基于相邻权而可以行使的自治权利。

除法律另有规定外，享有共有权的业主对其专有部分，可以依自己的意愿自由使用、收益、处分，并排除他人的干涉，以实现其居住、经营及其他目的。

享有共有权的业主个体作为专有权人承担的义务除一般物业所有权人依法所应承担的义务外，还有以下几项：

①不得侵害业主集体的共同利益；按照专有部分物业的固有用途和使用目的进行使用，不得擅自改变。

②维护区分所有建筑物安全和外观，不得妨碍建筑物的正常使用和不当损毁建筑物。

③不得对专有部分不当使用，妨碍其他业主的安宁、安全及健康卫生环境。

④不得将专有部分与其共有部分的共有基地使用权分离处分等。

（2）业主团体自治的权利和义务。

业主团体包括业主大会、业主委员会，所以业主团体自治的权利义务又可分为业主大会的权利和业主委员会的权利义务。

①业主大会的权利。

业主大会由物业内的业主组成，有权决定本物业内的一切重大管理事项。它享有以下权利：

第一，选举权，对业主委员会成员有选举权和罢免权。

第二，监督权，通过监督业主委员会的工作，间接监督物业管理公司的日常工作。

第三，审批权，审批管理规约和业主委员会的章程，并批准物业管理委托合同。

第四，决定权，物业内其他关系业主利益的重大事项，也必须经业主大会决定后方可执行。

②业主委员会的权利和义务。

业主委员会是业主大会的常设机构和执行机构，对业主大会负责，受业主大会和广大业主监督。

业主委员会的权利有：召集和主持业主大会；草拟和修订管理规约、业主委员会章程；受业主委托选择物业管理公司；审议确定物业管理服务费收取标准及使用办法；审议年度管理工作计划、年度费用预算；对物业管理公司的工作进行监督检查；业主大会或业主委员会赋予的其他职责。

业主委员会的义务有：筹备业主大会并负责向其报告工作；执行业主大会通过的各项协议并按时公布执行情况，接受所有业主的监督；督促业主遵守管理规约、物业管理规定及其他法律规定，协助物业管理公司落实各项管埋工作，并对住户开展多种形式的宣传教育；严格履行物业管理委托合同，保障本物业各项目标的实现；接受有关政府部门管理和行业机构指导。另外，业主委员会作出的决定不得违反法律、法规和政策，不得违反业主大会的决定，不得损害公共利益。

【案例分析3-5】

某小区业主委员会今年共打了5起官司，4输1赢。赢的是夺得了一间业主委员会办公用房，业主委员会委员们再也不用到小区隔壁的咖啡馆碰头开会了。输的官司里有一个是侵害了物业管理公司的商誉，需赔偿几万元，业主委员会希望每家每户分摊几百元钱，但遭到绝大多数业主的反对，理由是这5起官司中没有一起征得过业主大会的表决通过。因此，业主表示该由业主委员会成员本人承担诉讼风险，业主委员会准备将拒付诉讼费的业主告上法庭，由法院替业主委员会做主，讨回公道。

请问：业主委员会的做法是否合理？为什么？

资料来源：作者根据相关资料整理编写。

分析：《物业管理条例》规定，谁拥有房产证谁就是业主，业主大会是广大业主的权力机构，而业主委员会则是一个执行机构，它既不是企业法人，也不是群众自治组织，它无权作出任何重大决议，包括物业管理公司的选聘以及诉讼等有关广大业主切身利益的决定，必须按照法律法规的规定，得到管理区域有投票权的2/3以上通过并明确授权才能生效。

目前，在一些小区，有的业主委员会自作主张的现象比较严重。有的业主委员会动不动就提起诉讼，有一个小区业主委员会一年里共打了8起官司，输了官司业主委员会就辞职不干了。有的业主委员会虽然形式上通过了书面投票表决，实际大多在征询意见时往往写有：如果你未在规定的时间里将征询意见表寄回业主委员会，则视为业主同意诉讼等。这种做法其实是法律所禁止的。法律明确规定：投票表决有3种，即同意、反对、弃权。既不能将弃权票加在反对票身上，更不能将弃权票强加到同意票的头上。

2）物业委托管理法律关系内容

物业委托管理法律关系，是指根据物业管理委托合同的规定而形成的业主同物业管理公司间的权利义务关系。

（1）业主（业主大会、业主委员会）的权利和义务。业主（业主大会、业主委员会）的权利主要包括：享受物业管理公司根据合同提供的各项服务；对物业管理公司管理活动进行监督，如指定专业审计机构对物业管理财务状况进行审计；对物业管理公司侵害广大业主利益的行为进行制止；物业管理合同规定的其他权利。业主（业主大会、业主委员会）的义务主要包括：遵守物业管理法律法规；遵守管理规约、物业管理制度；配合物业管理公司管理服务活动；按时交纳物业管理服务费用和维修资金；物业管理合同的其他义务。

（2）物业管理公司的权利和义务。物业管理公司的权利主要包括：结合实际情况制定管理公约等物业管理办法；依照物业管理委托合同和管理办法对物业实施管理；依照物业管理委托合同和有关规定收取管理费；根据业主大会的授权，对业主及使用人等违反规章制度的行为进行制止；要求业主委员会协助管理；选聘专业公司承担专项管理服务；物业管理合同规定的其他权利。物业管理公司的义务主要包括：全面履行物业管理委托合同，维护物业管理区域内的安全卫生等秩序；定期向业主公告物业的经营收支、修缮、设备运营等情况，接受他们的监督；提交业主委员会审议批准增加管理费用、减少服务项目等重大管理措施，物业委托合同终止时，向业主委员会移交全部物业管理档案和本物业公司财产。

【实战演练3-1】

甲物业公司与某住宅小区的业主们订立了物业管理协议，负责该小区的物业管理。后来，甲公司与乙电信公司订立协议，约定甲公司将其所管理的小区住宅的楼顶租给乙电信公司供搭设电信设备之用，乙公司向甲公司支付租金。协议订立后，乙公司在该小区住宅楼顶层铺设了电信设备不久，小区的居民均反映身体不适，有头疼、头晕、恶心、失眠等症状。此时，业主们才发现，自己的楼顶上铺设了电信设备，是电波给居民们造成了上述危害，业主们遂起诉物业公司和电信公司，要求他们停止侵害，恢复原状，并赔偿损失，同时要求解除与甲公司的物业管理协议。

问题：(1) 该案例涉及几种物业管理法律关系？它们的主体分别是谁？

(2) 业主们的起诉和要求合理吗？为什么？

3.3　物业管理法律事实

3.3.1　物业管理法律事实的概念

物业管理法律事实是指物业管理法规所规定或认可的，能引起物业管理法律关系产生、变更和消灭的客观现象或条件。它是引起物业管理法律关系的原因或条件，法律关系则是法律事实引起的法律后果。它具有客观性（不是主观想象的“事实”）、能动性（能够影响当事人之间法律关系）、法定性（何种客观现象为法律事实，何种法律事实引发何种法律效果，是由法律规定的）。

物业管理法律事实引起法律关系的变动，包括法律关系的产生、变更、消灭三种情况。

3.3.2　物业管理法律关系的产生、变更和消灭

法学上，把法律关系主体、客体及权利义务关系的发生、改变和终止的情况，称为法律关系的产生、变更和消灭。

物业管理法律关系的产生，是指在物业管理法律关系主体之间新形成某种法律上的权利义务关系。例如，因签订物业服务合同而形成的业主与物业管理公司之间的权利义务关系。

物业管理法律关系的变更，是指物业管理法律关系的主体、客体或内容发生部分变化。它包括：权利主体的改变，权利客体的改变，法律关系内容的改变。

物业管理法律关系的消灭，是指法律关系主体之间的权利和义务的终止。例如，当物业管理公司与某一业主的物业服务合同到期后，他们的物业服务合同法律关系即告终止。

3.3.3 物业管理法律事实的分类

法律事实是指能够引起法律关系发生、变更、消灭的客观情况。物业管理法律事实的种类很多，根据法律事实是否与物业管理法律关系主体的意志有关，可以划分为自然事实与行为两大类。

1）自然事实

自然事实是指不以权利主体的意志为转移的法律事实，即不直接包含人的意志的客观现象。例如，某个物业由于地震被焚毁现象的出现是与人的意志无关的，属于自然事实。自然事实又可分为事件与状态两种客观情况。

（1）事件是指偶发的客观现象。可进一步分为不可抗力事件和社会意外事件两种情况。我国《民法典》第一百八十条规定：“不可抗力是不能预见、不能避免且不能克服的客观情况。”不可抗力事件通常指自然灾害性的事件（如地震、风暴等）和社会性的战争等。社会意外事件虽然也具有不以法律关系当事人意志为转移的性质，但并不当然地免除受该事件影响而给对方当事人或他人造成损害所应负的合理赔偿或补偿法律责任。

（2）状态是指某种客观情况的持续。例如，业主的下落不明，约定或法定的时间经过。《民法典》第一百八十八条规定：“向人民法院请求保护民事权利的诉讼时效期间为三年。”物业管理公司出租房屋遇到承租人拒付租金的情况，经过三年后才行使起诉权时，若无法确定诉讼时效中止或中断因素，一般会丧失起诉权。

2）行为

行为是指以权利主体的意志为转移，能够引起法律后果的法律事实。

通常法律关系的产生只需要一个法律事实即可。例如，父母与子女间法律关系的产生只需要孩子出生这一个法律事实。这种只需一个即可产生某种法律关系的法律事实就是单一的法律事实。但有些法律关系的确立则需要两个或两个以上法律事实。例如，房屋所有权的转让，它需要具有两个法律事实：一个是原所有权人和被转让人之间的转让合同；另一个是双方在房产部门办理的过户登记。这种需要两个或两个以上才可产生相应法律关系的法律事实就是多项法律事实。

本章小结

物业管理法律关系是法律关系的一种，它是指物业管理法律规范在调整物业管理服务行为过程中形成的权利义务关系。按规范法律关系的法律部类不同，物业管理法律关系可分为民事法律关系、行政法律关系、经济法律关系、刑事法律关系四大类。

物业管理法律关系主要包括主体、内容和客体三个要素。物业管理法律关系的主体包括业主和非业主使用人、业主大会和业主委员会、开发商、物业服务企业、行政管理机关、物业管理行业协会、其他相关机构。物业管理法律关系的客体可划分为物、行为、非物质财富三类。物业管理法律关系的内容可分为业主自治法律关系内容和物业委托管理法律关系内容。

物业管理法律事实是指物业管理法规所规定或认可的，能引起物业管理法律关系产生、变更和消灭的客观现象或条件。法律事实是指能够引起法律关系产生、变更、消灭的客观情况。根据法律事实是否与物业管理法律关系主体的意志有关，法律事实可以划分为自然事实与行为两大类。

关键概念

物业管理法律关系　物业管理民事法律关系　物业管理行政法律关系　物业管理法律关系的主体　物业管理法律关系的客体　物业管理法律事实

基础知识练习

△ 选择题

1.物业管理法律关系的主体主要包括（　　）。

A.业主　　B.物业使用人　　C.业主大会　　D.开发商

2.物业管理法律关系由（　　）组成。

A.主体　　B.客体　　C.内容　　D.形式

3.下列哪些属于物业管理民事法律关系（　　）。

A.物业相邻关系　　B.物业继承关系

C.房屋拆迁关系　　D.物业共有关系

4.物业管理法律关系的客体有（　　）。

A.物　　B.业主　　C.行为　　D.非物质财富

△ 判断题

1.某业主把房产卖给他人，则物业管理法律关系的主体发生改变。（　　）

2.业主的权利和义务是物业管理法律关系内容的一部分。（　　）

3.物业服务企业乱收费行为是一种物业管理民事法律行为。（　　）

4.业主与物业服务企业之间是上级和下级的关系。（　　）

△ 思考题

1.简述物业管理法律关系的特点。

2.物业管理法律关系的主体包括哪些？

3.简述物业管理行业协会的性质和作用。

实践操作训练

△ 案例题

业主在购房时开发商承诺物业管理费为1元每平方米，有管道煤气、提供24小时热水等配套服务，而且将此写进了购房合同，但入住1年后发现非但管道煤气、24小时热水等服务没有落实，物业管理费反而涨到1.2元每平方米。物业管埋公司回答说：开发商说的不算数，收费是依据有关标准确定的。而开发商则称物业管理已移交，自己无权过问。

问题：

1）上述案例中出现了哪些法律主体？

2）此案中有哪些法律关系？因何产生法律关系？

3）物业费应该按哪个标准收？为什么？

△ 实训题

[实训情境设计]

某日清晨，某大厦新来的保洁员阿霞在18楼的公共通道拖地时，发现1805号业主家的客厅亮着灯，但大门内侧的防火门开着，外面的“通透式”防盗门也虚掩着，她便上前按业主家的门铃，但是按了好几次，室内也没有反应，阿霞便怀着好奇的心理，侧身进入室内，到客厅、阳台、厨房等一一查看有没有人。正在这时，业主张先生从电梯出来径直走回家（原来他“早锻炼”去了，因粗心而忘了关好家门）。一见大门未关，张先生先是吃了一惊，进到家中，又看见一陌生女子在自己家里，更是又急又气，大声质问阿霞是干什么的，不由分说要把她送到派出所。

[实训任务要求]

1）此事件属于何种物业管理法律关系？此法律关系的主体是谁？

2）你作为物业管理处经理，该如何向张先生说明和解释？（请3位同学分别扮演业主、阿霞和物业管理处经理，将解决过程演绎一遍。）

[实训提示]

小区已经成立了业主委员会，物业有全部业主住户的档案资料。

[实训效果评价表]（针对物业管理经理）

评价内容	分值（分）	评分（分）
了解本专业所学习的内容，能运用相关知识解决该问题	20	
具备相关的组织协调能力，能妥善处理各方面的关系	30	
具备一定的表达能力	20	
能使事态平息	30	

注：考评满分为100分。60分以下为不及格；60~69分为及格；70~79分为中等；80~89分为良好；90分以上为优秀。

第4章

物业管理法律责任

学习目标

通过本章的学习，要求认识物业管理法律责任的种类及其具体表现、物业管理民事法律责任和行政法律责任的承担方式，了解物业管理法律责任的概念、特征和构成，掌握物业管理法律责任的归责原则、物业管理民事法律责任的免责条件。

引例 **个人物品失窃 双方产生纠纷**

珠海市斗门区一住宅小区的业主吴女士家中存放的现金被盗，吴女士认为物业管理公司未尽到相应责任，遂将其诉至法院。斗门法院经审理后认为，物业管理公司已尽到合同约定的安全防范义务和确保共用设施设备正常使用的义务，判决驳回原告吴女士的诉讼请求。吴女士不服一审判决提出上诉，珠海市中级人民法院经审理后判决驳回上诉，维持一审判决。

资料来源：郑达，钟红敏，钟毅瑜．住宅小区业主被盗 物业尽义务可免责［EB/OL］．［2019-08-15］．http：//ep.ycwb.com/epaper/ywdf/html/2019-08/15/content_34806_174893.htm.

分析：物业服务范围虽包括保障小区安全，然而物业服务企业不是万能的，不可能杜绝或者随时制止小区内一切损害的发生，我们不能苛求物业服务企业承担过多的义务，只要物业服务企业尽到了合理范围内的义务、采取了合理的预防措施，物业公司就可以对业主因第三人侵权所遭受的损失免责。

为了了解物业管理法律责任，本章将主要介绍有关物业管理民事法律责任等内容。

4.1 物业管理法律责任概述

4.1.1 物业管理法律责任的概念和特征

1）物业管理法律责任的概念

物业管理法律责任是指物业管理活动的民事主体、行政主体和行政相对人对自己违反物业管理法规的行为所应依法承担的具有国家强制性和不利性的法律后果。

2）物业管理法律责任的特征

（1）法定责任与协议责任相结合。

物业管理活动基于业主与物业管理公司的委托合同而发生。自《法国民法典》开创“合同即为当事人之间的法律”之民法传统开始，合同的法律效力就是来源于国家对当事人之间的合同的认可并予以国家强制力保护。因此，物业管理中发生的法律责任确定，除依据相关法律规定外，也要以合同或契约为依据。

（2）技术规范确定的责任分量大。

国家往往有相关技术标准和技术规程，业主也会提出技术标准方面的要约而要求物业管理公司承诺。因此，在确定物业管理技术操作活动后果的法律责任时，必须充分注意有关法定技术规范和约定技术规范中关于技术问题和法律责任的规定。

（3）法律责任的复杂性。

与物业管理活动有关的法律责任种类繁多，民事责任、行政责任和刑事责任在物业管理法律责任制度中并存，并且“法律责任复合（或竞合）”的现象非常普遍，不少违反物业管理法规的行为都要依法由违法行为人承担多种责任。这种法律责任的复杂性决定了在确定物业管理法律责任时，要周全考虑相关法律法规对某一种行为从不同角度所设定的责任规范。

4.1.2　物业管理法律责任的分类

现实中最为常用的分类是按法律责任的内容不同划分的，分为民事法律责任、行政法律责任、刑事法律责任和经济法律责任四类。违反宪法法律责任不在物业管理法律责任范围之内。各种法律责任可能单独发生，也可能与其他法律责任同时发生。换言之，一种违法行为不一定只承担一种法律责任，在许多场合，违法行为人要承担两种以上的法律责任，即出现所谓“法律责任复合（或竞合）”的现象。

拓展阅读4-1

民事法律责任

拓展阅读4-2

行政法律责任

1）民事法律责任

民事法律责任是指由于违反民事法律、违约或者违反民法规定所应承担的一种法律责任。具体内容将在本章4.2中详细介绍。

2）行政法律责任

行政法律责任是指行政主体或行政相对人的行为违反行政法律法规而依法必须承担的行政法律后果。

拓展阅读4-3

刑事法律责任

3）刑事法律责任

刑事法律责任是指（包括自然人和法人）的违法行为已构成触犯刑事法律的犯罪，而依法必须承担的法律后果。它是制裁最为严厉的一种。

4）经济法律责任

经济法律责任是指经济法律关系主体行为违反经济法律法规而依法应承担的不利法律后果。

拓展阅读4-4

经济法律责任

物业管理法律责任还可以根据其他标准分类，如以内容为标准分为人身责任和财产责任，以责任的程度为标准分为有限责任和无限责任，以担责方式的性质为标准还可以分为制裁性责任、强制性责任、补救性责任。

4.1.3　物业管理法律责任的构成

法律责任的构成要件是指构成法律责任必须具备的各种条件或必须符合的标准，它是国家机关要求行为人承担法律责任时进行分析、判断的标准。根据违法行为的一般特点，我们把法律责任的构成要件概括为：

1）存在法律责任主体

法律责任主体是指违法主体或者承担法律责任的主体。责任主体不完全等同于违法主体。

2）违法者主观上有过错

所谓过错，是指行为人对其行为及由此引起的损害事实所抱的主观态度，包括故意和过失。故意是指行为人明知自己的行为会损害其他物业管理法律关系人的合法权益而为之；过失是指由于疏忽大意或过于自信而给他人带来损失。直接和间接故意的违法行为应负法律责任，重大过失的违法行为一般要负民事责任或行政责任，在法律的明文规定下才须负刑事责任。如果行为在主观上既没有故意也没有过失，则行为人对损害结果不必承担法律责任。例如，企业在施工中遇到严重的暴风雨，造成停工，从而延误了工期，在这种情况下，停工行为和延误工期造成损失的结果并非出自施工者的故意和过失，而属于不可抗力，因而不应承担法律责任。

3）存在违法行为

违法行为是指违反法律所规定的义务、超越权利的界限行使权利以及侵权行为的总称，一般认为违法行为包括犯罪行为和一般违法行为。

4）有损害事实发生

损害事实，即受到的损失和伤害的事实。损害的形式主要有人身的损害、财产的损害、精神的损害和其他利益方面的损害。损害的范围包括直接实际损害和丧失预期可得利益的间接损害。行为具有一定程度的社会危害性，给社会特定利益关系造成了危险或损害，并且危害结果达到了法律规定应追究相应法律责任的程度，是构成物业管理法律责任的一个必要条件。损害事实具有客观性，即已经存在；如果没有存在损害事实，则不构成法律责任。

5）违法行为与损害事实之间有因果关系

违法行为与损害事实之间的因果关系，是违法行为与损害事实之间存在客观的、必然的因果关系。也就是说，一定损害事实是该违法行为所引起的必然结果，该违法行为正是引起损害事实的原因。如果某项损害结果不是因某人的行为所必然引起的，则该行为人就不对该项损害结果负责。由于行为与结果之间的联系多种多样，有必然联系和偶然联系，有直接联系和间接联系，有一果多因和一因多果，因此在把物业管理法律责任归于某一违法行为时，必须搞清楚违法行为与特定的损害结果之间的联系，这对于行为定性、确定法律责任种类和大小具有重大意义。

除上述五个要件外，在确定物业管理法律责任时，还应考虑行为人的责任能力，即违法行为人承担法律责任的资格和条件。

4.1.4 物业管理法律责任的归责原则

物业管理法律责任中的归责，即法律责任的认定和归结，是指在物业管理活动中因违法行为所导致的事实后果是否应当由违法行为关系当事人承担的判断过程。它根据事先确定的标准和规则判断当事人是否应当承担法律责任，回答各种法律责任如何认定的问题。归责原则是指基于一定的归责事由而确定责任是否成立的法律原则。归责原则体现了立法者的价值取向，是责任立法的指导方针，也是指导法律适用的基本准则。物业管理法律责任的归责一般遵循以下法律原则：

1）责任法定原则

责任法定原则的含义包括：

（1）违法行为发生后应当按照法律规定的性质、范围、程度、期限、方式追究违法者的责任；作为一种否定性法律后果，它应当由法律规范预先规定。

（2）排除无法律依据的责任，即责任擅断和“非法责罚”。

（3）在一般情况下要排除对行为人有害的既往追溯。

2）因果联系原则

因果联系原则的含义包括：

（1）在认定行为人违法责任之前，应当首先确认行为与危害或损害结果之间的因果联系，这是认定法律责任的重要事实依据。

（2）在认定行为人违法责任之前，应当首先确认意志、思想等主观方面因素与外部行为之间的因果联系，有时这也是区分有责任与无责任的重要因素。

（3）在认定行为人违法责任之前，应当区分这种因果联系是必然的还是偶然的，是直接的还是间接的。

3）责任相称原则

责任相称原则的含义包括：

（1）法律责任的性质应当与违法行为性质相适应。

（2）法律责任的轻重和种类应当与违法行为的危害或者损害相适应。

（3）法律责任的轻重和种类还应当与行为人的主观恶性相适应。

4）责任自负原则

责任自负原则的含义包括：

（1）违法行为人应当对自己的违法行为负责。

（2）不能让没有违法行为的人承担法律责任，即反对株连或变相株连。

（3）要保证责任人受到法律追究，也要保证无责任者不受法律追究，做到不枉不纵。

4.1.5 物业管理法律责任的免责

"免责"与"无责任"或"不负责任"在内涵上是不同的。免责以法律责任的存在为前提，是指虽然违法者事实上违背了法律，并且具备承担法律责任的条件，但由于法律规定的某些主观或客观条件，可以被部分或全部地免除（即不实际承担）法律责任。例如，《中华人民共和国刑法》（以下简称《刑法》）第十六条规定："又聋又哑的人或盲人犯罪，可以从轻、减轻或者免除处罚。"无责任或不负责任则是因其不具备法律上应负责任的条件，故没有即不承担法律责任。例如，《刑法》第十五条规定："精神病人在不能辨认或者不能控制自己行为的时候造成危害结果的，不负刑事责任。"这两种情况时常被混淆。

在我国的法律规定和法律实践中，免责的条件和情况是多种多样的，根据免责的条件和方式可以分为以下几种：

1）时效免责

时效免责即违法者在其违法行为发生一定期限后不再承担强制性法律责任。例如，《刑法》规定犯罪经过下列期限不再追诉："法定最高刑为不满五年有期徒刑的，经过五年；法定最高刑为五年以上不满十年有期徒刑的，经过十年；法定最高刑为十年以上有期徒刑的，经过十五年；法定最高刑为无期徒刑、死刑的，经过二十年。再如，《民法典》第一百八十八条规定："向人民法院请求保护民事权利的诉讼时效期间为三年。法律另有规定的，依照其规定。诉讼时效期间自权利人知道或者应当知道权利受到损害以及义务人之日起计算。法律另有规定的，依照其规定。但是，自权利受到损害之日起超过二十年的，人民法院不予保护，有特殊情况的，人民法院可以根据权利人的申请决定延长。”

【案例分析4-1】

李某是深圳福田区某小区的业主，4年前家里房屋漏水，由于物业公司没有及时修好，为此和物业公司发生纠纷，之后就再没交纳物业管理费，物业公司也一直没有找李某催讨过。2012年3月5日，物业公司将催缴物业服务费通知发给李某。李某在收到该通知后，没有予以答复。两周后，李某收到法院传票，物业公司将李某起诉至法院，要求李某支付拖欠4年的物业管理费。业主拖欠物业管理费超过4年，物业公司还能向业主追讨吗？

资料来源：佚名.追讨物业管理费有诉讼时效限制吗？[EB/OL].[2012-06-04]. http://www.tefawuye.com/module_detail.aspx? FirstNo=03&ModuleNo=0301&id=594.

分析：《物业管理条例》第四十二条规定，业主应当根据物业服务合同的约定交纳物业服务费用。诉讼时效一般是指民事诉讼中权利人请求人民法院保护自己的合法民事权益的法定期限。《民法通则》（1987年1月1日—2020年5月28日）规定了诉讼时效制度，如果在法定期限内不行使权利，将导致权利的丧失或权利效力减损的法律后果。物业合同同样适用诉讼时效的规定。物业公司向业主追缴物业服务费的诉讼时效为2年。从上述规定可以看出，2010年3月6日至2012年3月5日期间所拖欠的物业管理费，李某应当交纳。2010年3月6日之前的物业管理费，李某在诉讼中可以行使诉讼时效抗辩权，法院应不予支持诉讼请求。2021年1月1日开始实施的《民法典》将诉讼时效改为3年。

2）不诉免责

不诉免责主要针对“告诉才处理”“不告不理”的案件。在我国，不仅大多数民事违法行为是受害者或有关人告诉才处理，而且有些刑事违法行为也是不告不理。不告不理意味着当事人不告，国家就不会把法律责任归结于违法者，这意味着违法者实际上被免除了法律责任。例如，《刑法》规定，以暴力干涉他人婚姻自由的犯罪、虐待家庭成员的犯罪、侮辱罪、诽谤罪等都是告诉才处理的违法犯罪。

3）自首、立功免责

自首、立功免责是指对那些违法之后有立功表现的人，免除其部分或全部法律责任。例如，《刑法》第六十三条规定：“犯罪以后自首的，可以从轻处罚。其中犯罪较轻的，可以减轻或者免除处罚；犯罪较重的，如果有立功表现，也可以减轻或者免除处罚。”

4）补救免责

补救免责是指对那些实施违法行为，造成一定损害，但在国家机关归责之前采取及时补救措施的人，免除其部分或全部责任。这种免责的理由是违法者在归责之前已经超前履行了义务。

5）协议免责

协议免责是指基于双方当事人在法律范围内协商同意的免责。这种免责一般不适用于犯罪行为和行政违法行为，仅适用于民事违法行为。

6）无能力免责

权利是以权利相对人即义务人的实际履行能力为限度的，在权利相对人没有能力履行责任或全部责任的情况下，国家机关可以出于人道主义考虑免除或部分免除他的法律责任。例如，在损害赔偿的民事案件中，人民法院在确定赔偿责任的范围和数额时，应当考虑到有责主体的财产状况、收入能力、借贷能力等，适当减轻或者免除责任，而不应使有责主体及其家庭因赔偿损失而处于无家可归、无法生计的状态。在有责主体无履行能力的情况下，即使人民法院把法律责任归结于他，也会因其不能履行而落空。

4.2　物业管理民事法律责任

4.2.1　物业管理民事法律责任的概念和特征

物业管理民事法律责任是指物业管理民事主体因违反民事法律义务而按照民法（包括《民法典》）规定必须承担的一种法律责任。

物业管理民事法律责任与其他法律责任不同的是：

（1）它主要表现为一种财产责任。

（2）它是一方当事人对另一方当事人的责任。

（3）它主要是为了补偿受害人的损失。

（4）其内容可以由当事人自行约定。

4.2.2　物业管理民事法律责任的分类

违约责任与侵权责任构成物业管理民事责任的两大基干，两者相互配合，形成了民事主体的生存权和发展权在民事领域内的基本保障机制。因此，掌握违约责任和侵权责任的内容、法理及两者的区别，是研究物业管理民事责任的重点。

1）违约责任

物业管理违约责任是指当事人一方不履行合同（物业管理合同或管理规约）义务或者履行合同义务不符合约定，依法应当承担的继续履行、采取补救措施或者赔偿损失等财产性法律责任。违约责任是物业管理活动中最容易引起的法律责任。

物业管理活动中主要的违约行为有：

（1）物业服务企业违反物业服务合同的约定，未经业主大会同意，擅自改变物业管理用房的用途。

（2）物业服务企业违反物业服务合同的约定，擅自提高收费标准。

（3）物业服务企业未按物业服务合同的约定内容提供物业服务。

（4）业主违反物业服务合同和管理规约的规定，不交纳物业服务费用和住宅维修资金。

（5）业主违反管理规约的规定，擅自改变公共建筑和共用设施用途，擅自占用、挖掘物业管理区域内的道路、场地，损害业主的共同利益。

2）侵权责任

物业管理侵权责任是指在物业管理活动中，民事主体因违法实施侵犯国家、集体、公民的财产权和公民、法人人身权的行为而应依法承担的不利性民事法律责任。

根据对构成侵权责任的条件的不同要求，可分为一般侵权行为的民事责任和特殊侵权的民事责任两类。同时具备损害事实、违法行为（造成损害的侵犯是违法的行为）、违法行为和损害事实之间有因果关系、违法行为人有过错这四个构成条件，就能构成一般侵权行为的民事责任。特殊侵权民事责任是指不具备一般侵权行为责任的全部构成要件，而法律规定当事人也需承担民事责任的行为。

物业管理中的侵权行为及民事责任主要有下列几种：

（1）国家机关或其工作人员因执行职务造成侵权损害的民事责任。

（2）法人对其工作人员执行职务造成侵权损害的民事责任。

（3）因产品质量不合格致人损害的民事责任。

（4）因建筑施工或物业维修施工而产生的侵权责任。

（5）建筑物等物的所有人或管理人的侵权责任。

（6）饲养的动物致人损害的民事责任。

（7）破坏、污染环境的侵权责任。

（8）无行为能力人、限制民事行为能力人致人损害的民事责任。

（9）因妨害行为而产生的侵权责任。

【案例分析4–2】

某住宅的公共排水管道出现排水不畅的现象。接到业主的报修电话后，物业服务企业进行了现场勘查，发现堵塞物位于3楼业主阳台的排水管中。该业主考虑到自己的房子新装修好，便阻挠物业服务企业进门维修。数天后，因排水管道严重堵塞，污水从4楼业主的阳台满溢出来，并倒灌进了房间，造成严重损失。4楼业主就自己的损失向物业服务企业索赔。在本案中，4楼业主可以向物业服务企业索赔吗？因3楼业主阻挠造成4楼业主损失的行为，法律上称为什么行为？

资料来源：作者根据相关资料整理编写。

分析：尽管阳台上的排水管道设在业主的自用部位内，但它属于共用设施。物业服务企业应当按照物业服务合同的约定，对物业的共用部位、共用设施设备的使用管理和维护提供服务，需要维修时，相关业主、使用人应当予以配合。如果阻挠维修，造成其他业主、使用人财产损失的，责任人应当承担相应的民事责任。在本案中，正是因为3楼业主阻挠物业服务企业进门维修而导致排水管道严重堵塞，使4楼业主家中污水倒灌造成损失，所以责任人是3楼业主，而不是物业服务企业。3楼业主应承担损失的赔偿责任。因3楼业主阻挠造成4楼业主损失的行为，法律上称为侵权行为。

4.2.3 物业管理民事法律责任的免责条件

物业管理民事法律责任的免责条件，即法律明文规定的物业管理当事人不履行合同、不承担违约责任的条件。我国法律规定的民事责任免责条件主要有正当理由和外来原因两类。

1）正当理由

正当理由是指据以主张被诉行为有合法根据或正当性，因而不应承担民事责任的事由。其具体包括：

（1）依法执行职务，是指根据法律的授权及有关规定行使合法权利和履行法定义务的行为。其应具备两个条件：

①需有合法的授权。

②行为的客体、方式和程度必须与职务授权相适应。

（2）正当防卫，是指公共利益、他人或本人的人身或其他利益受到不法侵害时，行为人采取的必要防卫措施。

（3）紧急避险，是指为了使公共利益、本人或他人的合法权益免受现实或紧急的损害危险，不得已而采取的致人身、财产损害的行为。

（4）自助行为，是指权利人为保护自己的权利，在情势紧迫而又不能及时请求国家机关予以救助的情况下，对他人的财产或者自由施加扣押、拘束或其他相应措施，而为法律或者社会公共道德所认可的行为。

（5）受害人同意，是指受害人事前作出的自愿承担某种损害后果或者致损的明示或默示的意思表示。

【案例分析 4-3】

张先生是某住宅小区四楼的住户，因为工作关系经常出差。前几天，张先生家突然漏水，使楼下王小姐家里的天花板、家具、衣被受到损害。因为水流不止，王小姐便请求管理处前去维修，但管理处却将张先生的房门撬开，入内维修。张先生认为，管理处未经他同意便擅自将他的房门撬开，属于私闯民宅的行为，是犯罪行为，张先生要求物业管理公司赔偿其损失。

物业管理公司的做法是否正确？谁应对张先生进行赔偿？

资料来源：佚名．物业管理实操案例之突发事件篇［EB/OL］．［2009-11-25］．http：//www.5acbd.com/news/6256.html.

分析：管理处的行为符合紧急避险的条件。所谓紧急避险，是指为了本人或第三人的人身或财产或者公共利益免遭正在发生的、实际存在的危险而不得已采取的一种加害于他人人身或财产的损害行为。紧急避险行为因其保护的利益大于其所造成的损害，具有正义合理性，所以被我国法律认可。《民法典》明确规定，正当防卫和紧急避险为抗辩的正当理由，可以以此主张具有正当性和合法性的侵权行为不承担民事责任。

在本案中，家中漏水时，张先生出差在外，水流不止，并且已经对楼下王小姐家中的财产造成损害，所以当时的情况是非常紧急的，如果不及时采取措施，肯定会对楼下住户造成更大的财产损害。管理处为了他人（王小姐及其他住户）的利益免受正在发生的损害，在无法及时与张先生联系的情况下将房门撬开进行维修，完全符合紧急避险的条件。管理处采取的紧急避险措施可能会对张先生家的门窗或其他相关的设施造成一定的损害，财产损害赔偿问题可以根据我国法律“紧急避险造成损害的，由引起险情发生的人承担民事责任。如果危险是由自然原因引起的，紧急避险人采取的措施又无不当，则行为人不承担民事责任；受害人要求补偿的，可以责令受益人适当补偿”来处理。在本案中，张先生长期不在家，而家中却突然漏水，说明漏水不是人为因素引起的，可能是水管等相关设备自然老化或其他自然因素引起的。如果是这种情况，王小姐作为紧急避险的受益人，应当给予张先生适当的补偿。本案管理处作为第三人实施紧急避险行为，如果采取的紧急避险措施没有超过必要的限度，则不应承担赔偿责任。

2）外来原因

外来原因是指行为人主张构成损害发生的全部或部分原因是自己不应承担或者不应单独承担民事责任的某种外部事件或他人行为。其具体包括：

（1）不可抗力。不可抗力包括：火灾；天灾；战争或者武装冲突；政府或者主管部门的行为；检疫限制或者司法扣押；罢工、停工或者劳动受到限制等。当事人迟延履行后发生不可抗力的，不能免除责任。

（2）意外事件。意外事件作为免责事由应具备三个条件：

①不可预见性。

②归因于行为人自身以外的原因。

③仅指偶发事件，并不包括第三人的行为。

（3）受害人的过错。此时，如果加害人能够证明自己已经尽到为防止损害发生所应尽的注意义务，则他不负民事责任。

（4）第三人的行为。如果损害发生的过程中有第三人行为的介入，而且该行为是构成损害的唯一直接原因，从而切断了被告行为与损害之间的因果链条，则被告不负民事责任。

【案例分析4-4】

2020年5月，广东省高级人民法院发布涉高空抛物、坠物十大案例。其中有一起案件为珠海某物业公司未尽管理职责，外墙瓷砖脱落砸伤路人致死，法院判决该物业公司赔偿89万余元。请问：法院的判决是否合理？

资料来源：直言. 高楼墙砖脱落，小心伤人［EB/OL］.［2020-06-15］. https: //www.sohu.com/na/401872706_114731.

分析：高空抛物是一种特殊的侵权行为，通常情况下比较难确定侵权行为人。法条中专门规定，如果不能证明你不是侵权行为人，那么此时法律推定可能加害的建筑物使用者要承担相应的赔偿责任。《民法典》赋予了其追偿权，如果在赔偿受害人之后，能够确认真正侵权人，那么可以依法向真正的侵权行为人追偿。

《民法典》第一千二百五十三条规定：“建筑物、构筑物或者其他设施及其搁置物、悬挂物发生脱落、坠落造成他人损害，所有人、管理人或者使用人不能证明自己没有过错的，应当承担侵权责任。所有人、管理人或者使用人赔偿后，有其他责任人的，有权向其他责任人追偿。"

4.2.4　物业管理民事法律责任的承担方式

物业管理民事法律责任的承担方式实际上就是我国民法所规定的承担民事责任的方式。《民法典》第一百七十九条规定主要有11种方式，可以单独适用，也可以合并适用。

1）停止侵害

停止侵害是指对行为人正在实施的侵权行为，受害人有权请求其停止实施或请求人民法院制止实施。这种民事责任适用于所有正在进行中的侵犯他人合法权益的行为，侵犯财产权和侵犯人身权都应当承担此种责任。

2）排除妨碍

排除妨碍是指权利人行使其权利受到他人不法阻碍或妨害时，有权请求行为人排除或请求人民法院强制排除妨碍。这种民事责任适用于妨碍他人行使权利的场合，不必要求权利人的权利有实际的损害。

3）消除危险

消除危险是指在有造成财产或人身损害的可能时，权利人有权请求行为人消除或请求人民法院强制其消除。这种民事责任适用于虽然尚未造成他人的财产、人身的实际损害，但是有造成损害的急迫的危险时，权利人可以要求造成危险的人采取措施消除危险。例如，搭建违章建筑可能危及他人，利益关系人有权要求消除危险。

4）返还财产

返还财产是指权利人的财产被行为人非法侵占时，权利人有权请求返还该财产。当一方当事人占有他人的财产，但没有合法权利作为依据时，应当将对方的财产返还。此种责任方式的一个前提是，原物尚存在。如果原物已经灭失，则责任人应当依法承担赔偿损失等责任。例如，物业服务企业擅自超标收取业主、物业使用人的水电费，应该将超出部分返还。

5）恢复原状

恢复原状是指在财产被不法损害或性能状态被改变而有复原的可能时，受害人有权请求恢复到财产未受损坏或未改变时的状态。这种民事责任适用于财产遭到他人的损坏，但是尚有恢复原来状态的可能的情况。一般来说，造成他人财产损失，如果能够恢复原状，应当尽量恢复原状。只有难以恢复原状的，才承担赔偿损失的民事责任。

6）修理、重作、更换

修理、重作、更换是适用于某些种类的合同的责任方式。如果一方交付的标的物不符合合同的约定，则对方当事人有权要求修理或者更换不符合合同要求的标的物。

7）赔偿损失

赔偿损失是指行为人以其财产填补受害人的损失。这是适用范围最广的一种责任方式。在我国，法律上的赔偿损失专指以金钱的方式赔偿对方的损失。侵犯财产权和侵犯人身权都可能适用这种方式。在侵犯名誉权等几种人身权造成精神损害的情况下，行为人还要承担以金钱的方式赔偿精神损害的责任。

8）支付违约金

支付违约金是指依法律规定或当事人约定，违约方向对方支付一定数额的金钱。这是指在一个有效的合同中双方约定了违约金，或者法律直接规定了违反此种合同应当支付违约金，在一方违约的情况下，应当向对方支付约定或者法定的违约金。

9）消除影响、恢复名誉

消除影响、恢复名誉是指公民或者法人的人格权受到不法侵害时，有权通过人民法院要求行为人以公开方式承认过错、澄清事实，或者消除所造成的不良影响，以恢复未受损害时社会对其品行、才能或信用的良好评价。这种责任方式，适用于姓名权、肖像权、名誉权、荣誉权这几种人身权受到侵犯的情况，因为这几种侵权行为通常会给受害人的名誉造成损害，或造成其他不良影响。

10）赔礼道歉

赔礼道歉是指公民或法人的人格权受到不法侵害时，权利人可请求行为人当面承认错误，表示歉意，以保护其人格尊严。

11）继续履行

继续履行也称强制实际履行，是指违约方根据对方当事人的请求继续履行合同规定的义务的违约责任形式。如当事人一方末支付价款或者报酬，对方可以要求其支付价款或者报酬。继续履行是一种独立的违约责任方式，不同于一般意义的合同履行，其以违约为前提，体现了法的强制性。

【实战演练4-1】

某小区物业服务公司将冬季供暖用煤堆放在崔某家的窗户外面，冬天刮风时，正巧刮进居住在一层的崔某家里，崔某家的地板、家具和床褥经常被刮进的煤灰染黑。崔某认为，物业服务公司的行为已严重干扰了自己的正常生活，故拒绝交纳物业管理费。

资料来源：李显东. 物业纠纷法律解决指南［M］. 北京：机械工业出版社，2003.

问题：（1）该案例中存在何种物业管理法律责任？为什么？

（2）对此物业服务公司承担的法律责任方式有哪些？

4.3 物业管理行政法律责任

4.3.1 物业管理行政法律责任及行政违法行为

物业管理行政法律责任是指在物业管理过程中，行政相对人的行为违反有关物业管理行政法规而应当依法承担的不利性法律后果。在物业管理过程中需追究行政责任的行政违法行为可以归纳为以下四类：

1）物业服务企业的行政违法行为

（1）非法经营行为。它是指不具备从事物业管理的资质和能力的企业，以物业管理公司的名义违法从事物业管理经营活动。具体表现为三种情形：一是无证经营；二是超越资质能力经营；三是超越营业执照登载的经营范围而从事与其设立目的相违背的其他经营活动。前两种情形，由物业管理行政主管机关依法责令其停止违法行为，没收违法所得，并可处以罚款。第三种情形由市场监督管理部门依法处理，予以相应处罚。

（2）不正当竞争行为。它是指物业服务企业在市场交易中违反公平竞争的法律规定和公认的商业道德，采用不正当手段损害其他经营者的合法权益，扰乱社会经济秩序的行为。例如，在物业管理招投标过程中，投标者串通投标、抬高标价，或者投标者和招标者相互勾结，以排挤竞争对手。对不正当竞争行为，一般由县级以上市场监督管理部门依据我国《中华人民共和国反不正当竞争法》及配套法规、规章进行查处。对招投标活动中的不正当竞争行为，中标无效，监督检查部门可以根据情节处以1万元以上20万元以下的罚款。

（3）擅自作为行为。它是指物业服务企业在实施物业管理过程中，违反物业管理法规的禁为规范或者违反物业委托管理服务合同中的禁为约定，而擅自做出的犯禁行为。例如，擅自扩大收费范围、提高收费标准，擅自改变公用设施专用资金和住宅维修资金的用途，擅自改变专用房屋的用途或未按规定使用，擅自不按规定定期公布收入账目等。对擅自作为行为，物业管理行政主管机关和有关物价等行政管理部门应当责令其限期改正，并可处以罚款；情节严重的，物业管理行政主管部门可以降低其物业管理资质等级，直至吊销其资质证书，并可建议市场监督管理机关依法注销其物业管理这一经营项目。

（4）不履行或不忠实履行受托管理义务的行为。它是指物业服务企业不履行物业管理委托合同规定的义务或者违反忠实义务，不尽心尽力履行管理义务，导致物业管理制度不健全、管理混乱、物业管理和维修养护不善的行为。对该种行为，物业管理行政主管机关可以责令其限期改正和赔偿委托方损失，并视情节给予警告或者处以罚款；情节严重的，也可以降低其物业管理资质等级，直至吊销其资质证书。

（5）损害消费者合法权益的行为。它是指物业服务企业在向消费者提供服务时，违反《中华人民共和国消费者权益保护法》第三章关于经营者的义务之规定，所做出的侵害消费者合法权益的行为。对此类行为，市场监督管理部门和其他有关部门应在各自的职权范围内依法采取措施予以惩处。

2）业主委员会、业主、物业使用人或者其他单位、个人的行政违法行为

（1）决定违法行为。它是指业主大会、业主代表大会、业主委员会做出违反国家、地方有关物业管理规范性文件的规定的决定行为。对此类行为，由物业管理行政主管部门依法责令其限期改正或者撤销其决定。

（2）擅自作为行为。它是指违反物业合理法规的禁为义务规范而擅自做出的犯禁行为。例如，业主委员会违反不得从事各种投资和经营活动的禁令而擅自进行经营的，物业管理行政主管部门应当责令限期改正，可以并处罚款。又如，业主、非业主使用人在使用房屋过程中，擅自改变房屋结构、外貌和用途等的，物业管理行政主管机关和有关行政部门应当责令其限期改正，恢复原状，可以并处罚款。

（3）不履行法定作为义务行为。它是指违反物业管理法规的作为义务规范而不做出法规所要求的行为的违法行为。例如，《深圳市经济特区住宅区物业管理条例》第四十二条第（二）款、第四十三条规定了业主等人对房屋等物业有定期修缮、粉刷的义务，若不履行该项法定义务，按第五十六条第（三）款的规定，市、区住宅管理部门应当责令其限期修缮或粉刷；逾期拒不修缮或粉刷的，可处以3 000元以上5 000元以下的罚款。

3）开发建设单位、售房单位的行政违法行为

（1）未履行法定前期物业管理义务的行为。它是指开发建设单位作为新建房屋出售单位以及公有住宅出售前的管理单位，违反物业管理法规关于前期物业管理的规定，不履行或不完全履行自己在物业管理方面依法应作为的义务的行为。

（2）不履行物业移交法定义务的行为。它是指房屋出售单位在向业主委员会、物业服务企业移交物业时，未按规定移交有关该宗物业的工程建设资料和提供成本价物业管理用房的行为。

（3）不履行物业维修专用资金代收代存法定义务的行为。它主要是指新建房屋出售单位在销售时，未按规定代表物业管理方向购房者收取法定的应交的物业维修专用资金，或者代收后不按规定及时存入指定的银行专用账户的行为。此外，公有住房出售单位也可能不履行设立物业维修资金的法定义务。

（4）其他行政违法行为。例如，新建房屋出售单位未按规定对建筑实行保修的行为；单独转让房屋的共用部位、共用设备或公共设施的所有权、使用权的行为；不履行对售出的房屋实行保修义务的行为等。

开发建设单位、售房单位表现出上述违法行为的，由市级或区、县级房地产管理部门责令其限期改正、履行，可以并处罚款；情节严重的，可以暂停开发建设单位的房地产开发资质。

4）妨碍管理的违法行为

妨碍管理的违法行为是指行政相对人妨碍、阻挠国家物业管理行政主管部门等有关行政管理部门和其他享有物业管理监督权的主体依法对物业管理实施的客观管理监督的行为。其大致分为两类：

（1）妨碍执行公务的行为。它是指物业管理公司及其员工和物业的业主、使用人以非法手段，无理阻挠、妨碍国家有关行政管理部门执行公务的活动，如阻碍对自己所为的违章建筑行为所进行的行政查处公务活动，妨碍、刁难环境卫生园林部门、消防部门等的检查活动。对这类行为，可依照《中华人民共和国治安管理处罚条例》分别视情况予以警告、罚款、行政拘留等行政处罚。

（2）妨碍实施监督行为。它是指物业服务企业及其工作人员拒绝或阻碍业主团体组织及业主对物业管理工作实施正常监督的行为。这种妨碍行为不仅有违物业委托管理合同的监督约定，而且违反国家物业管理法规对业主团体组织和业主的授权规范，应当承担相应的行政责任。但现行物业管理规范性文件对这类行为相应的行政责任还没有明文规定，只是视为违约行为，今后应通过立法加强和完善物业管理监督，增加规定与监督相配套的行政责任。

4.3.2 物业管理行政法律责任的承担方式

物业管理活动中承担行政责任的方式一般分为两类：

1）行政处罚

《行政处罚法》第八条规定，行政处罚的种类包括：警告；罚款；没收违法所得、没收非法财物；责令停产停业；暂扣或者吊销许可证、暂扣或者吊销执照；行政拘留；法律、行政法规规定的其他行政处罚。

【案例分析4-5】

李先生在装修自家住宅时，在承重墙上另开了一个门，物业公司发现后，对其处以500元罚款。当李先生提出异议时，物业公司以“业主行为守则”有规定为由辩解，请问物业公司能否对该业主罚款？

资料来源：作者根据相关资料整理编写。

分析：《行政处罚法》规定，行政处罚权只能由行政管理机关行使。物业公司不是行政管理机关，不具有罚款的权利。因此，物业公司不能对业主进行罚款。

2）行政处分

行政处分是指国家机关、企事业单位依据国家法律、法规或国家机关、企事业单位的规章制度的规定，按行政隶属关系对其所属人员中有轻微违法行为或违反纪律行为的一种内部制裁，主要包括警告、记过、降职、降薪、撤职、留用察看、开除等。

【实战演练4-2】

某小区在业主委员会成立后，经过业主委员会的同意，房地产行政主管部门将专项维护资金移交给该小区的物业服务企业代管。由于很多业主拖欠物业管理费用，该物业服务企业财政支出困难，于是挪用了部分专项维修资金，作为物业管理服务日常开支。后来业主委员会在检查和监督物业服务企业代管的专项维修资金时，发现了该挪用行为，于是书面督促物业服务企业在规定的期限内将挪用款项返还。物业服务企业对业主委员会的通知置之不理，业主委员会遂向法院起诉。

业主委员会诉称：专项维修资金属业主所有，专项用于物业保修期满后共用部位、共用设施设备的维修和更新、改造，不得挪作他用，物业服务企业的行为违反了法律规定，侵犯了业主的财产权，请求法院判决被告返还挪用的维修资金。

物业服务企业辩称：虽然专项维修资金挪为他用，但最终仍用在为小区居民的服务上，并没有贪污和浪费，而且造成挪用的原因在于一些业主不交物业管理费，使物业服务企业入不敷出，物业服务企业实属迫不得已。

资料来源：梁分．物业管理条例知识问答与案例分析［M］．成都：西南财经大学出版社，2004.

问题：（1）因业主不交物业管理费，物业服务公司可以挪用专项维修资金吗？

（2）物业服务公司挪用专项维修资金应被追究什么法律责任？作为法院应如何裁定？

（3）对业主不交物业管理费的行为，物业服务公司应该如何处理？

4.4 物业管理刑事法律责任

物业管理刑事法律责任是指行为人（包括自然人和法人）在物业管理活动中严重违反物业管理法律、法规，给国家、集体、自然人或法人的财产或生命健康造成严重损害，情节严重，触犯刑事法律，而依法必须承担的刑事责任。

承担刑事责任的方式是刑事处罚，分为两类：一是主刑，包括管制、拘役、有期徒刑、无期徒刑和死刑；二是附加刑，包括罚金、没收财产和剥夺政治权利。刑事责任可因不可抗力、紧急避险、职务行为而免除。

在物业管理活动中通常所涉及的刑事责任有：物业管理行政主管部门工作人员玩忽职守、滥用职权、徇私舞弊、贪污受贿的，由其上级主管部门或所在单位给予行政处分；构成犯罪的，移送司法机关依法追究刑事责任。这些刑事责任的具体承担方式在《刑法》中都有详细的规定。

本章小结

物业管理法律责任是指物业管理活动的民事主体、行政主体和行政相对人对自己违反物业管理法规的行为所应依法承担的具有国家强制性和不利性的法律后果。物业管理法律责任按法律责任的内容划分为民事法律责任、行政法律责任、刑事法律责任、经济法律责任四类。物业管理法律责任的构成包括：存在法律责任主体；违法者主观上有过错；存在违法行为；有损害事实发生；违法行为与损害事实之间有因果关系。物业管理法律责任的归责原则包括责任法定原则、因果联系原则、责任相称原则、责任自负原则。物业管理法律责任免责可以分为时效免责，不诉免责，自首、立功免责，补救免责，协议免责和无能力免责。

物业管理民事法律责任是指物业管理民事主体因违反民事法律义务而按照民法规定必须承担的一种法律责任。违约责任与侵权责任构成物业管理民事责任的两大基干。物业管理民事法律责任的免责条件有：依法执行职务，正当防卫，紧急避险，自助行为，受害人同意；不可抗力，意外事件，受害人的过错，第三人的行为。物业管理民事法律责任的承担方式包括停止侵害，排除妨碍，消除危险，返还财产，恢复原状，修理、重作、更换，赔偿损失，支付违约金，消除影响、恢复名誉，赔礼道歉等。

物业管理行政法律责任是指在物业管理过程中，行政相对人的行为违反有关物业管理行政法规而应当依法承担的不利性法律后果。承担方式一般分为两类：行政处罚和行政处分。

物业管理刑事法律责任是指行为人在物业管理活动中严重违反物业管理法律、法规，给国家、集体、自然人或法人的财产或生命健康造成严重损害，情节严重，触犯刑事法律，而依法必须承担的刑事责任。

关键概念

物业管理法律责任　物业管理法律责任免责　时效免责　物业管理民事法律责任

违约责任 侵权责任 正当防卫 紧急避险 物业管理行政法律责任 物业管理刑事法律责任

基础知识练习

△ 选择题

1.物业管理法律责任包括（ ）。

A.民事法律责任 B.行政法律责任 C.刑事法律责任 D.经济法律责任

2.物业管理民事责任可分为（ ）。

A.逃税 B.违约 C.正当防卫 D.侵权

3.物业管理民事法律责任的承担方式有（ ）。

A.消除危险 B.停止侵害 C.排除妨碍 D.恢复原状

△ 判断题

1.紧急避险行为是物业管理民事法律责任的免责条件。（ ）

2.业主不交物业管理费，物业服务企业可对其进行行政处罚。（ ）

3.业主委员会主任贪污受贿要承担物业管理行政法律责任。（ ）

△ 思考题

1.简述物业管理法律责任的主要特征。

2.试述物业管理法律责任的分类。

3.如何理解物业管理民事法律责任的免责条件？

4.简述物业管理民事法律责任的承担方式。

实践操作训练

△ 案例题

居住在某小区住宅楼十层的业主顾某，擅自将其购买并居住的房屋“一卫改两卫”。在房屋储藏室擅自安装了抽水马桶、洗脸盆，改变了立管的下水三通，致使楼下业主王某储藏室内的储柜及物品受损。

问题：假如你是该小区的物业经理，物业管理部门是否有权责令其拆除私装物，为什么？

△ 实训题

[实训情境设计]

业主请求帮助驱赶室内人员怎么办

一日，某小区某业主王先生火急火燎地来到物业公司，一进门就大声叫喊，要物业公司帮忙，说他家原来那伙装修工人赖着不走，不让别人干活。保安主管一面安慰业主不要着急，一面安排护卫班长带人赶到现场。

随后，保安主管陪王先生一起回家。只见业主房内有七八名装修工人和一名工头，还有一名被业主称为与工头相好的女子。该女子情绪激动，百般纠缠。保安主管反复劝说仍然无效。这时，业主强烈要求物业公司人员帮助把人请出家门。

在此情形之下，护卫员们听从了业主要求，动手推拉那名女子出屋，当即遭到谩骂，但护卫员们坚持骂不还口，非常理智。其他几名装修工人也被劝出房间。那名女子被请出房间后，变本加厉，污言秽语地跟业主对骂，并辱骂护卫员，还恶人先告状，拨打110报警。

110警务人员赶到后，该女子态度仍很蛮横，毫无收敛之意，还与业主动了手。在调解不成的情况下，110将该女子与那名工头一起带离现场。其后，王先生和保安主管也被叫到派出所作了问询笔录。一场风波总算平息。

然而，没想到事情过去2个月后，该女子将业主王先生作为第一被告、物业公司作为第二被告告上法庭，要求赔偿其医疗费、误工费，并恢复名誉。后经法院判决：此事物业公司无过错。

[实训任务要求]

如果你是保安主管，该如何处理？（请将解决过程演绎一遍）

[实训提示]

该小区属于何园街道居委会，小区已经成立了业主委员会。

[实训效果评价表]（针对保安主管）

评价内容	分值（分）	评分（分）
了解相关法律知识，解决该问题	20	
具备相关的组织能力，能组织各方力量解决问题	20	
具备协调能力，能妥善处理各方面的关系	20	
具备一定的表达能力	10	
能使事态平息	30	

注：考评满分为100分。60分以下为不及格；60~69分为及格；70~79分为中等；80~89分为良好；90分及以上为优秀。

第5章

物业服务企业

学习目标

通过本章的学习，建立对物业服务企业的基本认识，掌握物业服务企业的概念、特征、分类，了解物业服务企业成立的基本要求，熟悉物业服务企业的权利和义务。了解物业行业未来发展的基本趋势。

引例

2018年1月，某小区成立了业委会。该小区业主王某等人发现，业委会在未召开业主大会的情况下，擅自与新物业公司签订了服务合同，为此，王某等业主认为该合同严重损害了全体业主的利益，将业委会告上法庭，请求撤销选聘决定。业委会辩称通过业主微信群和小区张贴公告的方式已告知全体业主，对小区物业合同持有异议的以书面方式发信息提出，但公告期满后也未收到半数以上业主的反对意见。原告不具备起诉要求撤销物业服务合同的主体资格，要求撤销物业服务合同也无事实和法律依据。

人民法院做出判决，业委会作出的决定侵害了业主合法权益，撤销选聘决定。

资料来源：作者根据相关资料整理编写。

分析：法院认为，业委会是业主大会的执行机构，接受业主大会的委托从事小区管理工作。选聘物业服务企业必须由业主大会通过投票的方式共同决策，业委会无权决定选聘哪家物业服务企业。本案中该小区业委会未经业主大会决议，擅自决定选聘物业服务企业，侵害了全体业主的合法权益，违背了《民法典》及《物业管理条例》等法律法规的规定，受侵害的业主可以请求人民法院予以撤销。

本案处理结果维护了涉案小区业主的合法权益，同时对小区业委会履行职责起到了引导作用。

资料来源：作者根据相关资料整理编写。

5.1 物业服务企业概述

5.1.1 物业服务企业的概念、特征和作用

1）物业服务企业的概念

物业服务企业是指依法设立，具有独立企业法人资格，依据物业服务合同提供物业管理服务活动的企业。

2）物业服务的特征

（1）物业服务的营利性。物业服务企业是自主经营、独立核算、自负盈亏、自我发展的服务型企业，通过向业主提供服务而收取一定费用，以维持企业的生存和发展。因此，物业服务企业是以营利为目的的企业组织。

（2）物业服务的多样性。物业服务企业除了承担保洁绿化、安全管理、房屋及设备设施管理、客户服务等物业服务合同约定的基础服务之外，还可以开展特约服务和增值服务，如代理有关单位收取水费、电费、维修资金等，也可以开展家庭维修、家政、房屋租赁等服务。

（3）物业服务的专业性。物业服务企业提供物业服务需要具备一定的专业能力，依据物业服务对象的要求，物业服务人员要具备建筑和房地产知识、园林绿化知识、设备

设施维修养护知识、互联网知识、客户心理学知识等。随着物业服务的内涵及服务范围的延伸，对物业服务企业及员工的专业能力提出更高的要求。

（4）物业服务的公共性。物业服务企业是对物业公共区域、共用的设备设施进行管理和服务的企业，同时物业服务企业还承担着一定的社会公共事务，如接受街道社区的委托，配合街道社区开展文明创建、垃圾分类管理等工作，履行一定的社会责任。物业服务企业的物业管理活动涉及千家万户，已成为现代城市管理、基层社区治理的重要组成部分，因此物业服务不仅要符合物业服务合同的要求，同时要遵守国家法律法规的要求。

3）物业服务的作用

（1）为业主和使用人提供整洁、舒适、安全的生活环境和工作环境。

（2）保证物业的正常使用，提高物业的使用价值，推动物业保值增值。

（3）承担部分社会管理的公务责任，减轻了街道办事处、居委会等单位的工作压力。

（4）物业服务解决了社会大量就业人口，特别是下岗再就业和农村进城务工人员就业，推动社会稳定，促进房地产业的健康发展。

5.1.2　物业服务企业的类型

1）按照物业服务对象的类型

（1）住宅类物业服务企业，包括以住宅小区、公寓、别墅、度假村等居住类项目为服务主体的物业服务企业。

（2）商业类物业服务企业，包括以写字楼、商业综合体、步行街等商业类项目为服务主体的物业服务企业。

（3）公建类物业服务企业，包括以医院、学校、政府办公楼、工业园区等公共服务类建筑为服务主体的物业服务企业。

（4）综合类物业服务企业，是指从事以上多类物业项目服务的物业服务企业。

2）按物业服务形式分类

（1）管理型物业服务企业。此类企业承接物业项目自己进行管理和服务，收取物业服务费。该类企业也可以将部分专业类工作，如安全管理、清洁、绿化、电梯、消防维保等通过合同委托专业公司承担。但物业服务企业不能将全部项目外包给另一家物业服务企业来承接。这类企业是目前市场的主要类型。

（2）顾问型物业服务企业。此类企业依据丰富物业管理和服务经验向委托方提供专业技术咨询服务。如接受开发商的委托提供物业前期介入服务，或接受其他物业服务企业的委托，依托专业知识帮助委托企业构建品质管理体系或客户服务体系，其所提供的是智力服务，收取顾问费。

（3）综合服务型物业服务企业。此类企业不仅直接承接项目，提供全方位的管理和服务，同时提供顾问、咨询服务。

3）按物业服务企业股份的属性分类

（1）国有型物业服务企业，包括国有独资或国有控股的物业服务企业。

（2）民营型物业服务企业，包括股份有限公司和有限责任公司，股东以认缴的出资额享有公司权益，承担公司债务，公司以全部资产对外承担债务。

4）按物业服务企业股权的来源分类

（1）开发商自有物业服务企业。开发商在从事房地产开发之外，另行投资成立的物业服务企业，以承接自有项目为主。

（2）市场化物业服务企业。无开发商投资，完全由第三方投资成立并通过市场化手段承接物业项目的公司。

5.1.3 物业服务企业的设立

开展物业经营活动，须向国家工商管理部门申请设立物业服务企业，2018年3月，国家取消工商管理部门，成立市场监督管理部门，申请成立物业服务企业须向各级市场监督管理局申报。

申请成立物业服务企业必须具备一定的条件，并注册登记，履行必要的手续。

1）物业服务企业注册成立必须具备的条件

根据2021年1月1日生效的《民法典》和《公司法》及相关法规的规定，成立物业服务企业，必须具备如下条件：

（1）依法成立。物业服务企业的设立必须合法，其内部机构、经营范围、经营方式等须符合法律要求，必须按照法律规定的程序成立。

（2）有符合企业登记管理要求的注册资本。这既是物业服务企业享受权利、承担义务的物质基础，更是其独立承担民事责任的财产保障。以营利为目的的物业服务企业，要具有独立的财产和注册资本。

（3）有企业名称和固定的经营管理场所。企业名称是企业组成的一部分，是一个企业区别于另一个企业的标志。根据《企业名称登记管理规定》的规定：①企业只准使用一个名称；②企业名称应按字号、行业、经营特点、组织形式等组成；③企业名称不得含有欺骗性、误导性，不得损害国家利益和社会公共利益。

生产经营场所是企业进行生产经营等业务活动的所在地，它与企业住所不同，企业住所是其主要办事机构所在地，只能有一个，而经营场所可以有多个，既可以在企业的住所，也可以在其他生产经营地点。

（4）有管理机构及同经营管理规模相适应的各类管理人员和专业技术人员。物业服务企业要提供服务，就必须要有满足要求的专业团队和组织体系。

（5）有公司章程。公司章程是明确企业宗旨、性质、资金状况、业务范围、经营规模、经营方向和组织形式、组织机构，以及利益分配原则、债权债务处理方式、内部管理制度等方面的规范性书面文件。其内容一般应包括：公司的宗旨；名称和住所；经济性质；注册资金数额以及来源；经营范围和经营方式；公司组织机构及职权；法定代表人产生程序及职权范围；财务管理制度和利润分配方式；其他劳动用工制度；章程修改程序；终止程序；其他事项。

2）物业服务企业注册登记的内容

注册登记的意义是公司将要经营的范围告知市场监督管理部门，由市场监督管理部门审核是否属于国家允许经营的范围，申报者是否具备经营的条件。市场监督管理部门具体就下列事项进行注册登记备案：

（1）名称；

（2）住所；

（3）法定代表人姓名；

（4）注册资本；

（5）公司类型；

（6）经营范围；

（7）营业期限；

（8）有限责任公司股东或者股份有限公司发起人的姓名或者名称。

3）物业服务企业注册申请程序

（1）成立物业服务企业必须先进行名称预先核准。申请核准名称须向市场监督管理部门机关提交下列文件：

①全体股东或者全体发起人签署的公司名称预先核准申请书；

②全体股东或者发起人指定代表或者共同委托代理人的证明；

③国家市场监督管理总局规定要求提交的其他文件。

（2）申请注册登记。应当向市场监督管理部门提交下列文件：

①公司法定代表人签署的设立登记申请书；

②全体股东（董事会）指定代表或者共同委托代理人的证明；

③公司章程；

④股东（发起人）的主体资格证明或者自然人身份证明；

⑤公司董事、监事、经理的姓名、住所的文件及委派、选举或者聘用的证明；

⑥公司法定代表人任职文件和身份证明；

⑦企业名称预先核准通知书；

⑧公司住所证明；

⑨公司注册资金证明；

⑩市场监督管理部门规定要求提交的其他文件。

申请人可直接到市场监督管理部门申请，也可以通过信函、电报、电传、传真、电子数据交换和电子邮件等方式提出申请。

（3）受理。市场监督管理部门应当根据申请人提供的资料作出受理或不予受理通知。市场监督管理部门决定予以受理的，应当出具《受理通知书》；决定不予受理的，应当出具《不予受理通知书》，说明不予受理的理由，并告知申请人享有依法申请行政复议或者提起行政诉讼的权利。

（4）注册登记。对申请人直接到市场监督管理部门提出的申请予以受理的，应当当场作出准予登记的决定；对申请人通过信函、电报、电传、传真、电子数据和电子邮件等方式提交的申请予以受理的，申请人应当自收到《受理通知书》之日起15日内，提交与信函、电报、电传、传真、电子数据交换和电子邮件等内容一致并符合法定形式的申请文件、材料原件，市场监督管理部门经与原申报材料核对一致的，应当当场作出准予登记的决定，出具《准予设立登记通知书》。

（5）领取《企业法人营业执照》。准予登记的，申请人应当在10日内到市场监督管理部门领取营业执照。市场监督管理部门应当将公司登记、备案信息通过企业信用信息公示系统向社会公示。

5.2 物业服务企业的行政监管

5.2.1 物业服务企业的行政监管部门

根据《物业管理条例》的规定，国家住房和城乡建设部负责全国物业管理活动的监督管理，县级以上地方人民政府房地产行政主管部门负责对本行政区域内的物业管理活动进行监督管理，县级以上人民政府价格主管部门会同同级房地产行政主管部门共同监管物业服务收费。政府各级规划、城管、市场监督管理主管部门在各自的职责范围内监督本区域内的物业管理活动。

两个有关联但相对独立的行业，国家在法律和行政规章中将这两个行业的行政主管部门统称为各级房地产行政主管部门，在行政监管实践中，国务院建设行政主管部门负责全国物业管理活动的监督管理工作。

2018年3月8日，住房和城乡建设部正式发文废止《物业企业资质管理办法》，并自发布之日起施行。物业服务企业资质全面取消，物业服务企业自领取营业执照之日起即能够从事物业服务。随着物业资质的取消，物业行业行政监管的思路和方法也在发生变化。

（1）强化属地管理。将物业管理活动的日常监督管理下沉到基层街道（乡镇）人民政府及居民自治组织社区居民委员会，落实物业服务属地管理主体责任，按照业主自我管理与社会化服务相结合的原则，积极推动将物业管理纳入社区治理体系。充分发挥街道办事处或乡镇人民政府在加强社区党组织建设、指导业主大会和业主委员会、监督物业管理活动等方面的重要作用，建立、健全物业管理联席会议制度，维护社区和谐稳定。县级以上房地产主管部门会同城市管理、民政、公安、价格等有关部门按照各自职责指导监督街道社区的物业管理工作。

（2）建立、健全物业服务标准和服务规范，规范物业服务合同行为，明确物业服务企业责任边界，引导物业服务企业增强服务意识，创新服务理念，提升服务品质。

（3）进一步落实物业承接查验制度，指导监督建设单位、业主和物业服务企业依法做好物业共用部位、共用设施设备的查验和交接工作，厘清各方主体之间的权利与义务关系，减少开发建设遗留问题，确保物业服务项目交接的平稳顺利。

（4）完善物业服务投诉平台，畅通投诉渠道，建立健全投诉反馈机制，明确受理、处理投诉的程序和要求，加强投诉反馈监督检查，及时解决群众有效投诉，预防并解决物业服务纠纷。

（5）加强物业服务行业事中、事后监管，制定随机抽查事项清单，建立、健全“双随机”抽查机制，合理确定抽查的比例和频次，对发现的违法违规行为，依法依规加大惩处力度。

（6）加快推进物业服务行业信用体系建设，建立信用信息共享平台，定期向社会公布物业服务企业信用情况，建立守信联合激励和失信联合惩戒机制，构建以信用为核心的物业服务市场监管体制。

【案例分析5-1】

某培训学校与其所在小区物业公司签订了《物业服务合同》，但双方没有在合同中约定交费日期和交费方式。此后，双方因物业费的交费日期发生矛盾，物业公司对培训学校进行了断水断电。培训学校起诉要求物业公司赔偿经济损失。

法院判决：物业公司为催收物业费采取的断水断电行为，违反了《民法典》和《物业管理条例》的有关规定，造成了培训学校的损失，最终判决物业公司赔偿1 000元。

资料来源：作者根据相关资料整理编写。

分析：物业服务合同中没有约定业主的交费时间，物业服务人可以催告其在合理期限内支付；合理期限届满仍不支付的，物业服务人可以提起诉讼或者申请仲裁。但物业服务人不得采取停止供电、供水、供热、供燃气等方式催交物业费。

2021年1月1日生效的《民法典》第九百四十四条规定："业主应当按照约定向物业服务人支付物业费。物业服务人已经按照约定和有关规定提供服务的，业主不得以未接受或者无须接受相关物业服务为由拒绝支付物业费。业主违反约定逾期不支付物业费的，物业服务人可以催告其在合理期限内支付；合理期限届满仍不支付的，物业服务人可以提起诉讼或者申请仲裁。物业服务人不得采取停止供电、供水、供热、供燃气等方式催交物业费。"

【案例分析5-2】

2019年上半年，某小区因地面车位少，不文明停车行为已成日常，物业公司为改善小区违停现象，与小区业委会沟通，业委会提议由业主大会修订管理规约，对小区的停车管理做出了规定，但周某等业主拒绝在承诺书上签字，仍然违规停放。2019年5月，物业公司依据管理规约的规定对周某等车辆的出入进行限制，随后周某等人向法院提出诉讼，要求物业恢复其自由出入小区的便利。

法院判决：驳回周某等业主的诉讼请求。一审判决作出后，周某等不服提出上诉，二审法院驳回上诉。

资料来源：作者根据相关资料整理编写。

分析：业主在行使物权时，应当遵守法律，尊重社会公德，遵守业主管理规约，不得损害公共利益和他人合法权益。周某等人驾驶的车辆多次不按规定停放且不听合理文明劝导，在诉讼中，经法官释明，仍然拒绝签署遵守管理规约的承诺书，为确保小区消防安全，物业依据管理规约对违规停车车辆实施管理并无不当。周某等人之所以失去进出小区的便利，系因自身拒不承担文明停车的义务所致，由此导致的不利后果也应由其自行承担。

5.3 物业服务企业的权利和义务

物业服务企业的权利和义务基于物业服务合同的约定及国家对物业服务企业和物业服务行为的有关规定，物业服务企业在履行合同约定的同时，也要遵守国家在物业管理方面的有关规定。

5.3.1 物业服务企业的权利

物业服务企业拥有企业的一般权利，如获得收益的权利、依法经营不受其他企业和组织的干扰的权利。物业服务企业作为开展物业服务的机构还拥有以下权利：

（1）依照物业服务合同和小区管理规约对物业实行管理，对业主及物业使用人违反管理规约的行为有权采取劝阻、制止等措施。

（2）依照物业服务合同的约定收取物业服务费用。

（3）可以将物业管理区域内的专项服务业务委托给专业性服务企业，但不得将该区域内的全部物业管理一并委托给他人。

（4）法律、法规规定和物业服务合同约定的其他权利。

【案例分析 5-3】

南村某住宅小区业主们最近发现小区的绿地上那两棵大桂花树不见了。经调查得知：桂花树已被物业公司私下迁移到别处去了。这两棵桂花树是小区最好的景观树。物业公司的此举引发了业主们的愤怒，小区的居民纷纷指责物业公司破坏公用绿化设施，毁坏绿化。面对业主们的指责，物业公司以重新设计小区园林、调整绿化结构为由，拒不迁回桂花树。业主们坚决要求物业公司恢复原状，双方无法协商一致，于是业主们将物业公司告上法庭。

资料来源：作者根据相关资料整理编写。

分析：物业公司接受业主的委托，对住宅小区进行全面管理，同时也包括对所管小区内的场地以及绿地、树木进行管理、维护。但物业公司对小区的公共设施没有物业所有权，小区公共设施的物业所有权属小区业主共有。上述物业公司在没有受业主委托的情况下，私自处分了小区的桂花树，属侵权行为。物业公司应严格遵守物业管理委托合同，不能擅自、随意处分物业的公共部分和设施。如果发生了侵害业主物业所有权的行为，就应当承担恢复原状、赔偿损失的民事责任。

5.3.2 物业服务企业的义务

物业服务企业承担企业的一般义务，如依法纳税、履行劳动保障责任、为员工购买社会保险等。作为提供物业服务的企业，物业服务企业也应履行以下义务：

（1）根据物业服务合同的约定提供服务，履行物业管理合同约定的义务，依法经营。

（2）接受业主的监督。

（3）接受房地产及相关行政主管部门、物业所在地街道社区的监督指导。

（4）根据物业服务合同的约定定期公开物业资金使用及物业管理服务情况。

（5）不得擅自改变物业用房及公共区域的用途，侵占公共区域的经营收益。

（6）法律、法规规定和物业服务合同约定的其他义务。

5.4　物业服务企业的经营

5.4.1　物业服务企业的服务范围

物业服务企业的服务内容基于与业主签订的物业服务合同所约定的内容，可分以下三类：

1）基础服务

基础服务包括保洁、绿化、房屋维护、设备设施维护、安全管理、档案管理、业主服务。以上服务基于物业服务合同的约定，其服务范围限于公共区域的保洁、绿化、房屋维护及共用的设备设施维护。其服务标准也是基于合同的约定和国家的相关标准。

物业基础服务中的档案管理包括业主的基础信息、设备设施的技术资料、物业公司的现场运行维保记录资料等，这些档案资料必须妥善保管，在下一任物业公司接管时，必须移交给业主委员会。物业基础服务中的安全管理服务包括：消防安全管理、车辆管理以及公共区域的秩序维护、安全防范等事项。物业服务企业对上述事务的管理来自全体业主的授权和管理规约的规定，但物业服务企业不是政府部门，没有政府的强制执行力，对违反管理规约的行为只能采取告知、劝阻、报告的方式。也就是说，只能采取协助管理的方式，配合政府相关部门开展工作。例如，对于小区内的乱停车现象，物业服务企业只能采取宣传劝止和设置路障的方式，或向交通管理部门汇报，而不能强制挪车，更不能对业主进行罚款。

2）有针对性的专项服务

有针对性的专项服务是指为满足业主和物业使用人物业服务之外的需求，物业修正整合外部资料向业主和使用人提供的其他服务，包括：

（1）日常生活类；

（2）商业服务类；

（3）文化、教育、卫生、体育类；

（4）金融服务类；

（5）经纪代理中介服务。

3）委托性的特约服务

特约服务是指根据业主和使用人个性化的需要提供的各类特别服务。特约服务实际上是专项服务的补充和完善，如送奶送报，看护老人、病人、儿童，订票送票，代为购物，送货上门等服务。

这三类服务中，第一大类是物业的基本工作，是必须做好的。同时，根据自身的能力和业主及物业使用人的需要开展第二、三类服务。第二、三类服务是物业服务合同之外向业主提供的增值服务。第一类服务基于物业服务合同，按照合同的约定收取物业服务费用；第二、三类服务也是一种收费服务。

【实战演练 5-1】

业主岳先生于2013年购买了新家园小区的一套住房，付清了价款之后就搬进了该住房。4年后，便看到该小区的物业公司贴出公告，称由于人工费用上涨过快，近一年来物业公司入不敷出，亏损10多万元，需要每户业主按照建筑面积每平方米每个月增加0.5元的物业管理费，以弥补亏损，否则就退出该项目。岳先生认为物业公司是独立核算、自负盈亏的法人，业主无责任承担物业公司的亏损。业主岳先生与该物业公司争执不下，于是便向行政管理部门投诉。

问题：业主该不该承担物业公司合同期内的亏损，双方应如何面对物业公司亏损的问题？

5.5 物业服务行业的未来发展趋势

经过近四十年的发展，物业服务行业的社会价值日益凸显，服务能力大大提升，行业发展前景广阔，成为关乎居民安居乐业的民生产业。在为广大居民提供安宁舒适的生活环境的同时，安置了社会大量的就业人口，为社会就业作出了积极的贡献。同时物业服务企业也配合政府部门提供大量的社会公共服务，特别是2020年新冠疫情暴发期间，物业服务企业员工坚守抗疫第一线，积极履行社会责任，受到政府和社会各界的一致好评。此外，互联网和人工智能的应用，给物业行业带来了深远的变化，物业服务的内涵和外延不断扩展，推动行业获得更大的市场空间，物业服务行业未来有以下发展趋势：

（1）物业服务的内容不断拓展。目前很多物业服务企业开展生活服务和城市运营管理，物业行业由传统的物业服务发展成为新型现代服务业。

（2）物业行业的科技化程度越来越高。互联网、AI人工智能更多地应用到物业行业，助推行业发展。智慧物业的概念不再仅仅是一个物业服务软件，而是一整套的智慧化物业体系，从硬件到软件形成有机结合，大大提高行业效能，降低管理成本，提高服务能力，减少用工风险。

（3）中小型物业服务企业的生存方式更加灵活，如通过资源的集中调配使用，在区域内形成强大的市场竞争优势，提高区域市场占有率，成为地区龙头企业；通过专业化运营和人才培养，集中力量在某一类物业中持续深耕，建立优势壁垒，如专注教育系统的物业项目的管理与服务，形成专业团队和服务体系；通过资源的有效配置，形成区域市场竞争力。中小型物企也能够很好地生存。

本章小结

物业服务企业是指依法设立，具有独立企业法人资格，依据物业服务合同提供物业管理服务活动的企业。物业服务企业具有营利性、专业性、服务多样性和服务公共性等特征。依据不同的标准，可以对物业服务企业作不同的划分。

物业服务企业应依法设立，有符合要求的注册资本，有固定的场所并具备相应种类管理人员和专业技术人员等。物业服务企业的权利有：(1) 依照物业服务合同的约定收取物业服务费用。(2) 依照物业服务合同和小区管理规约对物业实行管理和服务，对业主及物业使用人违反管理规约的行为有权采取劝阻、制止等措施。(3) 可以将物业管理区域内的专项服务业务委托给专业性服务企业，但不得将该区域内的全部物业管理一并委托给他人。(4) 法律、法规规定和物业服务合同约定的其他权利。物业服务企业的义务有：(1) 根据物业服务合同的约定提供服务，履行物业管理合同约定的义务。(2) 接受业主的监督，依法经营。(3) 接受房地产及相关行政主管部门、物业所在地街道社区的监督指导。(4) 根据物业服务合同的约定定期公开物业资金使用及物业管理服务情况。(5) 不得擅自改变物业用房及公共区域的用途，侵占公共区域的经营收益。(6) 法律、法规规定和物业服务合同约定的其他义务。

物业行业未来的集中度会越来越高，互联网和AI人工智能的应用对行业带来巨大的变化，科技化、智能化、专业化、区域化是行业未来发展趋势，充分利用行业优势开展各类社区生活服务是企业可持续发展的动力。

关键概念

物业服务企业　物业服务企业的申请成立

基础知识练习

△ 选择题

1.物业服务企业的性质有（　　）。

A.自主经营　B.自负盈亏　C.独立核算　D.法人组织

2.物业服务企业的主要收入有（　　）。

A.物业管理收入　B.物业经营收入　C.物业大修收入　D.特约服务收入

3.物业服务企业的权利有（　　）。

A.制止违反规章制度的行为　B.收取有关管理费用

C.不公布企业的财务报表　D.选聘专营公司承担专项管理业务

△ 判断题

1.物业服务企业就是对业主进行管理的组织。（　　）

2.物业服务企业属于第三产业。（　　）

3.物业服务企业有权对违反管理规约的业主进行罚款。（　　）

△ 思考题

1.怎样理解物业服务企业？它们的特征有哪些？

2.物业服务企业的成立需具备什么条件？

3.物业服务企业的权利和义务有哪些？

实践操作训练

△ 案例题

业主在购房时某物业管理企业注册资金为500万元，物业管理专业人员以及工程、管理、经济等相关专业类人员21人，工程、财务人员等业务负责人均为中级以上职称；物业管理人员按照国家有关规定已取得了职业资格证书；该物业管理公司管理多层住宅100万平方米、高层住宅50万平方米；该公司建立并严格执行服务质量、服务收费等企业管理制度和标准，已建立企业信用档案系统，有优良的经营管理业绩。

问题：该企业应该申请什么等级的资质？

△ 实训题

[实训情境设计]

近日，某房地产开发公司安排项目经理张先生着手下属物业服务公司的成立及管理工作。张先生在这方面毫无经验，于是开始学习物业管理相关知识，并向专家请教。

[实训任务要求]

你是一个职业经理，负责组建一个准备接管30万平方米的商品房（中等偏高端）居住小区的物业服务公司。你该如何成立物业服务公司？其条件和程序有哪些？

[实训提示]

虽然此物业服务公司是房地产开发公司的下级子公司，但仍然符合所有公司的特点和性质。

[实训效果评价表]

评价内容	分值（分）	评分（分）
了解所学相关知识，解决该问题	30	
具备相关的组织能力，能组织各方力量解决问题	20	
具备协调能力，能妥善处理各方面的关系	20	
思路清晰	10	
能圆满完成物业服务公司成立的任务	20	

注：考评满分为100分。60分以下为不及格；60~69分为及格；70~79分为中等；80~89分为良好；90分及以上为优秀。

第6章

业　主

学习目标

通过本章的学习，要求了解业主、业主大会、业主委员会的基本概念及权利与义务，学习业主大会召开、业主委员会产生、变更的程序，掌握业主、业主大会、业主委员会、街道社区、物业服务企业之间的关系。

引例

张先生入住位于顶层的新房后，未经物业公司同意，封闭了观景阳台并加了防护栏。物业公司根据《小区管理规约》中关于“为维持小区整体形象和相邻住户的安全，业主不得私自封闭观景阳台，不得在窗户上加装防护栏”的约定，要求他拆除。张先生认为这房子是自己的，这是自己权利范围内的事，拒不拆除，于是物业公司决定对张先生罚款1 600元，张先生拒不交纳。不得已，物业公司把张先生告上了法庭。

法院经审理后判决：（1）物业公司要求对张先生罚款的诉讼请求不予采纳；（2）张先生拆除防护栏。

资料来源：陈艳梅. 物业服务企业物权罚款断水断电［EB/OL］.［2014-04-22］. http://pyrb.dayoo.com/html/2009-04/10/content_531230.htm.

分析：张先生擅自封阳台，确实违反了《物业管理条例》和所居住小区《管理规约》的相关规定。物业公司可按规约约定要求张先生承担拆除的责任，但小区物业公司无权对业主罚款。

为了帮助学员了解业主自治管理的内容，本章将介绍有关业主的权利义务等知识。

6.1 业　主

6.1.1 业主的概念及与其他主体的关系

业主，即物业的主人，一般意义上是指物业的所有权人。我国《物业管理条例》第六条将业主界定为房屋的所有权人，即房屋所有权证书上登记的产权人。《业主大会和业主委员会指导规则》第十三条规定，基于房屋买卖等民事法律行为，已经合法占有建筑物专有部分，但尚未依法办理所有权登记的人，可以认定为业主。

业主可以是自然人，也可以是法人和其他社会组织。《民法典》第二百零八条规定：“不动产物权的设立、变更、转让和消灭，应当依照法律规定登记。”

业主身份及相应的权利和义务自办理不动产权登记之日起生效。房屋的租赁使用人不属于业主，可根据业主的授权享有业主的部分权利，承担业主的部分义务。

1）房地产开发商与业主

在房地产的实践活动中，常常将房地产开发商称为第一业主，而将购房人称为小业主。房地产开发商基于对房地产的投资和开发，在房屋建成后获得整个开发项目的房屋所有权，从而成为第一业主，第一业主将建成后的房屋产权按套分割出售，购买人或购买人再次转售后的受让人便被称为小业主。我国现行立法上所谓的业主仅指小业主，并不包括以开发商身份出现的第一业主。开发商作为第一业主如果将分割后的部分房屋留给自己，则成为物业的所有权人，与其他业主的权利和义务并无区别。

2）物业使用人与业主

从《民法典》的角度审视，物业使用人与业主的关系是使用权人和所有权人的关系。物业使用人是指物业的承租人、借用人或其他实际使用物业的人。他们因支付了某种代价而在一定期限内获得对物业的占有、使用或一定条件下的收益权，而没有处分权。业主是物业的所有权人，对物业依法享有占有、使用、收益和处分的全部权利，业主有权将其中部分权益转让给其他人，也有权依据双方谈定的条件收回这些权益，同时业主也有权通过买卖、赠予等方式转让自己的房产。

3）物业服务企业与业主

物业服务企业是依法成立，接受业主委托从事物业管理和服务的企业。它的主要职能是受业主的委托，依据物业管理委托合同，对物业的房屋建筑及其设备、市政公用设施、绿化、卫生、交通、治安和环境等管理项目进行维护、修缮和整治，并向物业所有人或使用人提供综合性的有偿服务。二者是一种平等的民事法律关系，业主与物业服务企业之间的法律关系是基于物业服务合同产生的。在物业服务合同中，合同的主体，即业主和物业服务企业是相互独立、相互平等的民事主体，双方在物业服务合同中约定的权利和义务是对等的民事合同关系。合同本身是双方在自愿、平等的基础上就物业管理服务的内容所达成的一致协议。因此，双方对该合同均负有诚实守信、忠实履行的义务，任何一方违约都要承担相应的法律责任。

从以上描述可以看出，房地产开发商与业主的关系是基于商品房的买卖行为而产生的一种法律关系；物业使用人与业主的关系是基于业主行使其所有权而将房屋的使用权、收益权等权利临时委托给使用人而产生的一种法律关系；物业服务企业与业主的关系是基于物业的管理行为而产生的一种法律关系。

6.1.2　业主的分类

依据不同的标准，从不同的角度可对业主作不同的分类。

（1）依据业主的自然属性不同，可将业主分为自然人业主和非自然人业主。

自然人业主是指物业的所有权人为自然人，包括一人或多人。非自然人业主是指物业的所有权人为自然人以外的主体，包括法人和其他社会组织。依据我国现行立法的规定，只有办理房屋登记过户手续之后的购房人才可称为业主。

（2）依据业主资格取得的先后次序不同，可将业主分为原始业主和继受业主。

原始业主是指最初取得物业所有权的人。继受业主则为通过原始业主转让、赠与或继承、互换而取得物业所有权的人。无论是原始业主还是继受业主，在法律上的权利和义务并无不同。

（3）依据物业所有人的人数来看，可将业主分为单一所有权业主和或共有所有权业主。

6.1.3　业主的权利

1）基于建筑物区分所有权产生的权利

建筑物区分所有权包含二重含义，权利人即业主对于一栋建筑物中自己专有部分有单独的所有权；对共有部分因共有权而产生共同的管理权。

（1）专有部分的所有权，因对建筑物专有部分的所有权而对该专有部分享有占有、使用、收益、处分的权利。业主因对房屋拥有产权，所以有权使用、出租、卖出或赠予该房屋。

（2）共有部分的共有权，业主专有部分以外的共有部分包括建筑区划内的公共绿地、道路，公共场所、共用设备设施和物业服务用房等，属于全体业主共有。全体业主对其享有共同管理的权利。业主转让自有房屋时，其对共有部分享有的共有和共同管理的权利一并转让，不得单独分割和转让。

（3）共有部分的共同管理权，为维护和保证共有部分及共用的设备设施的正常使用和运行，由全体业主共同对共有部分进行管理。在物业服务活动中，全体业主将共同的管理权委托给物业服务企业。

2）基于物业管理活动所产生的权利

业主共同委托业主委员会与物业服务企业签订物业管理服务合同，并据此享受物业管理服务，将与提供服务的物业服务企业产生权利、义务关系，根据我国《物业管理条例》规定，业主在物业管理活动中，享有下列权利：

（1）按照物业服务合同的约定，接受物业服务企业提供的服务；

（2）提议召开业主大会会议，并就物业管理的有关事项提出建议；

（3）提出制定和修改业主管理规约、业主大会议事规则的建议；

（4）参加业主大会会议，行使投票权，共同决定小区的重大事务；

（5）享有被选举权，业主可以自荐作为小区业主委员的候选人；

（6）监督业主委员会的工作；

（7）监督物业服务企业履行物业服务合同；

（8）对物业共用部位、共用设施设备和相关场地的使用情况享有知情权和监督权；

（9）监督物业共有部分、共用设施设备专项维修资金（以下简称专项维修资金）的管理和使用；

（10）法律、法规规定的其他权利。

根据上述规定，业主依法享有的权利可分为以下几类：

服务享有权

业主享有按照物业服务合同的约定接受物业服务企业提供服务的权利，这是业主在物业管理活动中享有的首要的基本的权利。这种权利的来源、范围以及行使的方式取决于物业服务合同的具体约定。根据质价相符的原则，业主享有服务的水平依据于其支付的物业费的高低。

物业事务建议权

业主的建议权包括提议召开业主大会会议，并就物业管理的有关事项提出建议；提议制定和修改管理规约、业主大会议事规则。提议罢免业主委员等，业主的建议权来源于对共同事务的管理权。

投票权

投票权也可称为表决权，它是指业主在物业管理活动中，根据拥有物业的所有权而取得参加业主大会会议，对业主大会决策事项表达自己意愿的权利。在实践中，一个专有部分可能有几个共有权人，统计业主票权时只能算一票，而面积统计则是按专有部门产权面积来确定业主的投票权数。

选举权与被选举权

业主享有选举业主委员会委员的权利，也享有被选举为业主委员会委员的权利。业主通过行使选举权，选出自己的代言人，表达自己的意愿；同时，业主通过享有被选举权，参加业主委员会委员竞选，直接参与物业管理事务。

知情权

知情权是指物业所有人依法获取、知悉物业状况及其管理信息的权利，它是业主权利的重要组成部分，也是业主对物业实行民主管理的基本保障。只有在充分享有知情权的情况下，业主才能准确地判断物业管理的具体状态，行使对物业管理活动的参与权和监督权。同时物业服务企业有义务将物业的现状及运行管理情况定期向业主公开。

监督权

监督权的内容比较广泛，主要包括：

（1）业主享有监督业主委员会工作的权利。如果对业主委员会的工作不予监督，个别委员有可能会怠于行使业主们委托的各项职责，或者出于个人利益的考虑，做出有损于全体业主公共利益的行为。故业主享有监督业主委员会工作的权利，以保护其自身合法权益免受侵害。

（2）业主对物业服务企业履行物业服务合同的情况享有监督的权利。由于物业服务企业的管理行为直接涉及业主的切身利益，故业主对于物业服务企业的各种管理行为享有监督的权利，如公共收益的收入和使用情况、物业服务企业的履行服务的情况等，物业服务企业应定期公开。业主行使监督权一般通过业主委员会来进行。包干制项目业主是无权查询物业服务企业的内部账目的。

（3）业主对物业共有部位、共用设施设备和相关场地使用情况享有监督的权利。业主有权对物业的共用部位、共用设施设备和相关场地使用情况进行了解，并提出质疑，对存在的有关问题有权要求业主委员会或物业服务企业限时答复或说明并合理解决。

4）业主对物业专项维修资金的管理和使用享有监督权。物业服务企业对于专项维修资金必须专款专用，不得挪作他用或滥用。监督权具有相对性。作为业主，可以监督其他业主、物业使用人、房地产开发企业、业主大会、业主委员会、物业服务企业以及政府相关部门；反之，业主同样受上述人员和部门的监督。

法律、法规规定的其他权利

这是一项概括性的规定，主要指业主除了上述权利外还可能依据法律、法规所享有的其他权利，如业主对其依法享有所有权的房屋有依法出售、出租、出借、抵押等权利，并不受其他业主、业主委员会和物业服务企业的干涉。

【案例分析6-1】

某一天，家住北京某小区的赵某下班回家时，看到一家广告公司的几个员工在小区建筑物外墙上布置广告牌。经打听得知，原来是小区物业服务企业将小区的建筑物外墙面出租给了该广告公司。赵某就来到物业服务企业办公室，要求物业服务企业终止与广告公司的出租合同关系。物业服务企业认为小区建筑物外墙不属于业主，没有侵害业主的权利，因而拒绝了赵某的要求。赵某遂向小区业主委员会反映。业主委员会向物业服务企业提出同样的要求后也被以同样的理由拒绝。业主委员会遂将物业服务企业告到法院，要求法院判令物业服务企业停止侵权行为。

资料来源：鲁捷．物业管理案例分析与技巧训练［M］．北京：电子工业出版社，2012.

分析： 本案涉及物业服务企业利用物业共有部位、共用设施设备从事经营的问题。

1）物业共有部位、共用设施设备的归属。《物业管理条例》第二十七条规定："业主依法享有物业共有部位、共用设施设备的所有权或者使用权；对物业共有部位、共用设施设备和相关场地使用情况享有知情权和监督权。"《住宅专项维修资金管理办法》第三条规定，住宅共有部位一般包括：住宅的基础、承重墙体、柱、梁、楼板、屋顶以及户外的墙面、门厅、楼梯间、走廊通道等。"共用设施设备，是指根据法律、法规和房屋买卖合同，由住宅业主或者住宅业主及有关非住宅业主共有的附属设施设备，一般包括电梯、天线、照明、消防设施、绿地、道路、路灯、沟渠、池、井、非经营性车场车库、公益性文体设施和共用设施设备使用的房屋等。根据上述定义可知，小区建筑物外墙属于业主的共有部位，小区建筑物外墙应归全体业主所有。因此，业主作为小区建筑物外墙的共有人依法享有外墙的使用决定权，如何经营、收入如何分配等事项应由全体业主共同决定。

2）物业共用部位、共用设施设备的经营。《物业管理条例》第五十五条规定："利用物业共用部位、共用设施设备进行经营的，应当在征得相关业主、业主大会、物业服务企业的同意后，按照规定办理有关手续。所得收益应当主要用于补充专项维修资金，也可以按照业主大会的决定使用。"从本规定可知利用物业共用部位、共用设施设备进行经营的，应当征得有利害关系的业主、业主大会及物业服务企业的同意，并应办理法定手续，如出租房屋应到当地房地产主管部门办理登记手续，悬挂广告牌应到市场监督管理部门和城管部门办理广告批准手续等。利用物业共用部位、共用设施进行经营所得的收益，应首先用于补充专项维修资金，以更好地服务于全体业主；另外，该项收益也可以按照业主大会决定的用途使用，在不违法的前提下，法律充分尊重所有权人的选择权。

实践中，利用物业共用部位、共用设施设备进行的经营行为，主要包括将共用场地、房屋、设施设备出租，在楼顶或外墙悬挂广告牌以获取收益等。

本案中，物业服务企业未经业主大会同意而擅自利用物业共用部位进行经营活动，违反了物业管理条例的规定，应承担相应的法律责任。根据《物业管理条例》第六十六条的规定，对于本案物业服务企业擅自利用物业共用部位、共用设施设备进行经营的行为，应由当地县级以上地方人民政府房地产行政主管部门责令限期改正，给予警告，并对其处以5万元以上20万元以下的罚款。同时，物业服务企业擅自经营的行为也侵犯了全体业主对共有部分的所有权，应承担侵权的民事责任。

【实战演练 6-1】

某业主发现一名同事所住小区的物业管理费与自己所住小区的相差无几，但同事所住小区的物业服务项目、范围、质量明显比自己所在的小区好，他认为是物业公司私吞或挪用了他们的钱，因此，他到物业公司要求其公开收支账目。物业公司认为他没有查账的权利，拒绝了他的要求，而他坚持要查，双方就发生了纠纷。

问题：该业主是否有权要求物业公司公开财务账目？

6.1.4 业主的义务

1）基于建筑物区分所有权产生的义务

（1）保证建筑物正常使用的义务，业主对专有部分行使权利，不得破坏建筑物的结构，危害建筑物的安全，不得损害其他业主的利益。

（2）对共有部分有共同管理维护的义务，业主对包括建筑区划内的公共绿地、道路，公共场所、共用设备设施等共有部分基于善意使用的原则，不得进行破坏，遵守公共区域相关的管理规定，保证公共部位和共用设备设施的正常使用和运行。

2）基于物业管理服务所产生的义务

根据国务院《物业管理条例》的规定，业主应当履行如下义务：

（1）遵守管理规约、业主大会议事规则

管理规约是由全体业主签署的就物业使用、维护及其管理等方面权利和义务的行为规则，管理规约对全体业主具有约束力。业主大会议事规则通常是就业主大会的议事方式、议事主题、表决程序、业主投票权的分配、投票权的计算办法、业主委员会的组成以及成员的任期等事项作出约定的规则，业主大会议事规则是确保业主大会正确行使职责的保障，也是正确实施物业管理的重要规章制度。无论是管理规约，还是业主大会议事规则，全体业主均有遵守的义务。

（2）遵守物业管理区域内物业共用部位和共用设施设备的使用、公共秩序和环境卫生的维护等方面的规章制度

物业管理区域内的物业共有部位和共用设备设施的使用、公共秩序和环境卫生的维护不仅涉及个人利益和其他业主、物业使用人的利益，而且也涉及社会公共利益。因此，就物业管理区域内物业共有部位和共用设备设施的使用、公共秩序和环境卫生的维护等方面的规章制度，全体业主都有遵守的义务。

（3）执行业主大会的决定和业主大会授权业主委员会作出的决定

业主大会的决定代表了全体业主的意愿和要求，该决定的内容对全体业主有约束力，决定实施的法律后果亦由组成业主大会的全体业主来共同承担。而业主委员会是业主大会的执行机构，业主大会授权业主委员会作出的决定和业主大会的决定具有相同的法律效力。

（4）按照国家有关规定交纳专项维修资金

专项维修资金主要是指物业共有部分、共用设备设施发生毁损及维护所应支出的必

要费用。为了确保物业共有部分、共用设备设施的正常使用，以及发生毁损时能够得到及时的维修，就必须保证专项维修资金及时到位。因此，按照国家有关规定交纳专项维修资金，也是业主的基本义务之一。

（5）按时交纳物业服务费用

物业服务费用是维持建筑物正常使用的运行保养费用以及用于对物业管理区域内的治安、消防、保洁等的服务费用。物业服务费用直接涉及物业的保养和维修，也影响到物业服务企业的形象和服务质量。因此，业主负有按规定或约定及时交纳物业服务费用的义务。

（6）法律、法规规定的其他义务。

国务院《物业管理条例》规定之外其他法律、法规规定的义务，业主也应遵守。业主还应当接受并服从业主委员会以及物业服务企业基于合同约定的管理。

《民法典》的相邻关系规定，业主在行使自身权利的同时，应按照有利生产、方便生活、团结互助、公平合理的原则，正确处理相邻关系。不得损害其他业主的利益，为相邻业主提供包括维修在内的各种便利。对任意弃置垃圾、排放污染物或者噪声、违反规定饲养动物、违章搭建、侵占通道、拒付物业费等损害他人合法权益的行为，业主大会和业主委员会有权依照法律、法规以及管理规约，要求行为人停止侵害、消除危险、排除妨害、赔偿损失。业主对侵害自己合法权益的行为，可以依法向人民法院提起诉讼。

业主不得以不享受权利而不履行义务。如业主不能以收房后没有入住为由拒绝支付物业服务费。一楼业主也不能以没有使用电梯为由拒绝支付电梯维修费用。

【案例分析6-2】

两年前王先生在某小区购买了一套三房两厅的住宅，但一直没有入住。最近物业公司多次发出通知，催他补交一年的物业管理费。王先生以未居住为由拒交。

资料来源：佚名．物业管理案例分析［EB/OL］．［2010-07-21］．http：//www.qiyeku.com/xinwen1323742.html.

分析：物业提供的是公共区域的管理和服务。虽然单户业主购房后未入住，但业主共同拥有的公共部分和共用设备设施仍然由物业服务企业提供管理和服务，物业服务企业依然要支付各类成本，并不会因个别业主未入住而停止服务，所以业主有责任按照合同规定交纳物业费来支撑物业工作的正常运行，业主不得以放弃权利为由不履行义务。《物业管理条例》规定，业主应当按照物业服务合同的约定按时交纳物业服务费，业主违反物业服务合同约定逾期不交纳的，物业服务企业可以依法予以追缴。

6.1.5 物业服务中关于业主应注意的几个问题

1）业主自治的问题

业主自治包括两重含义，广义的概念就是业主有权共同决定小区内的物业管理事务，其业主大会通过的决策和文件只要不违反国家法律、法规的规定，不侵害他人利益，对全体业主有效，任何单位不得干涉。狭义的自治就是自管，经业主大会同意，小区业主可以不外聘物业服务企业，而是进行自我管理，即自己组建管理团队，聘请专业管理和技术人员或将部分专项业务外包给专业公司。2021年1月1日生效的《民法典》第二百八十四条规定："业主可以自行管理建筑物及其附属设施，也可以委托物业服务企业或者其他管理人管理。"是否决定进行自管是业主共同的权利。是自管还是委托物业服务企业进行管理各有优劣，自管的方式可能在管理成本上有一定的优势，但在专业管理、服务能力和技术上对比物业服务企业有一定的劣势。另外，业主自管存在法律上的风险，现行的自管方式基本上由业主委员会来统筹，但业主委员会不是法人组织，没有自己的财产，一旦发生设备故障或侵权事故需要赔偿受害人时，则会出现难以执行的困难。

2）物业使用人有违约或侵权行为，该房屋业主是否须承担责任

国务院《物业管理条例》第四十八条规定："物业使用人在物业管理活动中的权利和义务由业主和物业使用人约定，但不得违反法律、法规和管理规约的有关规定。物业使用人违反管理规约和小区的相关规定，有关业主应当承担连带责任。"

业主是物业服务合同的主体，物业使用人与物业服务企业之间并不直接发生法律关系，而是基于业主与物业服务企业之间的合同，物业使用人与业主达成一致意见，业主在物业服务中的权利和义务可以转移给物业使用人享有和履行，但业主的投票权必须有业主的书面授权，业主的被投票权不能转移，即物业使用人不能代表业主竞选业主委员。物业使用人在使用物业的过程中，如果实施了某种侵权行为或未按照物业服务合同的要求履行义务，受害人可请求加害人承担相应的法律后果；针对物业使用人的违约行为，物业服务企业可以向该房屋业主主张权利。业主承担物业使用人的违约责任后，有权向使用人追偿。

6.2 业主大会

6.2.1 业主大会的含义及特征

《物业管理条例》第八条规定，物业管理区域内全体业主组成业主大会，代表和维护物业管理区域内全体业主在物业管理活动中的合法权利，履行相应的义务。业主大会是群众性自治组织，在物业管理活动中，业主基于建筑物区分所有权而对共有部分和共用的设备设施拥有共同的管理权。在维护公共区域和共用设备设施的安全、文明使用过程中，需要对一些共同事务进行决策，所以需要形成特定的组织，业主大会就是业主基于自我管理、维护自身权益而产生的全体业主的共同组织。

《业主大会和业主委员会指导规则》第十六条规定，一个项目多期开发的，先期交付的业主，具备条件的可以成立业主大会，选举产生业主委员会。首次业主大会会议应当根据分期开发的物业面积和进度等因素，在业主大会议事规则中明确增补业主委员会委员的办法。《物业管理条例》第十条规定，物业区域内在只有一个业主，或者业主较少且经全体业主一致同意的情况下可以不成立业主大会，由全体业主共同履行业主大会、业主委员会职责。

业主大会讨论和决定事项的范围只能是全体业主在物业管理中的事务，不得讨论与物业管理无关的事务，不得做出与物业管理无关的决定。

业主大会的主要特征如下：

1）自治性

业主大会是业主自治性组织，其进行的一切活动均出于自我服务、自我管理、自我协商、自我约束的需要。业主大会对内是基于自我管理和约束的需要，对外是基于维护小区全体业主整体利益的需要，其在法律框架内有权对物业管理事务作出决策，不受其他社会组织的干扰。

2）民主性

全体业主在业主大会中的法律地位是平等的。在业主大会的召开过程中，任何一个业主均有权根据自己的意愿发表与物业管理有关的建议和意见，并行使自己的投票权。其决策过程是少数服从多数的民主决策，通过的决议是全体业主共同意愿的体现。

3）代表性

业主大会由全体业主组成，代表全体业主的整体利益和合法利益，业主大会所作出的一切决议、制定的所有规章制度都是全体业主共同利益的反映。其行为和活动有时可能与个别业主的利益有冲突，但只要符合大多数业主的利益，并通过法定的形式得到业主大会的确定，其结果对全体业主有效。

4）合法性

业主大会实施的一切行为都是为全体业主服务的，所涉及的范围限于与全体业主的共有部分和共用的设备设施有关的公共事务，业主大会制定的规章制度和实施的行为如违反国家有关法律、法规，侵害他人的合法权益，相关房地产行政主管部门和街道（乡镇）人民政府有权予以撤销。当事人也可向人民法院提起诉讼，申请撤销获得赔偿。

6.2.2 业主大会的各项规定

由于业主大会是在一个特定的物业管理区域内设立的业主自治组织，具有一定的封闭性，《物业管理条例》第九条规定，一个物业管理区域内成立一个业主大会。业主大会成立及召开业主大会会议都必须遵循一定的程序，首次业主大会必须通过包括《小区管理规约》《业主大会议事规则》等小区的核心管理文件，同时选举产生业主委员会。

关于业主大会的几个问题：

1）物业管理区域

业主大会的组成范围是物业管理区域，它指某个特定区域，通常指一个项目或一个小区，其范围与建设用地规划许可证批准的红线图范围一致。物业管理区域的划分应当考虑物业的共用设施设备、建筑物规模、社区建设等因素。一个项目可能分几期开发报建，但仍属于一个物业管理区域。一个物业管理区域只能成立一个业主大会，项目区域规模过大，涉及几个街道社区，同时其共用的设备设施也是可以分割管理和计价的，经全体业主同意也可以划分成几个业主大会，分别成立业主委员会。其具体办法由各省、自治区、直辖市制定。

2）业主大会的成立条件

住房和城乡建设部印发的《业主大会和业主委员会指导规则》第八条规定，物业管理区域内，已交付的专有部分面积超过建筑物总面积50%时，建设单位应当按照物业所在地的区、县房地产行政主管部门或者街道（乡镇）人民政府的要求，及时报送筹备首次业主大会会议所需的文件资料：

（1）物业管理区域证明；

（2）房屋及建筑物面积清册；

（3）业主名册；

（4）建筑规划总平面图；

（5）交付使用共用设施设备的证明；

（6）物业服务用房配置证明；

（7）其他有关的文件资料。

根据此规定，当已向业主交付的专有部分面积超过建筑物总面积50%时，业主有权成立业主大会。已通知业主收房在约定的期限内没有收房或收房后没有装修入住都属于已交付范围。

3）业主共同决定事项

根据2021年1月1日生效的《民法典》的规定，下列事项由业主共同决定，且必须召开业主大会，通过一定的程序方能生效：

（1）制定和修改业主大会议事规则；

（2）制定和修改管理规约；

（3）选举业主委员会或者更换业主委员会成员；

（4）选聘和解聘物业服务企业或者其他管理人；

（5）使用建筑物及其附属设施的维修资金；

（6）筹集建筑物及其附属设施的维修资金；

（7）改建、重建建筑物及其附属设施；

（8）改变共有部分的用途或者利用共有部分从事经营活动；

（9）有关共有和共同管理权利的其他重大事项。

4）业主大会的投票权

业主大会的投票权由专有部分面积占总面积和业主人数占总人数的比例两部分确定。

专有部分面积：按照不动产登记簿也就是房屋权属证书上记载的面积计算；尚未进行登记的，暂按测绘机构的实测面积计算；尚未进行实测的，暂按房屋买卖合同记载的面积计算。总面积，按专有部分面积总和计算。

业主人数：按照专有部分的数量计算，一个专有部分（一套房）按一人计算。建设单位尚未出售和虽已出售但尚未交付的部分、同一买受人拥有一个以上专有部分的，按一人计算；总人数，按前项的统计总和计算。一个专有部分有两个以上所有权人的按一人计算，共有人推选一人行使表决权；业主为无民事行为能力人或者限制民事行为能力人的，由其法定监护人行使投票权；业主因故不能参加业主大会会议的，可以书面委托代理人参加业主大会会议，行使投票权。

《民法典》规定，业主共同决定事项，应当由专有部分面积占比总面积三分之二以上的业主且人数占总人数三分之二以上的业主参加业主大会进行表决。

前条3）中的第六项至第八项规定的事项，应当经参与表决的专有部分面积占比四分之三以上的业主且参与表决人数四分之三以上的业主同意方能生效。前条3）中的第一项至第五项及第九项，应当经参与表决专有部分面积占比过半数的业主且参与表决人数过半数的业主同意方能生效。

5）管理规约

（1）管理规约的概念、特征及性质

管理规约是指由全体业主共同承诺的对全体业主具有约束力的业主在建筑区划内使用、维护物业方面的行为准则。管理规约是整个物业管理活动中一个极为重要的法律文件，即全体业主应该共同遵守的物业管理规章制度，具有公共契约的性质。管理规约与其他协议相比较而言，具有以下法律特征：

①业主自治。管理规约体现了民法中的私法自治原则，是业主约定彼此之间相互关系、行业准则的民事协定，集中反映了全体业主的共同意愿，只要不违反国家法律强制性的规定，不违反社会公共利益和社会公德，不损害区分所有权人的利益，便可产生法律上的约束力，具体内容由业主自行商定，约定的义务由全体业主自觉遵守。

②订立或变更要履行相应的程序。由于管理规约是全体业主的意思表示，且与全体业主有共同的利害关系，故管理规约应当在全体业主自愿和充分协商的基础上依照法律规定程序来订立或变更。管理规约无论是订立还是变更，都必须通过业主大会并按照严格的程序进行。未经业主大会讨论通过，任何对管理规约的变更或补充均对业主不发生效力。实践中，少数业主对管理规约的订立程序或某些条款有不同意见，难以做到全体一致同意时，应当以全体业主的整体利益作为参照标准，坚持业主大会的议事方式和表决程序，采取民主投票的方式，少数服从多数。为了保障广大业主的合法权益，房地产行政主管部门和街道（乡镇）人民政府也应把审查管理规约作为监督物业管理工作的重要内容。

③业主的自律行为。管理规约是全体业主自我管理的方式，对非业主并不产生任何法律效力。管理规约是全体业主共同承诺的在物业管理区域内应当遵守的行为准则，对全体业主具有同等约束力。一般情况下，管理规约应当以书面形式向全体业主公开。对于违反管理规约的业主和物业使用人，业主委员会及项目的物业管理方应当劝止，或向街道社区反映，请街道社区出面进行沟通协调。同时也可以向人民法院提起诉讼，维护小区全体业主的公共利益。

④管理规约的合法性。管理规约虽然是业主们在协商的基础上达成的仅对该物业内部成员有约束力的自治性协议，但这种协议必须符合法律、法规及有关政策的规定，不得违反社会公共利益和社会公德。

【案例分析6-3】

董某系某小区业主，某物业公司系该小区的物业服务企业。小区业主委员会于

2017年10月修订的管理规约规定，全体业主应按规划设计用途使用物业，合理使用共用部位、共用设施设备，自觉维护物业整洁、美观，遵守政府对市容环境要求的相关规定，不得擅自变更房屋结构、外观和用途，不得占用共用部位和共用设备设施，不得利用共用部位搭建建筑物、构筑物等。2018年5月，董某在未经城市规划行政主管部门批准并且未向该物业公司申报登记的前提下，擅自将其房屋东侧未封闭部位用塑钢窗封闭，将南侧阳台原有窗户外加装了一层塑钢窗，并将东南侧阳台原有封闭窗户改成推拉式窗户。物业公司于当日发现后立即要求董某拆除并恢复原状，但董某未予理睬。后物业公司与小区业主委员会在电梯、单元门通道的告示栏中联名要求董某立即拆除阳台上安装的塑钢窗户并恢复原状，董某均未采取措施。故物业公司起诉至法院，要求董某将上述拆改部位恢复原状。

法院经过审理认为，某物业公司作为小区的物业服务企业，根据物业服务合同的约定，有权对业主和物业使用人违反管理规约的行为进行制止。董某作为小区的业主，应遵守管理规约的约定，不得擅自变更房屋结构、外貌和用途。最终判决董某将改造部位恢复原状，并清理干净。

分析：根据《物业管理条例》的规定，管理规约对全体业主有约束力。本案中，董某所在的小区的管理规约已经明确了小区业主的权利、义务，董某的行为应受到管理规约的约束。其对房屋的阳台以及阳台窗户进行了改造，虽然上述部位属于董某房屋的自有部位，但依据管理规约，全体业主在使用自有房屋时，不得擅自变更房屋结构、外貌和用途。而根据现场勘验情况，董某对于自有部位的改造已经影响了房屋的外貌及原有结构。董某的行为显然违反了管理规约的规定，应当承担相应的责任。

在实践中，管理规约对全体业主具有约束力，即使是通过二手房交易成为新业主的，也应遵守已经制定的管理规约，不能以其没有参与制定管理规约为由，否定管理规约对其具有的约束力。

(2) 管理规约的内容

依据我国《物业管理条例》第十七条的规定，管理规约应当对有关物业的使用、维护、管理，业主的共同利益，业主应当履行的义务，违反规约应当承担的责任等事项依法作出约定。据此，我们认为，管理规约一般应包括以下主要内容：

①物业基本情况，表明物业的名称、地理位置、面积、户数，物业服务企业的基本情况、公共场所及共用设施状况等。

②业主的基本权利，如业主参与物业管理的权利，监督业主委员会、业主大会及物业服务企业的权利等。

③业主的共同利益，规定业主大会召开的条件、时间、方式和程序，业主使用公共场所、共用设施设备的权益，物业管理区域内公摊费用的承担，自觉维护公共场所的整洁、美观、畅通及共用设施的完好等。

④业主的义务，它是管理规约的主要内容，也是业主在物业区域内活动的基本行为准则。业主的义务一般包括：在使用、经营、转让所拥有的物业时，应遵守物业管理法规政策的规定；执行业主大会或业主委员会的决议、决定；遵守小区有关房屋、设施、

设备、环境卫生、公共秩序、保安、绿化等各项规章制度；积极配合物业服务企业的各项管理工作，自觉遵守有关安全防范的规章制度，做好防火防盗工作；业主或物业使用人装修房屋时应遵守有关物业装修的制度。

⑤禁止行为及责任，管理规约规定业主在物业区域内不得擅自改变房屋的结构、外貌、设计用途、功能和布局；不得占有或损害楼梯、通道、屋面、平台、道路、停车场、自行车棚等公共场所；不得损坏或改造供电、供水、供气、供暖、通信、有线设施、排水、消防设施；不得随意堆放杂物、易燃、易爆、剧毒、放射性物品；不得排放有毒有害物质，丢弃垃圾、高空悬物；不得践踏、占有绿化用地，不得乱搭、乱贴、乱挂、乱设广告牌，违规饲养家禽、家畜和宠物等；法律、法规及政府规定禁止的其他行为等。管理规约必须同时规定业主违反管理规约所应当承担的责任。

（3）管理规约的订立、通过和修订

管理规约的起草：在前期物业管理阶段，管理规约由开发建设单位制定，叫临时管理规约；一旦首次业主大会召开，通过新的业主管理规约，临时管理规约作废。在业主大会筹备成立阶段，管理规约由业主大会筹备组负责起草。管理规约作为关系到每个业主切身利益的日常行为准则，在筹备期间应该全文公示，广泛征求和吸收每个业主的意见和主张。住房和城乡建设部和各省市房地产行政主管部门也出台了管理规约的示范文本供起草者参考。

实践中起草管理规约应当充分考虑本物业的特点以及物业区域内业主的构成情况，具体包括业主的职业、文化程度、风俗习惯及其他生活规律等。在充分听取业主意见的同时，也要就管理规约草案征求街道社区的意见，在充分征求各方意见的基础上将草案提交业主大会讨论。

管理规约的通过：管理规约由业主大会讨论通过后生效，管理规约一经生效即对全体业主具有共同的约束力。从理论上讲，管理规约只对物业区域内的所有权人和使用权人有效。同时，管理规约对后入住的业主自动产生效力，后入住的业主必须认真了解，严格履行，物业服务企业或业主委员会对新入住的业主具有管理规约的告知义务。

管理规约是由首次业主大会表决通过的小区内全体业主必须共同遵守的规范性文件，对全体业主有约束力。个别业主不能以没同意为借口拒绝遵守。《民法典》规定，对于个别业主违反法律和管理规约的行为，业主大会、业主委员会有权请求行为人停止侵害、排除妨碍、消除危险、恢复原状、赔偿损失。业主或者其他行为人拒不履行相关义务的，有关当事人可以向有关行政主管部门报告或者投诉，有关行政主管部门应当依法处理。业主对建设单位、物业服务企业或者其他管理人以及其他业主侵害自己合法权益的行为，有权请求其承担民事责任。管理规约的修改必须符合业主大会关于投票权的有关规定。

6）业主大会议事规则

业主大会议事规则是由首次业主大会制定的用以规范业主大会组织与日常行为的规范性文件。业主大会议事规则应当对下列主要事项作出规定：

（1）业主大会名称及相应的物业管理区域；

（2）业主委员会的职责；

（3）业主委员会议事规则；

（4）业主大会会议召开的形式、时间和议事方式；

（5）业主投票权数的确定方法；

（6）业主代表的产生方式；

（7）业主大会会议的表决程序；

（8）业主委员会委员的资格、人数和任期等；

（9）业主委员会换届程序、补选办法等；

（10）业主大会、业主委员会工作经费的筹集、使用和管理；

（11）业主大会、业主委员会印章的使用和管理。

业主大会议事规则一旦经业主大会通过生效，业主大会和业主委员会的工作必须遵守议事规则的规定，议事规则的修改必须符合业主大会关于投票权的要求。

6.2.3　首次业主大会会议

业主大会自首次业主大会会议表决通过管理规约、业主大会议事规则，并选举产生业主委员会之日起成立。召开首次业主大会会议必须符合一定的流程，并接受街道（乡镇）社区的监管。

（1）申请筹备：具备成立条件的小区，业主可以主动向区（县）物业主管理部门或街道（乡镇）社区提出成立申请，街道（乡镇）社区也可以主动组织业主开展首次业主大会会议和业主委员会的筹备工作。

（2）成立筹备组：区（县）房地产行政主管部门或者街道（乡镇）人民政府应当在收到业主提出筹备业主大会书面申请后60日内，负责组织、指导成立首次业主大会会议筹备组。筹备组成员由业主代表、建设单位代表、街道办事处（乡镇人民政府）和居民委员会代表组成，筹备组成员人数一般为7人以上单数，其中业主代表人数不低于筹备组总人数的一半，街道（乡镇）代表担任筹备组组长。

筹备组中业主代表的产生，由街道（乡镇）或者居民委员会组织业主推荐。街道应当将筹备组的成员名单以书面形式在物业管理区域内公告。业主对筹备组成员有异议的，由街道（乡镇）人民政府协调解决。

随着基层党建工作的加强，国家倡导党员、干部、人大代表、政协委员参与业主大会、业主委员会的筹备和组织工作，通过基层党组织建设推动社区的和谐稳定。

（3）启动筹备：筹备组在筹备期间开展以下工作

①确认并公示业主身份、业主人数以及所拥有的专有部分面积；

②确定首次业主大会会议召开的时间、地点、形式和内容；

③草拟管理规约、业主大会议事规则等小区规范性文件；

④依法确定首次业主大会会议表决规则；

⑤制定业主委员会委员候选人产生办法，确定业主委员会委员候选人名单；

⑥制定业主委员会选举办法；

⑦完成召开首次业主大会会议的其他准备工作。

上述内容应当在首次业主大会会议召开15日前以书面形式在物业管理区域内公告。

业主对公告内容有异议的，筹备组应当记录并做出答复。

（4）组织召开首次业主大会会议

①业主大会会议形式：可以采用集体会议的形式，也可以采用书面或网络征求意见的形式。采用书面征求意见形式的，应当将征求意见书送交每一位业主；无法送达的，应当在物业管理区域内公告，保留书面和影像证据。凡需投票表决的，表决意见应由业主本人签名。

②首次业主大会会议决定的主要事项：成立业主大会；选举业主委员会；通过管理规约和业主大会议事规则。

③筹备组应当自区（县）物业主管部门或街道（乡镇）同意成立之日起90日内完成筹备工作，组织召开首次业主大会会议。

（5）申请备案

首次业主大会会议召开后，应当自成立业主大会，选举产生业主委员会之日起30日内，向物业所在地的区（县）房地产行政主管部门备案和街道（乡镇）人民政府备案。

6.2.4 业主大会

小区召开首次业主大会会议成立业主大会后，业主大会由小区全体业主组成，成为小区的决策机构，业主委员会是业主大会的执行机构。其日常运作必须符合法律和业主大会议事规则的相关规定。业主大会会议由业主委员会组织召开。

业主大会会议可分为定期会议和临时会议。

业主大会定期会议应当按照业主大会议事规则的规定由业主委员会组织召开。

有下列情形之一的，业主委员会应当及时组织召开业主大会临时会议：

（1）20%以上业主提议的；

（2）发生重大事故或者紧急事件需要及时处理的；

（3）业主大会议事规则或者管理规约规定的其他情况。

发生应当召开业主大会临时会议的情况，业主委员会不履行组织召开会议职责的，区（县）人民政府房地产行政主管部门或街道（乡镇）人民政府应当责令业主委员会限期召开。

【实战演练6-2】

某房地产企业在某城市的一个区域内同时拍卖了政府转让的相邻的几个独立地块，整体开发销售，其销售案名为公司名+项目名。

问题：其是否应该成立一个业主大会共同管理？

【案例分析6-4】

澳丽嘉园住宅小区前期物业公司按1.6元/平方米·月收取非住宅用房物业服务费。2017年4月1日，澳丽嘉园业委会受业主大会委托启动物业管理招标工作，业委会重新选聘东恒物业公司为澳丽嘉园住宅小区提供物业服务，《物业服务合同》第六条约定，商业用房从2017年4月10日起按5元/平方米·月的标准收取。全体业委会委员一致同意。后有业主不满，起诉至法院要求撤销。

分析:《民法典》第二百八十条第（一）款规定:“业主大会或者业主委员会的决定，对业主具有约束力。”《民法典》第二百八十条第（二）款又规定:“业主大会或者业主委员会作出的决定侵害业主合法权益的，受侵害的业主可以请求人民法院予以撤销。”这一规定赋予了业主请求法院撤销业主大会或者业主委员会作出的不当决定的权利。

本案即为业主依据《民法典》的上述规定行使撤销权的案例。

业主大会或者业主委员会的决定限制或者剥夺业主合法权益的，自该决定作出后，业主有权请求法院撤销该决定。本案澳丽嘉园业委会所作的决定指向的商业用房的物业服务收费标准，根据相关法律规定，商业用房的物业服务收费实行市场调节价。所谓市场调节价，应由业主或使用人与物业服务企业进行商定，澳丽嘉园业委会在未取得业主授权，亦未经业主大会的讨论和审查同意的情况下，擅自作出将物业服务收费调整为5元/平方米/月的决定，无论之后物业服务企业是否按此标准履行了物业服务，此举无疑侵害了业主的合法权益，因为接受什么样的服务，按何种标准收费，选择权在业主本身，并非业主委员会，故本案两审法院均判决撤销澳丽嘉园业委会的相关决定。

6.3 业主委员会

6.3.1 业主委员会的概念及特征

业主委员会是业主大会的常设执行机构，是物业管理活动中代表和维护物业辖区内全体业主合法权益的业主自治性组织，业主委员会对业主大会负责。与其他自治性组织比较而言，业主委员会具有以下特征：

1）业主委员会是由业主大会选举产生

《物业管理条例》规定，业主委员会是业主大会通过选举的方式从业主委员候选人中选举产生，业主委员的选举、解聘、更换必须通过业主大会会议，反映全体业主的共同意愿。

其行为向业主大会负责。

2）业主委员会的工作范围仅限于物业管理事务

成立业主委员会的目的在于保证业主共同的管理权能够得到正常有效的行使，业主委员会的所有工作必须以本项目物业管理事务为限。《物业管理条例》规定，业主大会、业主委员会应当依法履行职责，不得作出与物业管理无关的决定，不得从事与物业管理无关的活动。

3）业主委员会的根本任务是代表和维护全体业主的合法权益

业主委员会执行业主大会的决议，对全体业主负责，维护的是全体业主的合法权益，其行为不得超越法律、法规和政策的规定，也不能损害他人的合法权益。如果业主大会的议案未达到规定的比例票数，即表示该议案未能得到大部分业主的认同，不能成立全体业主共同遵守的决议。

6.3.2 业主委员会的产生

《物业管理条例》规定，同一个物业管理区域内的业主在区（县）房地产行政主管部门和街道（乡镇）人民政府指导下，通过业主大会选举产生业主委员组成业主委员会。业主委员在业主中选举产生代表业主利益、监督物业公司的工作。根据物业管理区域的规模大小，业主委员会的委员可设5～15人，最低不少于5人。业主大会在选举业主委员的同时，也可以选举数名候补业主委员，在业主委员离职时，进行增补。

业主委员是通过业主大会在业主委员候选人中选举产生的，在召开业主大会前，业主大会的筹备组先要推举业主委员候选人，再由业主大会在业主委员候选人中选举出正式的业主委员。为了更好地发挥业主委员会的作用，业主委员会内部必须建立一定的组织机构。依据《业主大会规程》的规定，业主委员会应当自选举产生之日起3日内召开首次业主委员会会议，推选产生委员会主任1人，副主任1～2人。

1）业主委员会委员的资格

业主委员候选人由业主推荐或者自荐。业主委员是基于业主身份所产生的权利，不能转移，业主的亲属及物业使用人均无权成为业主委员的候选人。

业主委员候选人应当具备如下条件：

（1）具有完全民事行为能力；

（2）遵守国家有关法律、法规；

（3）遵守业主大会议事规则、管理规约，模范履行业主义务；

（4）热心公益事业，责任心强，公正廉洁；

（5）具有一定的组织能力；

（6）具备必要的工作时间。

国家提倡党员干部、人大代表、政协委员等积极参与小区事务，推进基层社区和谐。

筹备组应当核查参选人的资格，根据物业规模、物权份额、委员的代表性和广泛性等因素，确定业主委员候选人名单。

2）业主委员会委员的任期

《业主大会和业主委员会指导规则》规定业主委员会委员实行任期制，每届任期不超过5年，可连选连任，业主委员会委员具有同等表决权。业主委员会应当自选举之日起7日内召开首次会议，推选业主委员会主任和副主任。

业主委员会任期届满2个月前，应当召开业主大会会议，进行业主委员会的换届选举，逾期未换届的，房地产行政主管部门或街道（乡镇）人民政府可以指派工作人员启动换届工作。原业主委员会应当在其任期届满之日起10日内，将其保管的档案资料、印章及其他属于业主大会所有的财物移交新一届业主委员会，并做好交接手续。

经业主委员会或者20%以上业主提议，认为有必要变更业主委员会委员的，由业主大会会议作出决定，并以书面形式在物业管理区域内公告。

业主委员有下列情形之一的，业主委员资格自行终止：

（1）因物业转让、灭失等原因不再是业主的；

（2）丧失民事行为能力的；

（3）依法被限制人身自由的。

业主委员有下列情形之下的，经业主大会会议通过或经业主大会授权，可决定是否终止其业主委员的资格：

（1）以书面方式提出辞职请求的；

（2）不履行业主委员职责，无故多次缺席业主委员会会议的；

（3）利用委员资格谋取私利的；

（4）拒不履行业主义务的；

（5）侵害他人合法权益的；

（6）因其他原因不宜担任业主委员会委员的。

业主委员会委员资格因故终止的，应当自终止之日起3日内将其保管的档案资料、印章及其他属于业主大会所有的财物移交给业主委员会。

3）业主委员会委员的权利和义务

业主委员会产生后，其每一位委员均享有以下权利：

（1）在业主委员会内享有选举权、被选举权和表决权；

（2）对业主委员会的有关事项享有参与、发表意见和决策的权利；

（3）对业主委员会组织的有关活动依法享有参加权；

（4）对业主委员会及负责人的行为和活动享有监督权。

业主委员会委员在享有上述权利的同时，必须履行以下义务：

（1）遵守业主规约、业主大会议事规则等业主大会通过规范性文件；

（2）执行业主委员会的各项决定和任务；

（3）遵守业主委员会的相关决议，严格履行业主委员的职责；

（4）积极、主动地参加业主委员会的各项活动；

（5）在不再担任业主委员后，应妥善移交有关档案和资料。

4）业主委员会的备案

《物业管理条例》第十六条规定，业主大会、业主委员会成立和变更实行备案制度。业主大会、业主委员会应当自选举产生之日起30日内，向物业所在地的区（县）人民政府房地产行政主管部门和街道（乡镇）人民政府备案。备案时须提交下列材料：

（1）业主委员会申请登记书；

（2）业主大会成立和业主委员会投票选举的情况；

（3）业主委员会委员、候补委员名单；

（4）管理规约、业主大会议事规则、业主大会决定的其他重大事项的投票情况；

（5）办公场所证明文件、物业管理区域证书以及其他需要的材料。

【案例分析6-5】

被告某街道根据某业主委员会的申请，于2012年5月8日颁发了相应的业主大会、业主委员会备案证。业主韩某等不服，诉称换届小组对业主总投票权数、专有部分总面积统计错误，业主大会的决定、业主委员会的选举均不符合《业主大会和业主委员会指导规则》的"双过半"的要求，"当选"的委员不符合法律法规规定的条件，存在欠缴物业费等情形。业主大会换届程序不合法，将业主大会《议事规则》《管理规约》的表决程序与推选产生业主委员会候选人的程序"捆绑"表决。故请求撤销被告核发的业主委员会备案证，并对小区全体业主进行赔礼道歉。被告辩称其备案行为系依据《上海市住宅物业管理规定》的有关规定，对筹备组提交的文件进行了审核后依法作出的，并在原告起诉后进行了有关事实的调查，确认了备案行为的正确性。

审理法院认为，本案业委会筹备组向被告提交的备案申请材料已经证明，该小区通过向业主书面征求意见的方式召开了业主大会，并选举产生了新一届业主委员会，投票通过了业主大会《议事规则》及《管理规约》。该小区业主大会的参与人数、业主委员会的当选、《管理规约》及业主大会《议事规则》的通过均符合《上海市住宅物业管理规定》的投票比例规定，第三人同时承诺提交材料的真实性。被告已尽到了备案审查的法定职责。物业管理区域内的选举、投票等活动系小区业主的自主管理行为，原告韩某等提出的被告应当对形成统计结果的有关选票、表决票等的真实性及当选委员是否已经交纳物业管理费进行核查的要求，已经超出了行政机关依据物业管理规定进行备案的审查范围，且被告针对原告诉称意见提供了补充证据，并进行了合理的说明。故对原告的请求不予支持。

资料来源：佚名. 从一实例谈业主诉请撤销业主委员会备案证的法律问题分析［EB/OL］.［2013-07-30］. http：//www.xici.net/d191739008.htm.

分析：首先需要说明的是，街道对依法成立的业主委员会进行备案是有法律依据的，《物业管理条例》第十六条第（一）款的规定："业主委员会应当自选举产生之日起30日内，向物业所在地的区、县人民政府房地产行政主管部门和街道办事处、乡镇人民政府备案。"《上海市住宅物业管理规定》第二十一条第（一）款规定："业主委员会自选举产生之日起30日内，持下列文件向乡、镇人民政府或者街道办事处备案：（一）业主大会会议记录和会议决定；（二）业主大会议事规则；（三）管理规约；（四）业主委员会成员的名单和基本情况。"所以，街道按照法定职责和程序对业主委员会进行备案是合法的行政行为，这里需要讨论的是街道对业主委员会进行备案行为的性质、审核范围及是否具可诉性的问题。

【实战演练6-3】

上海市的文先生向有关部门投诉，他们搬进上海市和景花园小区已经有几年了，但是发展商出于自己的利益考虑，为了不受业主委员会的制约，现在还是迟迟不肯发起成立业主委员会。而该小区的物业公司不知出于什么目的，也不肯尽力督促发展商早日成立业主委员会。文先生觉得业主的权益受到了侵害。

问题：(1) 该小区具备什么条件可以召开第一次业主大会？

(2) 如果上题中各方条件已经具备，文先生应该通过什么途径使该小区成立业主委员会？

6.3.3 业主委员会的职责

《物业管理条例》第十五条规定，业主委员会应当履行以下职责：

1）召集业主大会会议，报告物业管理的实施情况

除首次业主大会外，业主大会每年至少召开一次，会议由业主委员会筹备、召集和主持。召开业主大会年度会议时，业主委员会应当于会议召开15日前，将业主大会召开会议的时间、地点、内容、方式以及其他事项在小区内多个位置予以公告或者送达每位业主，同时在业主公众信息平台进行宣传。住宅小区的业主大会会议，业主委员会还应当同时告知相关的居民委员会，以接受居民委员会的指导。会议期间，业主委员会应当向业主大会报告本物业管理区域内物业管理的实施情况以及业主委员会的工作情况、财务报告及其他管理事项，并做好大会会议记录备查。实践中还有一些特殊情况，如发生重大事故或紧急情况需要及时作出处理的，业主委员会有权依照有关规定召集和主持业主大会的临时会议。

2）代表业主与业主大会选聘的物业服务企业签订物业服务合同

选聘、续聘及解聘物业服务企业是业主大会的职责。选聘、续聘及解聘物业服务企业的合同由全体业主委托业主委员会签订。业主委员会在对外开展与物业管理有关的活动时，应该代表和维护全体业主的合法权益，不得利用业主委员的便利损害业主的利益。

3）了解业主、物业使用人的意见和建议，监督和协助物业服务企业履行物业服务合同

业主委员会在日常工作中应当广泛了解听取业主及物业使用人的意见和建议，反馈给物业服务企业，供物业服务企业改善提升。同时业主委员会应根据物业管理合同的规定，结合物业服务企业的年度工作计划，监督、检查物业服务企业的工作落实情况，审核物业服务企业的年度工作报告，督促物业服务企业履行物业服务合同约定的各项义务。同时，也要做好业主的宣传教育工作，推动业主严格遵守管理规约以及小区的各项规章制度，按照物业服务合同约定履行自己的义务。

4）监督管理规约的实施

管理规约是通过业主大会制定的全体业主共同遵守的有关物业的使用、管理、维护以及公共利益等方面的行为准则。业主委员会对管理规约的实施负有监督的职责，对不遵守管理规约的行为，业主委员会应当进行劝止，要求行为人中止违规行为，或向相关行政主管部门汇报。对于违反管理规约，造成严重后果的，业主委员会或受害人有权向人民法院提起诉讼，追究行为人的法律责任。

5）业主大会赋予的其他职责

业主委员会除上述职责外，还负有业主大会赋予的其他职责，主要包括：

(1) 执行业主大会关于物业管理方面的决议；

（2）管理小区公共收益及业主委员会的办公、活动经费和业主委员的补贴情况；

（3）监督专项维修资金的筹集、使用和管理；

（4）配合行政部门做好本区域内基层党建和社区文明建设工作；

（5）协调物业管理活动中的各种矛盾纠纷，包括前期物业管理纠纷、物业使用纠纷、物业管理服务合同纠纷等。凡涉及物业管理纠纷的诉讼，业主委员会应代表全体业主参与诉讼活动。

6.3.4 业主委员会工作规程及会议

1）业主委员会工作规程

《业主委员会工作规程》是业主委员会开展活动和进行决策的规范性文件，该规程所涉及的内容可以和业主大会议事规则合并，也可以单列。《业主委员会工作规程》是依据国家有关法律、法规和政策的规定，结合本物业管理区域内的实际情况，在广泛征求和听取业主意见、建议的基础上起草制定的，经业主大会讨论通过后生效。《业主委员会工作规程》一般包括以下内容：

（1）业主委员会的名称、地址、物业管理区域的范围；

（2）业主委员会的性质、设立的目的；

（3）业主委员会的组织机构及授权职责范围；

（4）业主委员会委员的资格条件以及委员产生的程序；

（5）业主委员会的权利和义务；

（6）业主委员会的经费来源及财务管理制度；

（7）业主委员会的工作制度以及会议制度；

（8）业主委员会委员资格的变更与终止；

（9）业主委员会的组织原则；

（10）业主委员会工作规程的生效、修订及补充等有关事项。

业主委员会委员的日常工作必须符合包括《业主委员会工作规程》在内的业主大会通过的各类规范性文件的要求，业主委员会做出的决议和行为不符合上述规定的，业主大会有权撤销。房地产行政管理部门和街道（乡镇）人民政府有权要求业主委员会修改、更正或直接撤销。

2）业主委员会会议制度

业主委员会会议是业主委员会开展工作的重要手段。业主委员会会议通常分为常规会议和特别会议。常规会议系业主委员会召开的例会，按照《业主委员会工作规程》规定时间召开。特别会议是在有1/3的委员提议或者是业主委员会的主任认为有必要时所召开的会议。为了更好地让每一位业主委员会的委员了解和掌握召开会议的内容和目的，每次召开业主委员会会议前，会议的召集人应当提前7日将会议通知书及相关材料送达每位委员。如果有委员因故无法出席会议，可一次性书面委托代理人参加会议，并依法代替行使表决权。依据《业主大会议事规则》的规定，业主委员会会议应当作书面记录，由出席会议的所有委员签字后备案存档。在人数方面，业主委员会会议应当有过半数委员出席，作出的会议决定必须经全体委员人数的半数以上同意。业主委员会所作出的一切决定应当在物业管理区域内公告，并应告知相关的居民委员会，以听取居民委员会的建议。

6.3.5 实践中业主委员会存在的问题及对策

业主的合法权益得不到有效的保护。仅就业主委员会而言，实践中主要存在以下几个问题：

（1）设立不规范。从实践情况来看，业主委员会设立不规范主要表现为：一是物业管理区域内没有设立业主委员会，具体物业管理活动由物业公司实施；二是物业管理区域内虽然设立了业主委员会，但并未依据国家有关法律、法规之规定设立，而是物业服务企业与个别业主未经合法程序而设立的所谓的业主委员会；三是业主委员会的设立在形式上虽然履行了相关手续，但实质上并非全体业主的真实意思表达。

（2）活动不规范。从设立的业主委员会的活动情况来看，除个别活动比较规范外，绝大部分业主委员会的活动并不规范，主要表现为：权利、义务不明确；行为不规范；活动的内容不具体，尤其是有关社会救助、防止突发事件、大的自然灾害的应急措施等极为重要的内容根本未涉及。

（3）功能未到位。业主委员会的主要功能在于积极参与各种物业管理活动，并最大限度地维护广大业主的合法权益。然而，从业主委员会活动的实际效果来看，大量的业主委员会并未真正发挥业主委员会的作用。如有的业主委员会自成立后活动很少，形同虚设；有的业主委员会对业主提出的问题置之不理，甚至与物业服务企业或个别业主恶意串通，损害广大业主的合法权益。

可以说，以上这些均为物业管理事业进程中出现的问题，直接损害了广大业主的合法权益，也不利于我国物业管理的进一步发展。因此，应从以下几个方面加以完善：

（1）提高业主素质，通过多种形式的法治宣传，增强业主的主人翁意识和法律意识，同时通过培训和多种形式的交流学习，提高业主及业主委员会委员的综合素质，提高业主委员会整体的工作能力。

（2）规范业主委员会的设立和活动。业主委员会应该严格按照《物业管理条例》的有关规定依法成立，推选有能力、有公心、积极负责任的业主担任业主委员，并制定《业主委员会工作规程》等规范性文件来规范业主委员会的工作。应将业主委员会的职责具体、明确，并在物业管理区域内予以明示。

（3）建立相应机制，真正发挥业主委员会的作用。借鉴国外的经验并结合我国的实际，针对业主委员会的性质和设立的目的，在特定物业管理区域内创设业主委员会定期汇报和公示制度，构建科学的评价体系，建立有效的监督机制。

6.4 业主大会、业主委员会、街道（乡镇）社区、物业服务企业之间的关系

家庭是构成社会的基本单元，众多家庭因购买住房而居住在同一个小区内，不同的小区组合形成社区自治组织居民委员会，街道（乡镇）人民政府是基层政府组织，管理指导辖区内的社区居民委员会开展工作。2017年6月12日中共中央、国务院出台《关

于加强和完善城乡社区治理的意见》是关于城乡社区治理的纲领性文件。在该文件中，国家将加强城乡社区治理，建设和谐有序、绿色文明、创新包容、共建共享的幸福家园做政府的核心工作。城乡社区治理事关党和国家大政方针的贯彻落实，事关居民群众切身利益，事关城乡基层和谐稳定，必须全面提升城乡社区治理法治化、科学化、精细化水平和组织化程度。

拓展阅读 6-1

社会组织化程度

如何加强基层社区治理，上述文件给出了明确的思路：加强基层党组织和基层群众自治组织的建设，建立健全社区党组织、居民委员会、业主委员会、物业服务企业的联动机制，支持鼓励符合条件的居民委员会成员、党员通过法定程序担任业主委员；支持鼓励物业服务企业和业主党员进入社区居民委员会成为社区工作者，在基层政府的主导下，通过基层党组织和基层自治组织的建设，全社会共同参与创建和谐稳定的基层社会关系。

6.4.1 业主大会与业主委员会

业主大会由物业管理区域内全体业主共同组成，是物业管理区域内全体业主行使共同决策权的非法人自治组织，业主大会的决议对全体业主有效。

业主委员会是通过业主大会选举产生，代表并维护全体业主的共同利益，是业主大会的执行机构，而非决策机构。业主委员会的权利来自业主大会的授权，代表全体业主对于小区共有部分共用设备设施行使管理、使用、收益、处置的权利。业主委员会工作有明确的职责范围，业主委员会在业主大会的授权范围内负责物业管理区域的日常事务，监督管理规约执行情况和物业服务企业履行物业服务合同的履约情况。

业主委员会是业主大会会议的组织者，应当按照业主大会议事规则的要求组织召开业主大会。

业主大会、业主委员会的权利是一种附条件的权利，其管理和决策的是物业管理区域内的物业管理事务，不得做出与物业管理无关的决定，不得从事与物业管理无关的活动。业主大会、业主委员会违反国家法律法规和社会道德的决议，国家相关行政主管部门有权撤销。

6.4.2 物业服务企业与业主大会、业主委员会

业主与物业服务企业之间的权利和义务基于物业服务合同的约定，2021年1月1日正式生效的《民法典》第二十四章对物业服务合同的内容进行了明确的规定。业主通过业主大会将物业管理区域内建筑物及其附属设施的维修养护、环境卫生和相关秩序的管理维护等工作委托给物业服务企业，并授权业主委员会与物业服务企业签订物业服务合同。物业服务企业有按合同约定提供服务的义务，有收取物业费的权利；业主有支付物业服务费的义务，有享受合同约定服务的权利。业主大会通过的管理规约、业主大会议事规则以及授权业主委员会对外签订的物业服务合同对全体业主有效。业主委员会对外代表全体业主监督物业服务企业履行物业服务合同的约定，对内监督管理规约的实施。

《民法典》第九百四十六条规定：“业主依照法定程序共同决定解聘物业服务人的，可以解除物业服务合同。决定解聘的，应当提前60日书面通知物业服务人，但是物业

服务合同对通知期限另有约定的除外。”根据此规定，业主只要通过合法的程序可以提前解聘物业服务企业。但须提前60天通知。

《民法典》没有规定物业服务企业是否可以提前解除合同，合同一方违约，另一方有权解除合同。如业主不交纳物业费，物业服务企业处于持续亏损的状态，是有权向业主大会提出提前解除合同的。

6.4.3 房地产行政管理部门与业主大会、业主委员会、物业服务企业

房地产行政管理部门是代表国家对物业管理行为进行指导和监管的国家职能部门，包括住房和城乡建设部、省、市、区（县）各级房地产行政主管部门，街道（乡镇）人民政府以及城管、规划、房产、市场等相关行政主管部门，各级房地产行政管理部门在各自的职权范围内对物业工作进行指导、监督、管理。物业日常行政管理工作的核心在区（县）房地产主管部门和街道（乡镇）人民政府。

区（县）房地产行政主管部门主要负责处理辖区内的物业管理投诉；指导和督促辖区内街道社区的物业管理工作；受理监督辖区内小区日常维修和应急维修的物业维修资金的申请和使用。

街道（乡镇）人民政府负责组织、指导和监督辖区内业主大会和业主委员会的筹备、成立、选举、换届、备案以及业主委员的终止和变更；协调业主、业主大会、业主委员会与物业服务企业的矛盾纠纷；审查日常应急维修资金的使用。

社区居民委员会是居民的基层自治组织，代表居民在社区内进行自我管理。社区居民委员会配合街道（乡镇）人民政府指导、监督业主大会、业主委员会的成立、换届；协调沟通物业矛盾；指导业主委员会的日常工作。《物业管理条例》第二十条第（二）款规定，在物业管理区域内，业主大会、业主委员会应当积极配合相关居民委员会依法履行自治管理职责，支持居民委员会开展工作，并接受其指导和监督。

物业服务企业是依据公司法设立的自主经营、独立核算、独立承担民事权利和义务的民事主体，物业服务企业依法经营的权利受国家法律的保护。房地产行政管理部门在其职权范围内对物业服务企业开展管理和指导，维护其合法经营的权利。物业服务企业应当接受房地产行政管理部门的管理和指导，支持配合房地产行政管理部门的工作。

拓展阅读6-2

物业服务市场监管

2017年12月，住房和城乡建设部印发了《关于做好取消物业服务企业资质核定相关工作的通知》止式取消物业服务企业资质，物业行政管理的手段也随之发生变化：积极推行属地管理主体责任，按照业主自我管理与社会化服务相结合的原则，推动将物业管理纳入基层社区治理体系。强化街道（乡镇）的物业管理责任，充分发挥街道（乡镇）人民政府在加强社区党组织建设、指导业主大会和业主委员会、监督物业管理活动等方面的重要作用，建立健全物业管理联席会议制度，维护社区和谐稳定；加强物业服务行业事中事后监管，通过信用体系建设，定期向社会公布物业服务企业信用情况，建立守信联合激励和失信联合惩戒机制，构建以信用为核心的物业服务市场监管体制。

本章小结

业主是指物业的所有权人。业主享有物业管理及相关法律、法规、合同规定的权利，同时必须承担相应的义务。

业主大会是指由物业管理区域内全体业主组成的，维护全体业主公共利益，行使业主对物业管理的自治权的业主自治机构。业主大会具有自治性、民主性、代表性、公益性等特点。业主大会的决定对物业管理区域内的全体业主具有约束力。

业主委员会是业主大会的执行机构，是在物业管理活动中代表和维护物业辖区内全体业主合法权益的自治性组织，业主委员会对业主大会负责。业主委员会是由业主大会在业主中选举产生的，每届任期两年或三年，可以连选连任。

管理规约是指由业主共同承诺的对全体业主具有约束力的有关业主在住宅区使用、维护物业及管理组织等方面权利义务的行为准则。

关键概念

业主　业主大会　业主委员会　业主约束　管理规约

基础知识练习

△ 选择题

1.业主享有的权利有（　　）。

A.选举权与被选举权　　B.投票权

C.监督权　　D.建议权

2.设立业主大会的条件有（　　）。

A.物业管理区域内住宅区的入住率达到一定比例

B.房屋出售面积达到一定比例

C.住宅出售满一定年限

D.最后一个业主入住为止

3.专项维修基金的使用和续筹等方案的决定，必须经物业管理区域内全体业主所持投票权的（　　）以上通过，方可生效。

A.2/3　　B.1/2　　C.1/4　　D.2/5

△ 判断题

1.物业的承租人属于业主。（　　）

2.业主委员会有选聘和续聘、解聘物业服务企业的权利。（　　）

3.业主委员会具有法人资格。（　　）

△ 思考题

1.业主的含义是什么？业主具有哪些权利和义务？

2.业主大会有哪些特征？它的职责是什么？

3.业主委员会的职责有哪些？

4.管理规约有哪些主要内容？

实践操作训练

△ 实训题

[实训情境设计]

访客无理打骂护卫员怎么办

2013年9月12日15时40分，一访客甲到租住在某花园小区A栋的朋友乙家取DVD机。在他携机欲出大堂时，大堂护卫员丙礼貌地请其办理有关放行手续。谁知他竟勃然大怒，破口大骂，随后赶来的他的朋友乙还动手打了护卫员一拳，随手又撕破了护卫员的衣服。巡逻护卫员丁闻讯赶来制止，四人争吵起来。

[实训任务要求]

1）请4位同学分别扮演甲、乙、丙、丁，将上述情景演绎一遍。

2）请1位同学扮演该物业管理处经理，让其处理善后事宜。

[实训提示]

事发地点大堂出入口有现场录像，小区已经成立了业主委员会，物业有全部业主的档案资料。

[实训效果评价表]

评价内容	分值（分）	评分（分）
了解本专业所学习的内容，能运用相关知识解决该问题	30	
具备相关的组织协调能力，能妥善处理各方面的关系	30	
处理结果能使肇事者当众向护卫员赔礼道歉，并赔偿撕破衣服的损失	40	

注：考评满分为100分。60分以下为不及格；60～69分为及格；70～79分为中等；80～89分为良好；90分及以上为优秀。

第7章

物业管理招标投标

学习目标

通过本章的学习，要求认识招标投标制度对规范物业管理市场、提高物业管理公司管理水平的重要性，了解物业管理招标投标的一般程序和组织机构的设置，学习物业管理招标投标的一般概念及其相关法律法规，掌握物业管理招标投标的原则、特点、方式及内容。

引例

深圳万科物业管理有限公司成立于1992年初，经过多年探索与实践，凭借超前的管理理念和创造性思维，公司已发展成为领先于全国同行业，在国内负有盛誉、具有卓越成就的物业服务企业，为社会树立了具有代表性的物业管理形象，并发展成为“中国物业管理”的名牌企业。

1996年12月、1997年8月，深圳万科物业管理有限公司分别在鹿丹村物业管理、桃源村物业管理公开投标中力挫群雄，一举中标。对于两次投标准备工作，深圳万科物业管理有限公司都成立了专门的投标小组，由公司总经理亲自挂帅。小组各成员明确分工，各自负责一部分工作，包括取证、调查、编写、讨论、版面设计、印刷、装订、彩色复印、文字录入、校对等，整个标书编制过程分成几个时间段，准备工作的每一步都严格按计划推进。计划时间中的前一部分为各责任人相对独立工作，后一部分为集中工作，最后一周为封闭工作，小组中留下部分骨干成员，集中做最后修订，全部准备工作在不到一个月内顺利准时完成。

通过两次投标，公司感到参与竞争是一种积极进取的行为，是一种快速发展的途径。同时，要想在竞争中获胜，除了具有坚实的内功外，还要有不断创新的思想和方法，因为进取创新是竞争的有力武器。

资料来源：佚名．万科物业投标技巧［EB/OL］．［2014-04-21］．http：//btdcw.com/btd-40a59d00de80d4d8d15a4ff2-1.html.

为了了解物业管理招投标相关内容，本章将主要介绍有关物业管理投标程序、投标书内容等知识。

7.1 物业管理招标投标概述

随着中国房地产市场的快速发展，物业管理市场日渐规范和成熟，物业服务企业的数量呈几何级数增加，其面临的市场竞争也日趋激烈。物业服务企业的竞争使业主们有充分的选择权，他们可以通过市场选择，在付出相对较低的经济成本的同时享受到较高水平的物业服务。对于物业服务企业来说，竞争可促使其提高自身的服务意识和管理水平，增强其紧迫感和责任心，提高其市场竞争能力。

拓展阅读7-1

招标投标

，国家提倡业主或开发商通过市场机制来选聘物业服务企业，选聘物业服务企业的基本方式是招投标，通过物业管理招投标，能减少非市场化物业管理效率低、服务水平差、服务手段单一等弊端，能最大限度地实现公开、公平、公正的原则，并能通过相关法律的制定和实施使物业管理逐步进入有法可依的运行轨道。

【案例分析7-1】

建筑面积为10万平方米的某住宅小区于2013年1月底建成，在选择物业管理机构时，开发商没有招投标，而是自己成立了一个物业管理部，直接接管了该小区。请问：

开发商的做法是否合适？为什么？

资料来源：作者根据相关资料整理编写。

分析：本小区属新建住宅物业，应当采取招投标方式选聘物业服务企业，开发商自己组建物业服务公司接管小区的做法是不合适的。《物业管理条例》第二十四条规定："国家提倡建设单位按照房地产开发与物业管理相分离的原则，通过招投标方式选聘具有相应资质的物业服务企业。住宅建设单位，应该通过招标方式选聘具有相应资质的物业服务企业。"

7.1.1　物业管理招标投标的原则

物业管理的招标投标行为是一种通过市场化方式实现的双向选择，根据《中华人民共和国招标投标法》（以下简称《招标投标法》）的规定，在招标投标活动中必须遵循"公开、公平、公正、诚实信用"的原则。

1）公开原则

所谓公开原则，就是指在招标投标活动中，严格按照程序公开。如果物业管理招标定为公开招标，就必须依照公开原则，召开新闻发布会，在报刊、电台、网络上公开登出招标公告，把所需要达到的服务要求与条件公开告知所有想投标的物业服务企业。

2）公平原则

所谓公平原则，就是指在招标文件中向所有物业服务企业提出的投标条件都是一致的，即所有参加投标者都必须在相同的基础上，在同一条件下进行投标。另外，招标人不得向任何人透露已获取招标文件的潜在投标人的名称、数量以及可能影响公平竞争的有关招标投标的其他情况。招标人设有标底的，标底必须保密。

3）公正原则

所谓公正原则，是指在评定标书时应准确无误，而且投标评定的准则是衡量所有投标书的尺度，另外在评标定标的过程中，应采用科学合理的方法，按照平等、竞争的原则，进行实事求是的分析、判断和选择。

4）诚实信用原则

所谓诚实信用原则，是指在招标投标活动中，招标投标双方应当讲究信用，恪守诺言，不把自己利益的获得建立在损害国家、社会和他人利益的基础之上。

【案例分析7-2】

A住宅小区业主委员会决定进行招标选聘物业管理公司。招标公告发布后，共有10余家物业管理公司进行投标。招标人在招标文件中明确规定了投标人的资质要求。招标人据此进行资格预审，共向5家物业管理公司发出预审合格通知书。甲物业管理公司自检完全符合招标人的资格条件，却既没有收到预审合格通知书，也未收到不合格的预审结果。后来得知，招标人了解到甲物业管理公司在本市一个住宅物业管理项目中刚刚被宣布"下课"，因此招标人将甲物业管理公司排斥在外。甲物业管理公司决定向有关主管部门申诉，并积极准备投标文件。"下课"的物业管理公司能否参加投标？

资料来源：作者根据相关资料整理编写。

分析：在本案例中，招标人仅凭甲物业管理公司在另一项目中“下课”，就将甲物业管理公司排斥在外的行为是不合适的。《招标投标法》明确规定招标人不得以任何不合理的条件限制或者排斥潜在投标人，不得对潜在投标人实行歧视待遇。物业管理招投标是一种双向选择的市场行为，“上课”或“下课”都是一种正常的现象，任何物业服务企业都会随时面临这两种结局。招标人不能仅凭这一点就将甲物业管理公司排斥在投标之外，而应在投标过程中始终贯彻合理竞争原则。

7.1.2 物业管理招标投标的程序

物业管理招标与投标涉及大量的人力、物力及财力，因此，应严格依照惯例按部就班地完成招投标的整个过程。按时间先后顺序，可将整个招投标过程分为招标阶段，投标阶段，开标、评标和定标阶段及最后的合同订立、履行及归档阶段。

以下分别对每一阶段作简要的介绍。

1）招标阶段

（1）选择招标方式，是公开招标、邀请招标还是议标。

（2）成立招标领导小组。

（3）确定招标项目、招标指导思想及原则。

（4）编制招标文件。

（5）制定标底。

（6）发出招标邀请或通知。

（7）投标单位资质资信审查。

（8）召开标前会议，现场答疑。

2）投标阶段

（1）投标可行性分析。

（2）申请资格预审。

（3）购买、阅读招标文件并现场踏勘。

（4）编制投标文件并递送标书。

（5）参加开标会议及招标答辩会。

3）开标、评标和定标阶段

（1）按照标书中规定的时间、地点，在法律公证机关公证员及有关招投标管理部门工作人员、投标单位代表共同参与和监督下，公开开标并登记。

（2）由评标委员会采用会议形式审查和评议各投标单位的标书，确定或向招标人推荐中标单位。评标委员会成员通常由物业管理专家组成。

（3）公证员宣读公证书，确认预选中标单位。

4）合同的订立、履行及归档阶段

中标企业一旦确定，招标工作便进入结束阶段。这一阶段的最大特点就是招标人与投标人正式进入一对一的合同关系。这一阶段的具体工作包括：

（1）合同的签订。按照国际惯例，在正式签订合同之前，招标人和中标人通常还要就合同的具体细节进行谈判磋商，最后才签订修改后的新的正式合同。

（2）合同的履行。中标人在正式签订合同后，严格按照合同的约定履行义务，完成中标项目。

（3）资料的整理和归档。为了对中标人的履约行为实行有效的监督，招标人在招标工作结束后，应对形成合同关系过程中的一系列契约和资料进行妥善保存，以便备用。

7.2 物业管理招标

物业管理招标是指房地产开发商或业主委员会等物业管理市场主体，通过编制符合其管理服务要求和标准的招标文件，向社会招聘，并采取科学的方法进行分析和判断，最终确定最佳的物业服务企业并与之订立物业管理合同的过程。

7.2.1 物业管理招标的类型

根据招标项目不同的特点，招标人有权选择不同的方式进行招标。现行国际市场上通用的物业管理招标方式类型大致可分为三种：公开招标、邀请招标和议标。

1）公开招标

公开招标，也称无限竞争性招标，是一种由招标人（业主委员会或开发商）按照法定程序，在公开出版物上发布招标公告，所有符合条件且愿意投标的物业服务企业都可以平等参加投标竞争，招标人从中择优选择中标者的招标方式。公开招标最大的特点就是招标人以招标公告的方式邀请不特定的物业服务企业投标。

公开招标是国际上最常见的招标方式，其优点是最大限度地体现了招标的公平、公正、合理的原则，因此成为其他招标方式的参照对象。当然，公开招标方式也有招标时间长、招标成本较高等缺点。

2）邀请招标

邀请招标，又称选择性招标，是指招标人以投标邀请书的方式邀请特定的法人或者其他组织投标的招标方式。邀请招标主要适用于标的规模较小（即工作量不大，总管理费报价不高）的物业管理项目。另外，国务院发展计划部门确定的国家重点项目和省、自治区、直辖市人民政府确定的地方重点项目不适宜公开招标的，经国务院发展计划部门或者省、自治区、直辖市人民政府批准，也可进行邀请招标。

公开招标方式的工作量大、招标时间长、费用高，邀请招标在一定程度上弥补了公开招标的不足，成为公开招标不可缺少的补充方式，并由于其可以节省招标时间和成本，深受一些私营业主和开发商的支持。由于邀请招标是由招标人预先选择了投标人，这样就容易诱使投标人之间产生不合理竞争，易造成招标人和投标人的舞弊现象。为防止不合理竞争和作弊行为，《前期物业管理招标投标管理暂行办法》规定："招标人采用邀请招标方式的，应当向3个以上具备承担招标项目的能力、资信良好的特定的法人或者其他组织发出投标邀请书。"

3）议标

议标又称谈判招标，是指开发商或业主不必公开发布招标公告，而是采取协商达成交易的方式，通常是在非公开状态下采取一对一谈判方式进行的。无论在我国还是在其他国家，采用议标的前提都是经济合算，即对于那些时间紧迫、投资不大、采用公开招标或邀请招标花费较大、经济上不合算的项目，才允许采用议标。

另外，议标方式对招标人的要求很高，要保证议标的成功通常都要求招标人对物业管理行业及物业服务企业的情况有充分的了解。

【案例分析 7-3】

A小区为北京某市区的经济适用房项目，经济适用房开盘一个月后，楼盘全部售罄。同年9月，该小区交付使用，入住率达到80%以上。于是，在开发建设单位、小区所在区房屋土地管理局指导下成立小区业主大会。业主大会在全面征求业主的意见后，决定面向社会通过招标方式选聘该区域的物业服务企业。与此同时，在社会上享有良好声誉的甲物业管理公司得知消息后，主动上门向业主自我推荐。于是，业主们在采用何种招标方式选聘物业管理公司的问题上出现了分歧：一部分业主主张公开招标；另一部分业主则认为公开招标具有一定的盲目性，不如邀请招标有针对性。

最后，业主大会经充分交流及协商，决定采用公开招标的方式选聘物业管理公司。

资料来源：赵继新，刘晓春. 物业管理案例分析［M］. 北京：清华大学出版社，2005.

分析：公开招标和邀请招标是招标的两种基本组织形式。通过招标选聘物业管理公司，对这两种形式可任选其一。关键在于业主要根据物业项目的实际情况采用适合的方式。客观地说，公开招标和邀请招标各有自己适宜的条件，不宜简单地比较优劣。在本案例中，业主就采取何种招标方式的问题发生分歧的现象是正常的。该小区业主们权衡利弊，最终选择了公开招标的方式，必然有他们的理由。只要是从物业的实际情况出发，选择的招标方式能实现招投标双方的经济利益最大化，就是可取的，不存在哪种方式孰优孰劣。

7.2.2 物业管理招标的范围

根据《招标投标法》的规定，下列物业管理项目必须进行招标：

（1）大型基础设施、公用事业等关系社会公共利益、公众安全的项目，如机场、火车站、地铁和一些公用物业如图书馆等；

（2）全部和部分使用国有资金投资或者国家融资项目；

（3）使用国际组织或者外国政府贷款、援助资金的项目；

（4）具有强烈的政府政策导向规定的项目，如经济适用房项目。

对必须进行招标的项目而不招标的，或采用将必须进行招标的项目化整为零等方式规避招标的，责令限期改正，同时可以处项目合同金额5‰以上10‰以下的罚款；对全部或者部分使用国有资金的项目，可以暂停项目执行或者暂停资金拨付；对单位直接负责的主管人员和其他直接责任人员依法给予处分。

以下物业管理项目不宜实行招标：

（1）关系到国家安全和属于军事机密的项目，如国家政府部门尤其是机要部门的办公大楼；

（2）物业规模过小的项目，如多层物业总建筑面积低于2万平方米的；

（3）物业由开发建设单位自用的项目。

是否实行招标主要取决于开发商和业主委员会。一般应提倡、鼓励其采用招标方式选聘物业服务企业。

7.2.3　物业管理招标的组织机构

根据国际惯例，任何一项招标都要有一个专门的招标机构，并由该机构全权负责招标的整个活动。物业管理招标也不例外。招标机构的设立有两种途径：一是招标人自行组织成立招标机构；二是招标人委托招标代理机构招标。招标人有权自行选择招标代理机构，委托其办理招标事宜。任何单位和个人不得以任何方式为招标人指定招标代理机构。

1）自行设立招标机构

招标人具有编制招标文件和组织评标能力的，可以自行办理招标事宜。

物业管理项目招标按照主体的不同，可分为开发商自行招标和业主自行招标。

（1）开发商自行招标

开发商自行招标是指开发商通过在其所在单位的董事会下设专门的招标委员会或小组来进行招标。

（2）业主自行招标

通常情况下，由于业主数量很大且没有严格的组织，因此，往往由业主委员会代表业主组织招标。

2）招标代理机构

招标代理机构是依法设立、从事招标代理业务并提供相关服务的社会中介组织，它们受聘于代理委托人。值得注意的是，招标代理机构尽管全权代理委托人的招标工作，但是招标代理机构并非招标活动的最高权力机关，招标代理机构在评标后，向委托招标人提交评标报告和中标候选人名单，由招标人（如房地产开发商董事会或业主大会）自行进行最终裁决。

招标代理机构应当具备下列条件：

（1）有从事招标代理业务的营业场所和相应资金；

（2）有编制招标文件和组织评标的相应专业力量；

（3）有符合规定条件、可以作为评标委员会成员人选的技术、经济等方面的专家库。

招标代理机构必须严格遵守《招标投标法》，凡违反法律规定，泄露应当保密的与招标投标活动有关的情况和资料的，或者与招标人、投标人串通损害国家利益、社会公共利益或者他人合法权益的，处5万元以上25万元以下的罚款，对单位直接负责的主管人员和其他直接责任人员处单位罚款数额5%以上10%以下的罚款；有违法所得的，并处没收违法所得；情节严重的，暂停直至取消招标代理资格；构成犯罪的，依法追究刑事责任。给他人造成损失的，依法承担赔偿责任。

7.2.4 招标文件的主要内容

1）招标书

（1）拟招标物业项目说明，主要包括物业项目的名称、性质、地址、邮编、法人代表姓名、物业管理的水平档次等。

（2）物业概况，主要包括住宅小区（大厦）的占地面积、建筑面积、物业结构类型、外墙装修、隐蔽与地下建筑、新工艺和新材料使用情况等。

（3）附属设施及设备设施，主要包括绿地及绿化、文化景点、灯饰、道路与排污系统、供水系统、公共照明、消防设备、动力设备、通信设备、监控设备、智能化系统等。

（4）物业管理的招标内容，包括公共服务、专项服务、特约服务及社区文化建设等内容，视招标人的需要而定，但公共服务是基本的、不可缺少的内容。

（5）物业管理维修基金的落实情况。

（6）应说明的问题，主要包括委托管理期限，物业管理公共服务费的范围、内容及收取标准，其他有关约定等。

（7）投标、开标时间和地点。

2）招标公告

招标公告是开展招标投标工作的一种说明，是面向社会一切愿意参加竞标的物业服务企业的一种公开性告示，招标公告的主要内容有：

（1）标的，主要说明拟招标的物业项目。

（2）招标的对象，指招标的地域范围及对投标人的资格和条件等方面的要求。

（3）招标人名称、地址和通信方式。

（4）相关说明包括：①投标人应提交的文件；②资格预审；③标书出售及要求；④现场勘查及答疑的时间、地点；⑤送标、开标的时间和评标的方法；⑥其他有关问题。

【案例分析7-4】

近日，某物业管理项目招标结束后，A公司的投标代表在得知其资质条件不能完全满足招标文件的要求而被判为无效投标后，异常恼火地找了招标项目负责人询问究竟。项目负责人平静地解释："此次评审，评标委员会是严格按照招标文件的规定进行的。评标委员会认为，贵公司不具备大型写字楼3年以上管理经验，不符合招标文件关于投标人资质要求的规定。"对项目负责人的解释，A公司的投标代表更加不满意了："你们招标公告中又没有这项要求，我们为何必须满足呢？如果公告中做了这样的限制，不要说参与投标了，就是招标文件我们也不会买！我们有必要花这个冤枉钱吗？"最终，由于双方的分歧始终没能通过沟通来解决，A公司便向有关行政主管部门投诉。

资料来源：佚名．对投标人的资格要求须一致［EB/OL］．(2010-06-02)．http：//www.scbid.com/zh/bsite20/web_show_516091.shtml.

分析：招标公告应该明确投标人的资格要求，而且招标公告与招标文件设置的投标人的资格条件应该保持一致。因此，招标方应在被责令修改招标文件后，重新组织招标。

7.3　物业管理投标

7.3.1　物业管理投标的概念及原则

1）物业管理投标的概念

所谓物业管理投标是指符合招标文件要求的物业服务企业，按照公布的招标文件中确定的各项管理服务要求与标准，根据国家有关法律、法规与本企业管理条件和水平，编制投标文件，积极参与投标活动的整个过程。

2）物业管理投标的原则

（1）真实性原则

所谓真实性原则，是指投标人应仔细阅读招标文件的所有内容，按招标文件的要求提供投标文件，并保证所提供全部资料的真实性、准确性及完整性。要保证投标书内容的真实性，实际上主要取决于投标人自身的素质和物业管理行业的自律约束。另外，招标人可在招标文件中列示一些针对投标书真实性的法律原则，这样就使得投标书不再是简单的出价或发盘，而具有法律效力和责任约束力，这就使得真实性原则有了一定的法律基础。

（2）合理竞争原则

所谓合理竞争原则，是指投标人应凭自身的经营实力、管理水平和服务质量，通过良性竞争及优胜劣汰而取胜。

《招标投标法》规定，投标人相互串通投标或者与招标人串通投标的，投标人以向招标人或者评标委员会成员行贿的手段牟取中标的，中标无效，处中标项目金额5‰以上10‰以下的罚款，对单位直接负责的主管人员以及其他直接责任人员处单位罚款数额5%以上10%以下的罚款；有违法所得的，并处没收违法所得；情节严重的，取消其1至2年内参加依法必须进行招标的项目的投标资格并予以公告，直至由市场监督管理部门吊销营业执照；构成犯罪的，应依法追究刑事责任；给他人造成损失的，依法承担赔偿责任。

综上所述，要真正贯彻物业管理招投标原则，离不开一个法律规范和行业自律相辅相成的招投标制度。只有两者紧密结合，招标人依照公平、公正、公开、诚实信用的原则开展招标，投标人自觉在遵守真实和合理竞争原则的基础上进行投标，才能真正搞好物业管理的招投标工作，才能真正遵循公平竞争、优胜劣汰的市场经济规律。

【案例分析7-5】

某物业服务企业成立刚满2年，不久前才取得三级信用等级。某日在一地方报纸上，该物业服务企业看到某建设单位发布的选聘前期物业服务企业的招标公告，但要求参与投标的物业服务企业具有二级以上（含二级）信用等级。该物业服务企业虽然很想去投标，但资质不符合条件。此时，该企业办公室主任（其舅舅恰好在外地某具有二级信用等级的物业服务企业担任总经理）提出以其舅舅单位的名义进行投标的想法，在得到领导同意后与其舅舅联系，双方以中标后支付35%的利润为条件达成协议。该物业服务企业开始积极为投标做准备，并一举中标，但后来被另一个参与投标的物业服务企业发现并向房产管理局投诉，要求确认该物业服务企业中标无效，并追究其行政责任。

资料来源：作者根据相关资料整理编写。

分析：本案中，某物业服务企业在资质不符合条件的情况下，通过利润分成的方式达到利用他人名义投标的目的，另一物业服务企业为了获得利润分成而同意他人以自己的名义投标。这两个物业服务企业的行为都违反了法律的规定。房产管理局应当对这种非法投标行为予以监督，认定中标无效，以保护其他参与投标的物业服务企业的利益，并对涉案的两个物业服务企业实施行政处罚。

7.3.2 物业管理投标的组织机构

物业管理项目投标工作，通常由投标的物业服务企业组织内部专门部门来全权负责整个投标活动。一般的分工如下：市场发展部是物业管理投标工作的核心，它负责的内容有项目的拓展（分析新楼盘和二手楼盘的特点，考虑其营利性、社会效应、其他效应，判断其是否是目标楼盘），项目的策划（策划目标项目的竞争方案，其中包括竞争对手分析、投标书的制定和项目的参观方案等），项目的谈判（与目标楼盘的开发商或者业主委员会就管理价格和服务标准等物业管理服务合同中的内容进行谈判），项目的签订（在获得项目的管理权后，与签约方签订合同，将相关的工作转交到下一个部门，配合相关部门进行项目的交接）；财务部负责成本测算的汇总，以及配合市场发展部做好相关资金的支付工作；运营部负责服务方案编写，包括与项目运营相关的各类测算；人力资源部负责人员储备以及人力成本的测算。

对于一些大型项目和特殊项目，两个或两个以上物业管理公司可以组成一个联合体，以一个投标人的身份共同投标。联合体各方应当签订共同投标协议，明确约定各方拟承担的工作和责任，联合体中标的，联合体各方应当共同与招标人签订合同，就中标项目对招标人承担连带责任。

7.3.3 物业管理投标的程序

1）搜集有关招标资料

招标物业的相关资料是物业管理公司进行投标可行性研究必不可少的重要资料，因此，物业管理公司在投标初期应多渠道、多方位全面搜寻相关资料。而这些资料的范围不仅应包括招标公司和招标物业的具体情况，还应包括投标竞争对手的情况。当然，资料搜集之后的整理、分析工作也非常重要。

2）投标可行性分析

投标可行性分析是选择物业项目，决定是否参与投标的关键性工作，一般包括以下内容：

（1）招标物业项目条件分析

物业项目条件分析的内容主要包括物业项目性质、面积、建筑结构、住户概况、开发商信誉、物业服务等。

（2）物业管理公司投标条件分析

它主要是针对物业项目投标条件的分析结果，分析自己在投标中的优势与劣势。首先，应正确评价自己在技术、财务、人力等方面能否承担招标项目的物业管理工作；其次，分析自己是否在竞争中具有优势，还有哪些不足需要改进。

（3）风险分析

风险分析是指要结合前两项分析结果，对物业服务企业自身在竞标及假设中标管理过程中，可能面临的种种风险进行分析，并针对可能出现的风险制订相应方案予以规避。

作完可行性分析后，物业服务企业应明确投标意向并成立工作机构。

（4）确定管理方法和工作量

根据招标文件中的物业情况和管理服务范围、要求，确定所应采用的管理方法和所需工作量。

（5）确定投标价格并进行投标决策

根据国家法律规定以及竞争对手的情况，确定投标价格，并最终决定是否投标、采取何种策略竞标以及报价原则等问题，作出投标决策。

3）递送投标申请书并申请资格预审

物业项目若是采用公开招标方式，物业服务企业在经过可行性分析之后，如果决定参与投标，则应按要求提交相应的申请文件，提请资格预审。

4）购买、阅读招标文件并考察物业现场

收到投标邀请书或参与公开招标，通过资格预审的物业服务企业可按规定的时间及程序购买招标文件。取得招标文件后，首先应详细阅读全部招标文件内容，弄清其各项规定，研究其图纸、设计说明书和管理服务标准、范围和要求，使制定的投标书和报价有比较可靠的依据；其次应根据招标文件对现场进行实地考察。

5）编制投标文件

投标人应当按照招标文件的内容和要求编制投标文件，投标文件应当对招标文件提出的实质性要求和条件作出回应。

6）投递标书

按照惯例，标书应准备正、副本（通常正本一份，副本两份），每份正、副本单独包装，用内外两层封套分别包装、密封，并打上“正本”或“副本”印记。标书做好后，投标人应当在招标文件要求提交投标文件的截止时间前，将投标文件送达投标地点。

7）参加开标会议及招标答辩

投标物业管理公司在开标之日，应主动在规定的时间内，到开标地点参加开标会议和招标答辩。

8）定标后的工作

中标企业在接到招标人的中标通知后，应按时与招标人签订物业管理合同。另外，无论投标企业中标与否，都应在中标结束后将一些重要文件进行整理归档，以备查核。

7.3.4 物业管理投标书的内容

1）物业管理投标书的组成

物业管理投标书，即“投标人须知”中规定投标者必须提交的全部文件，主要包括：

（1）投标致函

投标致函实际上就是投标者的正式报价信，其主要内容有：

①表明投标者完全愿意按招标文件中的规定承担物业管理服务业务，并写明自己的总报价金额；

②表明投标者接受该物业整个合同委托管理期限；

③表明本投标如被接受，投标者愿意按招标文件规定的金额提供履约保证金；

④说明投标报价的有效期；

⑤表明本投标书连同招标者的书面接受通知均具有法律约束力；

⑥表明对招标者接受其他投标的理解。

（2）附件

附件的数量及内容按照招标文件的规定确定。但应注意，各种商务文件、技术文件等均应依据招标文件要求备全，缺少任何必需文件的投标都将被排除在中标人之外。这些文件主要包括：

①公司简介。其概要介绍投标公司的资质条件、以往业绩等情况。

②公司法定代表人证明。它包括资格证明文件（营业执照、税务登记证、企业代码以及行业主管部门颁发的资质等级证书、授权书、代理协议书等）、资信证明文件（保函、已履行的合同及商户意见书、中介机构或银行出具的财务状况书等）。

③公司对合同意向的承诺。它包括对承包方式、价款计算方式、服务款项收取方式、材料设备供应方式等情况的说明。

④物业管理专案小组的配备。其简要介绍主要负责人的职务、以往业绩等。

⑤物业管理组织实施规划等。其说明该物业管理运作中的人员安排、工作规划、财务管理等内容。

⑥整改承诺。针对后期物业再投标的物业，按甲方要求量身定制整改承诺。

2）物业管理投标书的主要内容

物业管理投标书除了按规定格式回答招标文件中的问题外，最主要的内容是介绍物业管理要点和物业管理服务内容、服务形式和费用。

（1）介绍本物业管理公司的概况和经历

其除了介绍本公司的概况外，主要介绍本公司以前管理过或正在管理的物业的名称、地址、类型、数量，要指出对类似此次招标物业的物业管理经验和成果，并介绍主要负责人的专业、物业管理经历和经验。

（2）分析投标物业的管理要点

它主要是指出此次投标物业的特点和日后管理上的特点、难点，可列举说明，还要分析租用户对此类物业及管理上的期望、要求等。

（3）介绍本公司将提供的管理服务内容及功能

①开发设计建设期间的管理服务内容：简要介绍物业管理公司前期介入所应考虑的问题及其意义。下面就各方面的问题进行具体介绍：

第一，对投标物业的设计图纸提供专业意见。投标公司应从物业建成后管理的角度出发，考虑设计图纸是否具有操作的可行性，是否方便用户，有时甚至可以就物业的发展趋势提出一些有利于日后运用先进技术管理的设计预留建议。

第二，对投标物业的设施提供专业意见。投标公司应从使用者的角度考虑设施的配置能否满足住户的普遍需要。

第三，对投标物业的建筑施工提供专业意见并进行监督。它包括参与开发商重大修改会议，向业主提供设备保养、维护等方面的建议。

第四，提出本投标物业的特别管理建议。主要就先前所分析到的管理难点有针对性地提出施工方面的建议，以利于日后管理。

②物业竣工验收前的管理服务内容：

第一，制订员工培训计划，详细说明员工培训的课程内容，以及经培训后员工所应具备的素质。

第二，制定租约条款、管理制度和租用户手册。

第三，列出财务预算方案，指出日常运作费用支出，确定日后收费基础。

③用户入住及装修期间的管理服务内容：

第一，用户入住办理移交手续的管理服务，说明物业管理公司在用户入住时应向用户解释的事项及其应当承办的工作。

第二，用户装修工程及物料运送的管理服务，规定用户装修时应注意的问题及应提交的文件。

第三，迁入与安全管理服务，说明物业管理公司应当采取哪些措施，规定业主应遵守的规章制度。

④管理运作服务内容：

第一，物业管理人力安排。编制物业管理组织运作图，说明各部门人员职责及其相互关系。

第二，保安服务。它包括聘任与培训员工，设立与实施保安制度等应采取的措施。

第三，清洁服务。它包括拟定清洁标准，分包清洁工作的措施，监督清洁工作，以及保证清洁标准的其他措施。

第四，维修保养服务。编制维修计划，安排技术工程师监督保养工作的实施。

第五，财务管理服务。它包括制定预算，代收管理费，处理收支账目、管理账户等。

第六，绿化园艺管理服务。它包括配置园艺工、布置盆栽、节日的装饰工作等。

第七，租赁管理服务。这是针对承租用户的管理工作，包括收取租金，提供租约，监督租户遵守规章等工作。

第八，与租用户联系及管理报告。它主要包括通知、拜访用户，了解情况，并定期向业主大会报告管理情况等工作。

第九，其他管理服务内容。补充说明由于招标物业的特殊功用或业主特殊要求而需要的其他特定服务。

⑤说明将提供服务的形式、费用和期限。服务形式一般分为直接管理和顾问管理，费用和合同期限与服务形式有关。投标方应按照招标人的意见选定服务形式并报价和确定合同期限。

【实战演练7-1】

某物业项目组织公开招标，在招标文件中开发商明确规定物业服务企业信用等级为二级以上，应在物业接管验收期间就接管物业开展工作；在服务内容上，除普通日常管理外，还要求能够提供病人照料、老年人护理及儿童接上学放学等特约内容。投标截止日期为6月8日下午3时。

甲企业标书：在6月7日送达，8日上午又递送一份补充材料。

乙企业标书：投标文件虽无法定代表人签字和委托人授权书，但投标文件均已有项目经理签字并加盖了公章。

丙企业标书：没有提出提供特殊服务的保证措施。

丁企业标书：注明接管物业日期为竣工验收之后一个月。

戊企业标书：是两个以上物业服务企业共同协议招标，其中一家的信用等级为二级，另一家的信用等级为三级。

问题：上述标书是否是有效标书？

7.4 物业管理开标、评标和定标

7.4.1 物业管理开标

开标是指招标机构在预先规定的时间将各投标人的投标文件正式启封揭晓。

1）开标时间及地点

开标应当在招标文件确定的提交投标文件截止时间的同一时间公开进行；招标人应按规定时间开标，不宜拖延。如遇特殊情况，例如购买招标文件的公司数目太少时，也可以推迟开标，但必须事先以书面形式通知各投标公司。开标地点应当为招标文件中预先确定的地点。

2）开标组织

开标由招标委员会主持，并邀请所有投标人参加。另外，通常还邀请当地招标投标管理机构、标底编制单位有关人员及公证机构参加，否则开标无效。

3）开标程序

开标时，由投标人或者其推选的代表检查投标文件的密封情况，也可以由招标人委托的公证机构检查并公证；经确认无误后，由工作人员当众拆封，宣读投标人名称、投标价格和投标文件的其他主要内容。

招标人在招标文件要求提交投标文件的截止时间前收到的所有投标文件，开标时都应当众予以拆封、宣读。

由评标委员会主席逐个启封投标文件，检查是否合格。不合格的标书包括以下几种情况：①未密封或密封后未加盖投标企业公章的标书；②未加盖投标企业法人代表印鉴或法人代表未签字的标书；③逾期送达的标书；④投标企业法人代表未能按时参加开标会议的；⑤未按格式填写、字迹潦草难以辨认或内容不全的标书；⑥其他违反“投标人须知”的标书。不合格标书应当场宣布作废。

开标过程应当记录，并由招标人存档备查。

【案例分析7-6】

某小区物业招标，业主委员会依法进行了公开招标，并委托代理公司代为招标。在该工程招标过程中，相继发生了下述事件：

事件一：招标公告发布后，有10家单位参加了资格预审报名。招标代理公司经过对这10家单位进行资格审查，确定A、B、C、D、E、F共6家单位为投标人。但业主委员会指示代理公司不得向B公司发售招标文件。

事件二：C公司为承揽到该项目，拉拢评标委员会委员张某。C公司以咨询业务为名，经常请他吃喝玩乐，并送给他现金和其他贵重物品。张某积极为郑某提供“咨询”服务，不断泄漏招投标中的有关保密事项。

事件三：在现场踏勘中，C公司的技术人员对现场进行了补充勘察，并当场向招标人员指出招标文件中地质资料有误。招标人员则口头答复：“如果招标文件中的地质资料确属错误，可按照贵公司勘察数据编制投标文件。”

事件四：投标人D在编制投标书时，于截标日期前两天将投标书报送招标人。日后，D公司又提交一份降价补充文件。但招标人的工作人以“一标一投”为由拒绝接受该减价补充文件。

事件五：开标时，由于交通堵塞，有关领导不能准时到会。招标人临时决定将开标会议推迟至提交投标书截止时间后1小时举行，开标会议由市房地产管理部门主任亲自主持。

资料来源：作者根据相关资料整理编写。

分析：事件一：业主委员会做法不妥。业主委员会不得以任何理由排斥投标人的竞争，否则违反公平原则。事件二：评标委员会及其亲属不得以任何形式在招标前后接受各参加投标单位的宴请和任何礼品。事件三：C公司技术人员口头提问不妥，投标人对招标文件有异议，应当以书面形式提出；招标人员当场答复也不妥，招标人应当将各个投标人的书面质疑，统一回答，并形成书面答疑文件，寄送给所有得到招标文件的投标人。事件四：招标人工作人员拒绝投标人的补充文件不妥，投标人在提交投标文件截止时间前可以修改其投标文件。事件五：招标人临时推迟开标时间不妥，应当按照招标文件规定的时间准时召开开标会议；开标会议由房地产管理部门主任主持不妥，应当由招标人主持开标会议。

7.4.2 物业管理评标

评标是指开标之后，评标委员会本着公平、公开、公正的原则，对投标书进行评定，并由招标委员会选择报价较低、资信条件较好的投标企业进入合同签订谈判阶段。招标人应当采取必要的措施，保证评标在严格保密的情况下进行。任何单位和个人不得非法干预，影响评标的过程和结果。

1）评标机构

评标由招标人依法组建的评标委员会负责。依法必须进行招标的项目，其评标委员会由招标人代表和有关技术、经济等方面的专家组成，成员人数为5人以上单数，其中技术、经济等方面的专家不得少于成员总数的2/3。

与投标人有利害关系的人不得进入相关项目的评标委员会，已经进入的应当更换。评标委员会成员应当客观、公正地履行职务，遵守职业道德，对所提出的评审意见承担个人责任。评标委员会成员的名单在中标结果确定前应当严格保密。

《招标投标法》规定，评标委员会成员不得收受他人贿赂，也不得向他人透露任何有关评标过程中的相关细节及评标结果，如有违反，给予警告，没收收受的财物，可以并处3 000元以上50 000元以下的罚款，对有所列违法行为的评标委员会成员取消担任评标委员会成员的资格，不得再参加任何依法必须进行招标的项目的评标；构成犯罪的，依法追究刑事责任。

2）物业管理评标的过程与内容

（1）对标书进行初步评议。它主要包括对投标人投标资格的审查及投标内容的完整性检查。如果标书中有含义不明确的内容，评标委员会可以要求投标人加以澄清或者说明，但是澄清或者说明不得超出投标文件的范围或者改变投标文件的实质性内容。

（2）对标书进行详细评审。通常，这一工作包括服务内容评审、标价评审及承包条件评审三大部分。

服务内容评审包括：①投标文件是否包含了招标文件所要求提交的各项内容，且内容是否相一致；②投标企业就保证服务质量所采取的一系列措施是否具有可行性；③如果投标企业打算采用分包方式，其分包公司情况如何，是否具备分包实力；④投标企业是否考虑到环境因素的影响；⑤投标企业对招标物业的服务要求是否存在保留或有何建议。

标价评审主要包括：①投标企业报价构成及与标底的差异；②投标企业报价构成的合理性分析；③判断投标文件资金使用计划的合理性；④调查投标企业的财务能力和资

信状况，作为对其报价可信度的补充说明。

对于承包条件评审，如果投标企业在投标书中要求修改承包条件，评标委员会可分别从其可行性和技术可靠性两方面来进行评审。若该建议切实可行且报价合理，评标委员会可考虑修改承包条件。

（3）召开现场答辩会。通过召开现场答辩会，评标委员会能澄清部分标书中内容表达不确切或有疑问的地方，使其充分了解投标企业所制作投标书的内容和投标意图，帮助评标委员会对所有投标企业递送的标书作出正确合理的判断和评价。

（4）编写评标报告。评标委员会按照招标文件确定的评标标准和方法，对投标文件进行评审并编写评标报告。另外，评标委员会还负责向招标方推荐中标候选人。

7.4.3　物业管理定标

定标也称决标，是指业主委员会或开发商根据评标委员会对所有标书进行的筛选评定结果再次评审，并最终确定中标人的过程。

定标包括以下程序：

1）确定中标企业

招标人根据评标委员会提出的书面评标报告和推荐的中标候选人确定中标人。招标人也可以授权评标委员会直接确定中标人。

中标人的投标应当符合下列条件之一：

（1）能够最大限度地满足招标文件中规定的各项综合评价标准；

（2）能够满足招标文件的实质性要求，并且经评审，投标价格最低，但是投标价格低于成本的除外。

2）向中标企业发出中标通知书

中标人确定后，招标人应当向中标人发出中标通知书，并同时将中标结果通知所有未中标的投标人。招标人和中标人应当自中标通知书发出之日起30日内，按照招标文件和中标人的投标文件订立书面合同。招标人和中标人不得再行订立背离合同实质性内容的其他协议。《招标投标法》规定，招标人与中标人不按照招标文件和中标人的投标文件订立合同的，或者招标人、中标人订立背离合同实质性内容的协议的，责令其改正；可以处中标项目金额5‰以上10‰以下的罚款。

中标通知书对招标人和中标人具有法律效力。如中标人放弃中标项目或不按照与招标人订立的合同履行义务，履约保证金不予退还，并对招标人的相关损失承担赔偿责任。情节严重的，取消其2年至5年内参加依法必须进行招标的项目的投标资格并予以公告，直至由市场监督管理部门吊销其营业执照。

【案例分析7–7】

A公司接到成都某开发商（以下简称B公司）发出的招标邀请，参加了B公司举办的大型住宅区物业管理招投标活动。两个月后，A公司接到B公司向其发出的“中标通知书”，通知A公司中标。A公司依照约定前往成都B公司签订“物业管理委托合同”。到达成都后，A公司发现B公司同时向三家物业管理公司发出了“中标通知书”，A公司要求依照投标书中的内容签订合同，但B公司表示，需要就物业管理委托合同的主要条款与三家物业管理公司再进行协商，并根据协商的结果确定与哪家物业管理公司签订正式合同。

资料来源：作者根据相关资料整理编写。

分析：在本案中，招标人给A公司发出的“中标通知书”可视为有效承诺，《民法典》第四百八十三条规定：“承诺生效时合同成立。”因此，这份合同对A公司及招标人（即B公司）均产生法律约束力。同理，B公司与其他两家物业管理公司就同一项目发出的“中标通知书”也可视为有效承诺，相应地，其物业管理委托合同均可视同正式成立。事实上，三份合同只有一份能够得到履行，B公司的行为必然会带来其他两家物业公司对违反合同的违约索赔。

另外，根据我国《招标投标法》的规定，为了保证招投标活动的公平、公正，招标人和中标人不得协商签订背离合同实质内容的条款。因此，B公司在招投标活动结束后与中标人再协商合同的主要条款是违法的。

7.4.4 物业投标书制作

1）投标报名&招标文件购买

招标文件购买：详细阅读招标文件规定的报名方式、报名所需提供的资料及报名费用，并准备报名所需的资料及报名费用，注意报名截止日期。

报名方式分为：现场报名或传真报名（详见各招标文件具体要求）。

现场报名：需携带报名所需的资质文件及报名费用到指定地点进行报名。报完名后，向招标代理机构索取招标文件和发票或收据。

传真报名：需将招标文件要求的资质文件、报名函及报名费用汇款凭证传真至招标文件指定的传真号码，传真后打电话确认招标代理机构是否收到并索取招标文件。

报名常用资质文件包括但不限于：法人代表授权委托书、投标单位三证、报名费用缴纳凭证或现金、报名函。

报名时间：如果时间允许，应在报名截止最后一天报名，前期报名材料需准备好。

2）报名费&保证金缴纳

报名费用缴纳方式：现金缴纳或银行转账。

现金缴纳：需要委托代理人携带招标文件规定的报名费用到招标文件要求的指定地点进行现场缴纳并索取发票或收据。

银行转账：标明招标编号及用途，将汇款凭证传真至招标代理机构，并打电话确认。

投标保证金缴纳方式：银行转账或电汇、现金缴纳、银行汇票等形式。（具体操作需严格按照招标文件要求执行）。

保证金不能及时到账而错过时间废标。

汇款完成后内应打电话咨询招标机构是否保证金已到账。

保证金汇款回单必须扫描交给制作标书人员，并按招标文件要求密封。

3）阅读分析标书

技术人员和商务人员分工，认真阅读招标文件2～3遍，对招标文件个别条款不明确的，应及时与招标机构沟通，标示出重点部分及必须提供的材料，最好建立个备忘表（有些材料必须得提供，否则会导致废标）。

思考以下问题：

（1）招标人是哪个单位的？

（2）哪些是控标点？

（3）报价有哪些要求？

（4）哪些材料需要及时处理？

（5）判断是哪种品牌的标的？

（6）是否需要寻求合作伙伴？

（7）我们的竞争对手有哪些？

（8）是否需要厂家授权？

（9）哪些要求我司达不到？

（10）装订密封、份数要求。

（11）业绩要求（合同）、财务报表。

…………

4）制作标书

一般标书的结构分为：商务部分；技术部分；报价部分（但招标文件特殊要求格式除外）

商务部分：

一般包括投标人说明、厂家介绍、业绩、合同、产品授权书、法人授权书、三证、资格证书、交货期、付款方式、售后服务、承诺书、商务偏离表、商务应答、备品备件专用工具清单等，要严格按照标书内容要求及顺序编写。

注意事项

（1）成功案例 要将主要业绩（案例图片）放在突出位置，黑体。

（2）资质文件 检查有效性，避免放错文件或者放入过期文件。

（3）厂家授权 先扫描后原件寄送投标单位，注意快递时间。

（4）业绩合同 注意合同金额、时间是否要体现，原则上体现高价。

技术部分：

包括投标设备技术说明、图纸设计、技术参数、产品配置、技术规格偏离表，技术力量简介、安装施工方案、产品质量、产品简介、产品彩页等等，要严格按照标书内容要求及顺序编写。

关于技术偏离表

（1）偏离说明：正偏离、负偏离、无偏离。

（2）如投标产品的技术指标优于招标要求即为正偏离，反之为负偏离，符合招标要求即为无偏离。

（3）要完全响应或者超越其要求，绝对不能填写满足不了的参数，一定要让参数相对应，不可串行。

（4）多写正偏离，换种语言文字描述，写明投标产品的技术参数特点、产品优势。

（5）正偏离描述要加粗或用其他醒目符号，例如，★或▲。

报价部分

（1）一定要有：报价一览表（总价）、分项报价表。

（2）报价表中设备名称、品牌、型号、数量、参数等是否与招投标文件一致。

（3）大小写是否正确同时、数目是否相符。

（4）注意报价表中货币单位前后一致，是否安装招标文件要求。

（5）格式一定要和招标方要求的格式一样。

（6）要多打印几份空白报价备用。

5）标书目录编排

初次目标编排：根据招标文件的要求，初步编写投标文件目录；为了方便收集投标书的资料。对评分点、控标点、优势应在初步目录中标注，其目的是让标书制作者重视该部分文档。

后期编排：按事先拟定好的投标文件目录，对正文内容的标题设置为标题1、标题2、标题3、标题4等，然后自动生成投标文件的目录，对目录设置大小字体格式、行间距等。目录尽量做到详细明了，便于评标者迅速查找关键点，若要提交电子版的投标文件，需设置好目录索引。

6）编辑技巧

制作标书常用的内容：

在标书制作前，对于标书内容常要填空的名称（如公司名称、投标人、日期、投标项目、项目编号等）单独提供制作一个文件（格式与投标文件要求格式一致），这样可实现快速复制，提高效率且可以保证所有的制作日期时间显示均一样。

图文混合排版注意事项：

图片插入后不要用衬于文字上方、下方、文字中间（特别是低版本的word）等这样的格式。如真的需要这样操作，可以利用表格，将图片插入表格所需要的位置，再将表格的边线设为无即可。

7）标书交叉检查

（1）在标书电子版制作完成后，让参与人员进行交叉检查，对错误的地方进行指正修改，并通报各个组员以防重复出现错误。

（2）正本制作 正副本内容一致，正本是整个招标的依据，所以要审慎再三，方可打印。

（3）字体、格式是否统一。

（4）审查报价产品名细是否符合招标产品需求明细（包括产品型号和数量），分项（分包）报价是否符合和正确，这点一定要仔细查对。

（5）审查报价表中的分报价和总报价的计算、大小写是否正确，报价表、投标一览表、投标函中的报价大小写是否一致，进行仔细核对和校对。

（6）审查开标文件书写格式是否与招标方的要求一致。

（7）互审过的文档要重命名，例如**11，**22，**最终。

（8）各个文档要详细命名，并存放清楚。

8）标书打印&装订

（1）打印标书，按招标文件要求打印标书正本、副本、封面，封条，报价一般在公司打印即可。

（2）需检查排版是否有错乱，确认后才可打印。

（3）错误的纸质文档应带回公司作废处理。

（4）图片需彩打，其他文本黑白即可。

（5）认真核对有无缺页、夹页、顺序颠倒、页面倒转现象。

（6）对于大项目需打印一份给投标代表使用。

（7）打印后需及时彻底删除文档。

（8）按照招标文件要求和实际情况，进行打孔装订或胶装。

9）标书签字&盖章

（1）需签字处：含授权书法人代表、投标代表签字。

（2）需盖章处：骑缝章、封面、封条、报价表、投标单位名称、“与原件一致”、签字处。

10）标书最后审查

（1）审查是否有漏签字、漏盖章处。

（2）招标文件要求的文档资料是否有放齐全。

（3）是否需要将原件、彩页放入标书中。

（4）标书中是否有其他未发现的错误。

11）标书文件密封

（1）按招标文件要求将正本、副本、报价文件单独密封文件进行单独封装，在文件袋封面和“于***时之前不得启封处”等加盖公章。

（2）若需要提交电子文档，将和正本一起封装。

（3）如有条件的话可以单独制作一个投标专用箱将所有文件装在一起，既方便又美观。

（4）封口：在未得到项目负责人或投标代表同意的前提下，投标文件封口不得密封。应贴好双面胶及盖好骑缝章后预留封口，由投标代表整理后自行密封。

12）开标前准备

（1）查询登记：开标时间、开标地点、招标机构联系人、联系电话、乘车路线、交通方式、乘车时间。

（2）整理收集：招标文件、投标文件明细清单及招标文件规定其他在开标前需要提交的资料。

（3）资料如下：包括但不限于：投标代表人身份证原件及复印件加盖公章、报名函证明、投标保证金缴纳凭证加盖公章或现金、彩页、代理证书、合同原件、公章（若可以）、印盒、文具等。

13）开标现场

（1）记录开标情况，如各投标单位名称、数量、投标产品、投标价格、投标代表、评分排名、预中标单位等。

（2）可与其他投标单位交流，但不透露对公司不利的事情，特别是本次投标价格。

（3）记录招标单位负责人、评委、关键人。

（4）注意讲标时间（5～10分），对评分关键点和投标产品的优势进行重点描述。

14）常见专家提问问题整理

（1）你们产品有什么优势？

（2）你们的产品在哪里有什么成功案例？

（3）你们的厂家实力怎么样？

（4）你们的产品太贵了？

（5）其他投标单位都降了xx钱，你们降多少？

（6）你们有赠送其他什么设备吗？

（7）你们的售后服务是什么样的？

……

15）标后的整理、跟进工作

（1）如果没有确定投标结果，应及时向领导汇报，后期应及时跟踪。

（2）如果中标，及时向领导汇报，感谢评标专家，跟踪到项目签订内部合同为止。

（3）如果落标，分析落标原因，填写到标书登记表中。

（4）标公告公示期满后，办理中标通知书领取、投标保证金退还、中标单位中标服务费缴纳、合同签订等跟进工作。具体办理应与招标机构沟通。

本章小结

物业管理招标是指房地产开发商或业主委员会等物业管理市场主体，通过编制符合其管理服务要求和标准的招标文件，向社会招聘，并采取科学方法进行分析和判断，最终确定最佳的物业服务企业并与之订立物业管理合同的过程。物业管理招标大致可分为公开招标、邀请招标和议标三种方式。物业管理招标应遵循“公开、公平、公正、诚实信用”的原则。招标人可自行组织成立招标机构，也可委托具有相应资质的招标代理机构招标。

所谓物业管理投标是指符合招标文件要求的物业服务企业，按照公布的招标文件中确定的各项管理服务要求与标准，根据国家有关法律、法规与本企业管理条件和水平，编制投标文件，积极参与投标活动的整个过程。物业管理投标应贯彻真实性原则和合理竞争原则。

招标人在招标文件要求提交投标文件的截止时间前收到的所有投标文件，开标时都应当众予以拆封、宣读。评标委员会应本着公平、公开、公正的原则，选择报价较低、资信条件较好的投标企业进入合同签订谈判阶段。招标人应当采取必要的措施，保证评标在严格保密的情况下进行。

招标人和中标人应当自中标通知书发出之日起30日内，按照招标文件和中标人的投标文件订立书面合同。招标人和中标人不得再行订立背离合同实质性内容的其他协议。

关键概念

物业管理招标　议标　物业管理投标　开标　评标　定标

基础知识练习

△ 选择题

1. 物业管理招标方式类型有（　　）。

A. 公开招标　　B. 邀请招标

C. 议标　　D. 合作招标

2. 可以对物业管理进行招标的机构有（　　）。

A. 招标代理机构　　B. 开发商

C. 政府主管部门　　D. 业主

3. 物业管理投标书的内容是介绍（　　）。

A. 物业管理要点　　B. 物业管理服务内容

C. 物业服务形式　　D. 物业服务费用

△ 判断题

1. 投标书中可以不要附件。（　　）

2. 投标人上交投标书后，工作人员可以随时拆封该标书。（　　）

3. 中标人确定后，招标人应当向中标人发出中标通知书，可不将中标结果通知所有未中标的投标人。（　　）

△ 思考题

1. 物业管理招投标应遵循哪些原则？

2. 邀请招标和议标有什么区别？

3. 简述物业管理投标的程序。

4. 中标人的投标应当符合什么条件？是不是报价最低的一定能中标？为什么？

实践操作训练

△ 案例题

某小区在选聘物业管理企业时发生纠纷，物业管理企业的选聘是通过招投标产生，评标结果A公司中标。但是通过业主大会时，大约二分之一的用户同意A物业管理公司入住，原因是该企业的费用测算中人员工资等项目较低，那么相应的物业管理费用是投标中最低的；另三分之一的用户同意B公司入住，原因是B公司的物业固定资产不需要业主出资购买；剩下的住户不想发表意见，觉得谁进入都可以；由于这种情况业主委员会采取哪种方案都不能通过全体2/3以上业主通过，因此不能决定，请问你如何看待和解决此问题？

△ 实训题

[实训情境设计]

位于××市的新城置业有限公司拟对其开发的“新城苑”小区在全国范围内进行公开招标。该小区占地面积150亩，总建筑面积60 000平方米，有35栋7层住宅楼、1所幼儿园、1栋2层物业管理用户、1处地下停车库。小区预计2012年2月底交付。该开发公司新成立了“新城苑”物业管理招标办公室（电话×××-7896656）负责招标工作，该办公室宣称其发布招标文件（每套售价200元）的时间为2011年12月14日，接受招标书的截止日期是2011年12月30日。

[实训任务要求]

请选择合适的媒体以“新城苑”物业管理招标办公室的名义写一份招标公告。

[实训提示]

招标公告的具体内容可以根据招标人的具体要求变通，但标的、招标的对象、招标人名称、地址和通信方式、投标人应提交的文件、标书出售及要求等关键事项必须写明。

[实训效果评价表]

评价内容	分值（分）	评分（分）
媒体选择合理	20	
内容完整	30	
语言简洁明了	20	
格式正确	30	

注：考评满分为100分。60分以下为不及格；60~69分为及格；70~79分为中等；80~89分为良好；90分及以上为优秀。

第 8 章

物业服务合同

学习目标

通过本章的学习，要求了解物业服务合同的概念、特征和种类，理解并掌握物业服务合同订立的原则和程序，理解并掌握物业服务合同的主要内容，理解物业服务合同的履行、转让和终止。

引例

2010年7月，徐某在与某建设单位签订房屋买卖协议时，建设单位要求其签订前期物业服务合同。看了合同条款后，徐某认为物业服务费用太高，同时表示，自己只买房子，并没有委托建设单位选聘物业服务企业，因此拒绝签订物业服务合同。

分析：本案主要涉及建设单位是否有权选聘前期物业服务企业并与之签订《前期物业服务合同》以及业主能否拒绝签订前期物业服务合同的问题。

所谓前期物业服务是指在业主大会成立之前，由建设单位依法选聘物业服务企业进行物业管理。由于在业主大会成立之前，业主无法选聘物业服务企业进行管理，因此《物业管理条例》第二十一条和第二十二条规定，建设单位在销售物业之前，由建设单位制定临时管理规约并选聘物业服务企业购房人应遵守临时管理规约的约定。同时根据《物业管理条例》第二十五条规定，建设单位与物业买受人签订的买卖合同应当包含前期物业服务合同约定的内容。《最高人民法院关于审理物业服务纠纷案件具体应用法律若干问题的解释》第一条规定，建设单位依法与物业服务企业签订的前期物业服务合同，以及业主委员会与业主大会依法选聘的物业服务企业签订的物业服务合同，对业主具有约束力。

因此，本案中徐某是否签订物业服务合同并不影响前期物业服务合同的效力，同时对于物业管理规约也是无权拒绝遵守的。

当然，在前期物业服务合同中如出现损害业主利益的条款，徐某可提出修改意见，或在知道或应当知道的一年期限内起诉至法院要求撤销。另外，《物业管理条例》和《前期物业管理招投标管理暂行办法》规定，招标单位应将有关的招标过程和结果的资料送到房地产行政主管部门登记备案，通过备案，可以对前期物业管理合同内容进行有效的监管；同时，对于住宅物业不经过招投标选聘物业服务企业以及物业服务合同擅自改变招投标文件实质内容的情况也规定了一定的处罚措施。本案中，如果徐某发现物业服务合同的内容侵犯了业主的合法利益，也可以向房地产行政主管部门举报，要求它们作出处理决定。

资料来源：佚名. 业主不能拒绝前期物业服务合同［EB/OL］.［2014-03-24］. http://lawyer.fabao365.com/219139/article_154735.

为了了解物业服务合同相关内容，本章将主要介绍有关物业服务合同种类、内容、效力和履行等知识。

8.1 合同概述

8.1.1 合同的概念和特征

1）概念

《民法典》第四百六十四条规定："合同是民事主体之间设立、变更、终止民事法律关系的协议。”

2020年5月28日，十三届全国人大三次会议表决通过了《中华人民共和国民法典》（简称《民法典》），自2021年1月1日起施行。婚姻法、继承法、民法通则、收养法、担保法、合同法、物权法、侵权责任法、民法总则同时废止。

拓展阅读8-1

《中华人民共和国民法典》

2）特征

合同具有以下法律特征：

（1）合同是一种民事法律行为。合同以意思表示为要素，并且按照意思表示的内容赋予法律效果，故为民事法律行为，而非事实行为。

（2）合同是两方以上的当事人意思表示一致的民事法律行为。合同的成立必须有两方以上的当事人，他们相互为意思表示，并且意思表示相一致。这是合同区别于单方法律行为的重要标志。

（3）合同是以设立、变更、终止民事权利义务关系为目的的民事法律行为。任何法律行为均有目的性，合同的目的性在于设立、变更、终止民事权利义务关系。

（4）合同是当事人各方在平等、自愿的基础上实施的民事法律行为。在民法上，当事人各方在订立合同时的法律地位是平等的，其所作的意思表示是民主、自愿的。

8.1.2　合同的分类

1）双务合同与单务合同

根据当事人双方对权利义务的分担方式，合同可以分为双务合同与单务合同。双务合同是指双方当事人相互享有权利、承担义务的合同，如买卖、租赁、承揽等合同均属此类。单务合同是指当事人一方只享受权利，另一方只承担义务的合同，如赠与合同、借用合同等。

2）有偿合同与无偿合同

根据当事人取得权益是否必须付出相应代价，合同分为有偿合同与无偿合同。有偿合同是指当事人一方享有合同规定的权益，必须向对方当事人偿付相应代价的合同，如买卖、租赁、保险等合同。无偿合同是指当事人一方享有合同规定的权益，不必向对方当事人偿付相应代价的合同，如赠与、借用等合同。

3）诺成合同与实践合同

根据合同的成立是否须交付标的物，合同分为诺成合同与实践合同。诺成合同是指当事人各方的意思表示一致即成立的合同。实践合同，又称要物合同，是指除双方当事人的意思表示一致以外，尚需交付标的物才能成立的合同。

4）要式合同与非要式合同

根据合同的成立是否必须采用法律要求的形式，合同分为要式合同与非要式合同。要式合同是指法律要求必须具备一定的形式的合同。非要式合同是指法律不要求必须具备一定的形式的合同。

5）为订约人自己利益订立的合同与为第三人利益订立的合同

根据是否为订约人自己的利益订立合同，分为为订约人自己利益订立的合同与为第三人利益订立的合同。为订约人自己利益订立的合同，是指合同当事人为自己约定并享受利益，第三人与合同当事人相互之间不得主张合同权利和追究合同责任的合同。为第三人利益订立的合同，是指当事人为第三人设定了合同的权利，由第三人取得利益的合同。

6）有名合同与无名合同

根据法律是否有规定并赋予一个特定名称，分为有名合同与无名合同。有名合同，又称典型合同，是指法律有规定，并赋予一定名称的合同，如买卖、借款、租赁等合同。无名合同，又称非典型合同，是指法律尚未特别规定，亦未赋予一定名称的合同。

8.1.3 合同订立的基本原则

1）平等原则

，在法律地位上一律平等，任何一方不受他方意志的支配，不得无偿剥夺和占有他方财产，不得只享受权利不承担义务。《民典法》第四条规定："民事主体在民事活动中的法律地位一律平等。"

2）合同自愿原则

《民典法》第五条规定："民事主体从事民事活动，应当遵循自愿原则，按照自己的意思设立、变更、终止民事法律关系。"

合同自愿要求在合同订立中减少公权力的干预。但是，现代各国法律也普遍承认，契约自由不可能是绝对的，自由应该符合法律、行政法规的要求，并不得损害国家利益和他人利益，也不能违背社会公共利益。

3）公平原则

《民典法》第六条规定："民事主体从事民事活动，应当遵循公平原则，合理确定各方的权利和义务。"

4）诚实信用原则

《民典法》第七条规定："民事主体从事民事活动，应当遵循诚信原则，秉持诚实，恪守承诺。"

5）守法原则

《民典法》第八条规定："民事主体从事民事活动，不得违反法律，不得违背公序良俗。"

6）效力法定原则

《民典法》第九条规定："处理民事纠纷，应当依照法律；法律没有规定的，可以适用习惯，但是不得违背公序良俗。"

8.1.4 合同的内容和形式

1）合同内容

合同，作为民事法律行为，其内容就是合同条款（意思表示的表现形式）。为了示范较完备的合同条款，《民典法》第四百七十条规定了如下条款提示缔约人：

（1）当事人的名称或者姓名和住所。这是一切合同的主要条款。当事人是合同权利义务的承受者，没有当事人，合同权利义务就失去存在的意义，因此，订立合同必须要有当事人这一条款。当事人由其名称或姓名及住所加以特定化、固定化，所以，合同必须写明当事人的名称或姓名及住所。

（2）标的。这也是一切合同的主要条款。标的是合同权利义务指向的对象。标的条款必须清楚地写明标的名称，以使标的特定化，能够界定权利义务。

（3）质量和数量。标的的质量需详细具体化，如标的的技术指标、质量要求、规格、型号等都要明确。标的的数量要确切。

（4）价款或者报酬。价款是取得标的物所应支付的代价，报酬是获得服务所应支付的代价。

（5）履行期限、地点和方式。履行期限直接关系到合同义务完成的时间，涉及当事人的期限利益，也是确定违约与否的因素之一。履行地点是确定验收地点的依据，还是确定诉讼管辖的依据之一。履行方式，如是一次交付还是分期分批交付，同样事关当事人的物质利益，合同中应写明。

（6）违约责任。违约责任是促使当事人履行义务，使守约方免受或少受损失的法律措施，对当事人的利益关系重大，合同对此应予以明确，如违约致损的计算方法、赔偿范围等。

（7）解决争议的方法。解决争议的方法，指有关解决争议的程序、法律适用、检验或鉴定机构的选择等。

2）合同形式

《民典法》第四百六十九条规定："当事人订立合同，可以采用书面形式、口头形式或者其他形式。"

（1）口头形式。口头形式是指当事人以口头约定的方式订立的合同。

（2）书面形式。书面形式是合同书、信件、电报、电传、传真等可以有形地表现所载内容的形式。以电子数据交换、电子邮件等方式能够有形地表现所载内容，并可以随时调取查用的数据电文，视为书面形式。

（3）其他形式。实践中，其他形式的合同包括：车票、船票、机票等合同凭证；保险单、实际履行行为等。

8.2　物业服务合同概述

8.2.1　物业服务合同的概念和特征

1）物业服务合同的概念

物业服务合同是物业服务人在物业服务区域内，为业主提供建筑物及其附属设施的维修养护、环境卫生和相关秩序的管理维护等物业服务，业主支付物业费的合同（《民法典》定义）。

2）物业服务合同的特征

（1）物业服务合同的双方当事人都有特定的身份。物业服务合同的委托方主要有两个：一是房地产建设单位，在业主委员会成立前作为物业服务合同的一方当事人；另一个是业主委员会，在业主委员会成立后作为物业服务合同的一方当事人。受托方是物业服务企业。

拓展阅读8-2

《物业服务合同》

需要指出的是，虽然物业服务合同是对业主提供服务的合同，但由于物业服务企业实施的物业管理活动是对一定区域内的全部物业进行管理服务，也就是为全体业主服务，所以某一个或数个业主不能作为物业管理合同的主体。由于业主人数众多，想法也不统一，这就需要业主大会的执行机构——业主委员会，代表大多数业主的意志与物业服务企业签订物业服务合同。

（2）物业服务合同是以约定有关当事人在物业服务中的权利义务关系为主要内容的。物业服务合同以物业管理服务为核心。围绕物业管理服务，有关当事人经过充分的协商，拟定各方在物业管理服务方面的权利义务关系。

（3）物业服务合同是双务合同、有偿合同、诺成合同、要式合同。物业服务合同是双务合同。在物业服务合同中，双方当事人都享有权利，同时承担义务，如物业服务企业要提供合同约定的服务，业主应按约向物业服务企业支付费用。物业服务合同是有偿合同，物业服务企业提供的是有偿服务，业主要交纳物业服务费用。物业服务合同是业主委员会与物业服务企业就合同内容达成一致后签订的合同，是诺成合同。根据相关法律，物业服务合同必须采用书面形式订立，所以，物业服务合同为要式合同。

8.2.2 物业服务合同的种类

物业服务合同可以分为前期物业服务合同和物业服务合同两大类。

1）前期物业服务合同

前期物业服务合同是在业主、业主大会选聘物业服务企业之前，建设单位选聘物业服务企业时与物业服务企业签订的旨在明确双方权利义务关系的协议。

需要指出的是，前期物业服务合同的当事人双方是建设单位和物业服务企业，业主并非当事人，在业主委员会成立并选聘物业服务企业之前，此合同对业主仍有约束力。因此，前期物业服务合同必须为业主设定相应的权利和义务。《物业管理条例》第二十五条规定："建设单位与物业买受人签订的买卖合同应当包含前期物业服务合同约定的内容。"《物业管理条例》第二十六条规定："前期物业服务合同可以约定期限；但是，期限未满、业主委员会与物业服务企业签订的物业服务合同生效的，前期物业服务合同终止。"

2）物业服务合同

物业服务合同是由业主委员会与业主大会依法选聘的物业服务企业就物业管理事项以及双方权利义务而订立的书面物业服务合同。当新建物业入住率达到一定比例（通常为50%或者50%以上）时，应召开业主大会，由业主大会选聘物业服务企业，并由业主委员会代表业主与物业服务企业签订物业服务合同。

【实战演练8-1】

孔某某为北京市昌平区某小区业主，甲物业公司与该小区开发商签订前期物业服务合同，接受委托为该小区提供前期物业管理服务。合同签订后，甲物业公司依约为该小区提供前期物业服务，然而业主孔某某却拖欠甲物业公司自2010年7月至2013年7月期间的物业费47 316元。经多次催要未果，甲物业公司最终将孔某某起诉至法院。庭审中，孔某某辩称自己购买房屋时，开发商曾承诺赠送3年的物业费，故不同意交纳上述费用。

问题：该业主是否应该交纳这笔费用？

8.2.3　物业服务合同的内容和形式

1）内容

《民典法》第四百七十条规定，合同一般包括以下条款：当事人的名称或者姓名和住所；标的；数量；质量；价款或者报酬；履行期限、地点和方式；违约责任；解决争议的方法等。与一般合同相比，物业服务合同的内容更具复杂性，根据《物业管理条例》，物业服务合同应对双方当事人的姓名或名称和住所、物业管理项目、管理事项、服务质量、服务费用、双方的权利义务、专项维修资金的管理与使用、物业管理用房、合同期限、违约责任等内容进行约定。

（1）双方当事人的姓名或名称和住所。

（2）物业管理项目，即接受管理的物业名称、位置、面积、四至界限等。

（3）物业管理事项。如房屋的使用、维修、养护；消防、电梯、机电设备、路灯、连廊、自行车房、园林绿化养护和管理；清洁卫生；车辆行驶及停泊；公共秩序；房地产主管部门规定或委托管理合同规定的其他物业管理事项。

（4）物业服务质量。对物业服务质量的标准和具体要求作出约定。

（5）物业服务费用，是指物业服务企业按照物业服务合同的约定，对房屋及配套设施设备和相关场地进行维修、养护、管理，维护相关区域内的环境卫生和秩序，向业主所收取的费用。物业服务的收费情况比较复杂，不同地区，不同的管理事项，收费标准也不同。《物业服务收费管理办法》规定："物业服务收费应当遵循合理、公开及费用与服务水平相适应的原则。"物业服务收费应当区分不同物业的性质和特点分别实行政府指导价和市场调节价。具体定价形式由省、自治区、直辖市人民政府价格主管部门会同房地产行政主管部门确定。

（6）双方权利义务。对双方的权利义务加以约定，如委托方享受服务、支付相关费用，受托方提供服务、收取费用等。

（7）专项维修资金的管理与使用。

（8）物业管理用房。对物业管理用房的位置和使用方式等作出约定。《物业管理条例》第38条规定："物业管理用房的所有权依法属于业主。未经业主大会同意，物业服务企业不得改变物业管理用房的用途。"

（9）合同期限，即合同的起止日期。

（10）违约责任。

2）形式

物业服务合同是要式合同，所以物业服务合同必须采用书面形式。

【案例分析8-1】

2010年1月11日，北京某物业管理有限公司（以下简称“某物业”）作为原告向北京市丰台区人民法院起诉，要求被告某小区业主王某支付2001年9月1日至2010年4月30日的物业费总计人民币30 452.85元，并支付违约金人民币119 378.37元。

原告诉称，被告王某为小区业主。2000年9月19日原告与被告签订了《物业管理协议书》和《客户手册》，原告于签订协议书的同时向被告提供物业管理服务。虽然《物业管理协议书》中约定该协议的有效期限从2000年9月19日起至2001年8月30日止，但在物业管理协议约定的期限届满后原告一直履行物业管理义务，故双方之间仍存在事实上的物业管理关系。故请求被告支付其拖欠的物业费和违约金。

被告王某辩称：

（1）原告在2000年6月30日与开发商签订《物业全权委托管理合同》时没有取得相应的法人资格和物业管理资质，故该合同应当自始无效，原告非本小区的前期物业。

（2）原告所主张的2001年9月1日至2007年8月31日的物业费已经超过了普通诉讼时效，故请求判决驳回原告的诉讼请求。

（3）原告物业服务不符合法律以及《物业管理协议书》中的约定，依据《民典法》的相关规定，因物业服务存在瑕疵的违约形态，故被告请求适当减少原告的物业管理费用。

（4）原告所主张的违约金过高，没有书面合同作为依据。虽然《物业管理协议书》中约定日违约金为标的的3‰，但有效期限从2000年9月19日起至2001年8月30日止，其已经失效，对原被告不再有拘束力，且其主张的违约金远远超过合同标的以及原告实际损失的数倍，故被告不同意支付违约金。

判决结果：法院认为，《物业全权委托管理合同》系双方真实意思表示的结果且不违反相关的法律和政策，当属有效。原告受开发商的委托进行物业管理。被告虽未与原告订立书面物业管理委托协议，但双方之间存在事实上的物业管理关系。被告享受了原告的物业服务后，也应依相关规定及时交纳物业管理费。原告要求被告支付违约金的诉讼请求，因双方之间并无约定，缺乏事实依据，本院不予支持。因向人民法院请求保护追索物业费的民事权利的诉讼时效期间为两年，现原告提供的证据不足以证明其在持续主张权利，故被告提出的原告起诉超过诉讼时效期间的意见，本院予以采信。被告提出原告服务质量不到位等辩解，虽提供照片等证据，但不足以证明其主张，故对被告的辩解，本院不予采信。综上，原告要求被告支付部分物业费的诉讼请求，本院予以支持。判决日下：

一、被告于本判决生效后七日内给付原告2007年9月1日至2010年4月30日期间的物业管理费8 363.17元。

二、驳回原告的其他诉讼请求。

资料来源：佚名. 物业服务合同纠纷案例分析［EB/OL］.［2014-05-16］. http：//3y.uu456.com/bp-4d1easc484868762caaedsb1-1.html.

分析：上述案例是未成立业主委员会的社区中经常发生的典型案例。因该小区至今没有成立业主委员会，单个业主又无法拒绝前期物业的物业服务，故无论前期物业服务质量如何，该小区业主都缺乏一个能够代表他们意思表示的机构维护他们的合法权益。

物业公司虽然没有书面的物业管理合同，但业主事实上接受了物业服务，物业公司可以要求业主交纳相应的物业服务费用。但事实的物业管理合同并不等同于书面《物业管理协议书》中权利义务的延续，因此本案中虽然在《物业管理协议书》中明确约定"日违约金为合同标的的3‰"，但最后法院仍认为，原告要求被告支付违约金的诉讼请求，因双方之间并无约定，缺乏事实依据，故最终驳回了原告的诉讼请求。故在审查法律关系时，应当注意区分事实物业管理合同和书面物业管理合同之间的区别。

8.3 物业服务合同的订立和效力

8.3.1 物业服务合同的订立

1）前期物业服务合同订立的程序

前期物业管理，是指在业主、业主大会选聘物业服务企业之前，由建设单位选聘的物业服务企业实施的物业管理。国家提倡建设单位按照房地产开发与物业管理相分离的原则，通过招投标的方式选聘具有相应资质的物业服务企业。为了规范物业管理招投标活动，保护招投标当事人的合法权益，促进物业管理市场的公平竞争，2003年6月26日建设部发布了《前期物业管理招标投标管理暂行办法》。该办法规定，前期物业服务合同按以下程序签订：

①招标。

②投标。

③开标、评标和中标。

2）物业服务合同的订立程序

物业服务合同通常依照一般的合同订立程序进行，与一般合同不同的是：

①业主大会选聘物业服务企业。由于物业服务合同的一方当事人为业主，因此，合同的签订首先需要业主选定物业服务企业。业主选择物业服务企业的方式是通过业主大会。根据《物业管理条例》的规定，选聘和解聘物业服务企业属于业主大会的特殊决定事项，即应当经专有部分占建筑物总面积2/3以上的业主且占总人数2/3以上的业主同意。

②业主委员会代表业主与物业服务企业签订物业服务合同。通常情况下，在一个物业管理区域内，业主人数众多，业主委员会作为业主大会的执行机构，是全体业主的代表，业主大会通过的决定对该物业管理区域内的全体业主具有法律约束力，业主委员会

代表业主签订的物业服务合同的效力同样涉及全体业主。

8.3.2 物业服务合同的效力

1）物业服务合同生效的条件

《民典法》第五百零二条规定："依法成立的合同，自成立时生效。"法律、行政法规规定应当办理批准、登记等手续生效的，依照其规定。物业服务合同有其特殊性，产生法律效力还需具备以下几个条件：

（1）主体合格

物业服务合同的主体是业主或房地产开发建设单位、物业服务企业。作为一方当事人，业主为数众多，因此物业服务合同是由业主委员会代表业主签订的，这就要涉及业主委员会的主体资格问题。我国目前在立法上将业主委员会确定为业主大会的执行机构，在地位上从属于业主大会，而业主大会的法律地位并不明确，各国对业主大会的主体资格也没有一个统一的规定。从理论上看，业主大会不具有法人资格。因为现行法律只要求业主委员会在成立后向主管部门备案，没有要求其依法进行登记注册，业主大会本身也没有独立的资金，不能独立承担民事责任，所以它既不具备企业法人资格，也不具备社团法人资格。但在建筑物区分所有权的情况下，全体业主依据其对房屋的专有权和对建筑物共用部分的持分权，依法对该物业管理区域内的事务享有知情权、决定权、监督权等。因此，在法律上应该承认业主大会的主体资格。业主委员会作为业主大会的执行机构，代表业主与物业服务企业签订物业服务合同，这表明业主委员会只有经过业主大会的授权，与业主大会选聘的物业服务企业签订物业服务合同才具有法律效力，由此产生的法律后果对全体业主产生约束力。否则，该物业服务合同不具有法律效力。

房地产开发建设单位是前期物业服务合同的一方当事人。在确认其主体资格时，主要考虑其法人资格，即是否具备法人条件及相应的权利能力、行为能力。

物业服务企业作为另一方当事人，其主体资格除必须是法人外，更多考虑的因素是物业服务企业的资质问题。《物业管理条例》第三十二条规定："从事物业管理活动的企业应当具有独立的法人资格。"《物业服务企业资质管理办法》对物业服务企业资质等级的划分、各资质等级物业服务企业的条件及各资质等级物业服务企业可以承接的物业管理项目等作出了具体规定。凡不具备相应资质等级的物业服务企业签订的物业服务合同均应认定为无效合同。

（2）双方意思表示真实自愿

合同的签订必须是双方的真实意思表示，任何一方都不能将自己的意思强加于另一方，意思表示的不真实、不自由都有可能导致合同的无效或被撤销。物业服务合同中，对于意思表示是否真实自愿主要存在以下两个问题：一是建设单位与物业服务企业签订的前期物业服务合同对业主仍有约束力。如果建设单位与业主在签订的购房合同中有欺诈、胁迫或其他侵犯业主合法权益的行为，业主可据此主张前期物业服务合同无效或撤销。二是物业服务合同是业主委员会代表业主与物业服务企业签订的。业主委员会代表的应该而且只能是大多数业主的意思，要使合同的每一项内容都得到全体业主的同意是十分困难的，因而经过业主大会讨论通过的决定，对全体业主具有法律约束力。

（3）内容合法

《民典法》第一百五十四条规定：“行为人与相对人恶意串通，损害他人合法权益的民事法律行为无效。”

（4）形式合乎要求

物业服务合同为要式合同。根据《物业管理条例》的规定，物业服务合同应当采取书面形式。

2）物业服务合同效力欠缺的后果

凡一方以欺诈、胁迫等手段或者乘人之危，使对方在违背真实意思的情况下订立合同，受损害方有权请求人民法院或者仲裁机构变更或者撤销。合同被确认无效后，履行中的合同应当终止履行，尚未履行的不得履行。因履行无效合同、可撤销合同或效力待定合同而产生的财产后果有：

①返还财产。合同无效或者被撤销后，因该合同取得的财产，应当予以返还；不能返还或者没有必要返还的，应当折价补偿。

②赔偿损失。有过错的一方应当赔偿对方因此所受到的损失，双方都有过错的，应当各自承担责任。

③追缴财产。当事人恶意串通，损害国家、集体或者第三人利益的，因此取得的财产收归国家所有或者返还集体、第三人。

【思政思考8-1】

房屋装修管理即便存在业主大会议事规则及管理规约，业主和物业是平等的契约关系，面对违规装修等事件，物业服务企业大多情况下也只能预防、劝阻、上报，是没有执法权的。面对业主恶意拖欠甚至不交物业费的行为，是否可以完善法律、法规，加大执法监督的力度，以便约束业主的部分不良行为？

8.4 物业服务合同的履行、变更和转让、解除和终止

8.4.1 物业服务合同的履行

1）物业服务合同履行的概念

物业服务合同的履行，是指当事人双方根据物业服务合同的内容，各自享受相应的权利和完成相应的义务。

2）条款不明确的物业服务合同的履行

《民典法》第五百一十条规定：“合同生效后，当事人就质量、价款或者报酬、履行地点等内容没有约定或者约定不明确的，可以协议补充；不能达成补充协议的，按照合同相关条款或者交易习惯确定。”

《民典法》第五百一十一条规定：“当事人就有关合同内容约定不明确，依据前条规定仍不能确定的，适用下列规定。”

（1）质量要求不明确的，按照强制性国家标准履行；没有强制性国家标准的，按照推荐性国家标准履行；没有推荐性国家标准的，按照行业标准履行；没有国家标准、行业标准的，按照通常标准或者符合合同目的的特定标准履行。

（2）价款或者报酬不明确的，按照订立合同时履行地的市场价格履行；依法应当执行政府定价或者政府指导价的，依照规定履行。

（3）履行地点不明确，给付货币的，在接受货币一方所在地履行；交付不动产的，在不动产所在地履行；其他标的，在履行义务一方所在地履行。

（4）履行期限不明确的，债务人可以随时履行，债权人也可以随时请求履行，但是应当给对方必要的准备时间。

3）有关物业服务合同履行中的价格变动问题

执行政府定价或者政府指导价的，在物业服务合同约定的交付期限内，按照交付时的价格计价。逾期交付标的物的，价格上涨时，按照原价格执行；价格下降时，按照新价格执行。逾期提取标的物或者逾期付款的，价格上涨时，按照新价格执行；价格下降时，按照原价格执行。

4）物业服务合同履行的中止

应当先履行债务的当事人，有确切证据证明对方有下列情形之一的，可以中止履行：经营状况严重恶化；转移财产、抽逃资金，以逃避债务；有丧失或者可能丧失履行债务能力的其他情形。当事人没有确切证据中止履行的，应当承担违约责任。当事人依照上述规定中止履行的，应当及时通知对方。对方提供适当担保时，应当恢复履行。中止履行后，对方在合理期限内未恢复履行能力并且未提供适当担保的，中止履行的一方可以解除合同。

需要注意的是，合同生效后，当事人不得因姓名、名称的变更或者法定代表人、负责人、承办人的变动而不履行合同义务。

8.4.2 物业服务合同的变更和转让

1）物业服务合同的变更

物业服务合同的变更，是指在合同有效成立后，合同当事人不变，仅改变合同的权利义务。

《民典法》第五百四十三条规定："当事人协商一致，可以变更合同。"

根据规定，变更合同应当办理批准、登记等手续的，依照其规定。

当事人对合同变更的内容约定不明确的，推定为未变更。

2）物业服务合同的转让

物业服务合同的转让，是指合同当事人一方将合同权利义务的全部或部分转让给第三人。《物业管理条例》第三十九条规定："物业服务企业可以将物业管理区域内的专项服务业务委托给专业性服务企业，但不得将该区域内的全部物业管理一并委托给他人。"

8.4.3 物业服务合同的解除和终止

1）物业服务合同的解除

物业服务合同的解除，是指在物业服务合同有效成立后，当解除条件具备时，因当事人一方或双方的意思表示，使合同关系自始或仅向将来消灭的行为。

《民典法》第五百六十二条规定："当事人协商一致，可以解除合同。当事人可以约定一方解除合同的事由。解除合同的事由发生时，解除权人可以解除合同。"

（1）因不可抗力致使不能实现合同目的；

（2）在履行期限届满之前，当事人一方明确表示或者以自己的行为表明不履行主要债务；

（3）当事人一方迟延履行主要债务，经催告后在合理期限内仍未履行；

（4）当事人一方迟延履行债务或者有其他违约行为致使不能实现合同目的；

（5）法律规定的其他情形。

满足条件解除合同的，应当通知对方。合同自通知到达对方时解除。对方有异议的，可以请求人民法院或者仲裁机构确认解除合同的效力。法律、行政法规规定解除合同应当办理批准、登记手续的，依照其规定。

合同解除后，尚未履行的，终止履行；已经履行的，根据履行情况和合同性质，当事人可以要求恢复原状、采取其他补救措施，并有权要求赔偿损失。

2）物业服务合同的终止

物业服务合同的终止，是指合同权利义务关系的终止。物业服务合同有下列情况之一的，合同的权利义务终止：

（1）合同期满。物业服务合同中约定的合同期满，业主大会决定不再续聘的，物业服务合同终止。

（2）合同解除。符合合同解除条件，双方达成一致解除合同的，物业服务合同终止。

（3）因不可抗力使合同提前终止。

（4）其他法律规定或当事人约定终止合同的情况。

需要注意的是，业主委员会的改选不影响合同的效力。业主转移房屋所有权时，应将物业服务合同作为房屋转移的一个附件，新的权利人须受物业服务合同约束。

【实战演练8-2】

某小区业主与前期物业公司签订的《物业服务合同》期限即将届满。合同期满前，物业公司提出，因物业费收费不足、物业公司人工工资成本提高等原因导致公司经营亏损，该物业公司将在合同期满后退出，若要其继续服务，则要提高物业费标准。为保证小区物业工作的正常进行，小区业委会召开业主大会，由于广大业主对是否继续聘请原物业服务企业或选聘新的物业服务企业等事项的决定没有达到法定人数要求，因此选聘物业服务企业的工作搁浅。物业服务合同期满后，该小区既没有新的物业服务企业提供物业服务，前期物业公司也退出了物业管理区域的物业服务，该小区物业管理处于瘫痪状态。

问题：前期物业公司退出物业管理区域的物业服务是否合理？

本章小结

合同，是平等主体的自然人、法人、其他组织之间设立、变更、终止民事权利义务关系的协议。根据不同的分类方法，合同可以分为不同的类别。合同的订立要遵循平等、合同自由、公平、诚实信用、守法、效力法定等原则。合同条款包括当事人的名称或者姓名和住所；标的；质量和数量；价款或报酬；履行期限、地点、方式；违约责任；解决争议的方法等。合同的形式有口头、书面和其他形式。

物业服务合同是物业服务人在物业服务区域内，为业主提供建筑物及其附属设施的维修养护、环境卫生和相关秩序的管理维护等物业服务，业主支付物业费的合同。

物业服务合同是双务合同、有偿合同、诺成合同、要式合同。物业服务合同可以分为前期物业服务合同和物业服务合同两大类。物业服务合同应对双方当事人的名称或者姓名和住所、物业管理项目、管理事项、服务质量、服务费用、双方权利义务、专项维修资金的管理与使用、物业管理用房、合同期限、违约责任等内容进行约定。

物业服务合同生效的条件有主体合格、双方意思表示真实自愿、内容合法、形式合乎要求，这样的物业服务合同才能受到法律保护。

除遇不可抗力外，当事人双方均应按照合同内容履行自己的义务，否则将承担法律责任。凡不具备生效条件而为无效合同、可撤销合同或效力待定合同的，由此产生的财产后果有返还财产、赔偿损失、追缴财产。

关键概念

合同　要式合同　物业服务合同

基础知识练习

△ 选择题

1. 订立物业服务合同的过程中首先包括要约，即希望与他人订立合同的意思表示，然后还包括（　　），即受要约人同意要约的意思表示。

A. 执行　　B. 确认

C. 承诺　　D. 实施

2. 物业服务合同既是（　　）合同又是诺成合同。

A. 承诺　　B. 要约

C. 双责　　D. 双务

3. 法律规定物业服务合同应当采用书面形式并在签订后报行政主管部门备案，因此，它不是在承诺生效时成立，而是在（　　）成立。

A. 报行政主管部门备案后　　B. 当事人签字盖章时

C. 双方当事人履行合同时　　D. 以上均错

△ 判断题

1. 业主转移物业所有权不影响物业服务合同的效力。　（　）
2. 物业服务合同是一种具有法律效应的刑事行为。　（　）
3. 物业管理的委托方就是业主。　（　）

△ 思考题

1. 物业服务合同的主要内容有哪些？
2. 在各种情况下怎样解除物业服务合同？
3. 前期物业服务合同与物业服务合同的区别有哪些？

实践操作训练

△ 实训题

[实训情境设计]

重庆市渝中区嘉宾路132号的华庭景园小区，建筑面积68 130平方米。其业主委员会决定聘请隆信行物业管理有限公司负责该小区的物业服务。请拟定一份针对该小区的物业服务合同。

[实训任务要求]

按照国家三级资质的物业服务合同拟定。

[实训提示]

根据重庆市相关物业管理法律法规及服务合同的格式拟定。

[实训效果评价表]

评价内容	分值（分）	评分（分）
格式正确	20	
内容完整	30	
语言简洁明了	20	
有相应的物业管理法律法规条例	30	

注：考评满分为100分。60分以下为不及格；60～69分为及格；70～79分为中等；80~89分为良好；90分及以上为优秀。

第9章

物业服务收费

学习目标

通过本章的学习，要求认识物业服务收费对于改善业主和物业使用人生活及工作环境、保障物业管理公司正常经营与发展的重要意义，了解物业服务费用收缴的一般程序，了解物业服务收费的相关法律法规，掌握物业服务收费的原则、物业服务费用的构成及其监管、物业服务费用的确定与分担及物业专项维修资金的使用与管理等知识。

引例

某单位在某大厦拥有两套物业。2006年年底该单位一辆轿车在大厦停车场丢失，双方协商理赔无果。自2007年1月起，该单位以物业服务公司管理疏漏为由停交管理费及水电费。至2008年12月，共拖欠物业管理费104 056.32元，水电费129 745.25元。2009年，该大厦的物业服务公司将该单位告上了法庭。

资料来源：佚名．物业服务纠纷案例摘录——物业服务收费纠纷［EB/OL］．［2011-08-02］．http：//blog.sina.com.cn/s/blog_6f3f62de0100t6eh.html.

分析：法院一审认为，该单位作为物业管理公司的住户，应按规定按时向物业服务部门交纳物业管理费、水电费，对其长期拖欠款项的行为理应承担民事责任，该单位辩称的其并非无故不交纳物业管理费的事实与理由是不同的法律关系，与本案无关。最后判决该单位应付给物业公司上述费用，并追加每日3‰的物业管理费滞纳金。被告不服上诉。二审法院的判决与一审判决基本一致，只是改判该单位不必支付拖欠的物业管理费的滞纳金。

为了了解物业服务收费相关内容，本章将主要介绍有关物业服务费用的构成、收费方式、收缴管理等知识。

9.1 物业服务收费概述

物业管理是一种有偿的经营性服务，其价格的形成应当遵循等价有偿的原则，由业主和物业服务企业通过合同协商确定。但考虑到目前物业管理市场发育不够完善，还需要国家对物业管理收费进行必要的指导和规范。目前，我国规范物业服务收费的法律法规主要有《中华人民共和国价格法》《物业管理条例》《物业服务收费管理办法》等。物业服务收费的筹措落实、规范管理和合理使用，对延长物业的使用寿命，改善人民群众的生活和工作环境，提高城市管理水平，维护社会稳定，扩大就业，促进物业管理事业的有序、健康发展，有着重要的意义。

9.1.1 物业服务收费的概念

物业服务收费，是指物业服务企业按照物业服务合同的约定，对房屋及配套的设施设备和相关场地进行维修、养护、管理，维护相关区域内的环境卫生和秩序而向业主收取的费用。这一概念可以从如下几个方面理解：首先，收费主体是物业服务企业，即经市场监督管理部门登记注册并取得物业行政管理机关颁发的经营资质合格证书的物业管理公司；其次，要接受产权人、使用人的委托，产权人、使用人与物业管理公司的关系是一种委托与被委托关系，要签订委托合同，从而避免强制服务，鼓励竞争，防止垄断；最后，提供的服务要与所收费用相匹配，避免只收费不服务或多收费少服务现象的发生。

9.1.2　物业服务收费应遵循的原则

1）合理原则

合理原则是指在物业管理实际操作中，核定收费时应充分考虑物业服务企业的利益，既要有利于物业服务企业的价值补偿，又要考虑业主的经济承受能力。国内物业管理市场尚处于发展阶段，具体收费标准应当因地制宜，以物业管理服务发生的成本为基础，结合物业管理公司的服务质量、服务深度进行合理核定，使收费水平与业主的承受力相适应。

2）公开原则

公开原则要求物业管理公司公开服务项目和收费标准，规范物业管理公司对用户提供的特约有偿服务，并实行明码标价，定期向业主公布收支情况，主动接受业主监督。

3）质价相符原则

质价相符原则，指物业管理服务的收费标准应与服务质量相适应。《城市住宅小区物业管理服务收费暂行办法》第11条规定："物业管理单位应当严格遵守国家的价格法规和政策，执行规定的收费办法和收费标准，努力提高服务质量，向用户提供质价相称的服务。不得收费不服务或多收费少服务。"也就是说，物业管理服务收费标准高，服务的项目就多，所提供的管理水平和服务质量也高；物业管理服务收费的标准低，所提供的服务内容就少，服务的要求就低。物业管理单位不可高标准收费、低质量服务。

4）合法竞争原则

物业管理服务作为一种有偿服务，在市场经济体制下，需要有其投资、生产、交易的市场，没有进入市场的物业管理服务不是真正的商品，物业管理服务纳入商品经济轨道，就必然形成物业管理市场。为了规范和推动物业管理市场的有序竞争，制止恶意压低价格、扰乱正常市场秩序，制定和实施物业服务收费的合法竞争原则是十分必要的。

5）政府监管原则

物业管理服务合同基本上属于格式合同。所谓格式合同是指一方当事人为了与众多相对人订立合同而单方面事先制定合同条款，相对人只有接受与否的自由而无法就合同条款进行个别谈判。由于格式合同剥夺了相对人就合同具体条款进行谈判的自由，因此，为了保护相对人的利益，国家对格式合同实施政府监管，物业服务合同中有关收费的内容也应该受到政府监管。

拓展阅读9-1

《物业服务收费管理办法》

【案例分析9-1】

菊园小区位于浦城路、商城路交界处，2000年竣工交付，建筑面积15.43万平方米，1 109户，物业费原收费标准2.20元/平方米·月，现收费标准2.70元/平方米·月。2007年8月1日，上房物业通过市场招投标方式进驻小区。

自1993年上海建立最低工资制度以来，已经19次实施最低工资标准调整，给物业服务企业带来了巨大的人员成本上升压力。菊园小区从交付到2010年年底期间，物业服务费标准一直维持在2.20元/平方米·月。上房物业应做好哪几个方面的工作，才能维持或提升物业服务工作水平、确保质价相符?

资料来源：佚名.物业费调价案例：菊园小区物业服务费成功上调［EB/OL］.［2013-03-30］. http：//www.fdcew.com/hypx/eal/75092.html.

分析：一是做好调价的前期准备工作。他们对小区部分业主进行上门调查，深入了解广大业主对物业服务质量及物业服务费调整的看法。通过调查发现，70%以上的业主希望能享受到优质的物业服务；50%左右的业主认为随着物价的逐年上涨，可以适当上调物业服务费标准，但幅度不宜过高；10%左右的业主不愿上调物业服务费标准；1%左右的业主对上调物业服务费标准无明确意见。上房物业在上调物业服务费标准前，进一步提高物业服务质量标准，提交了《菊园物业服务主要承诺》，切实让广大业主有一个安全、整洁、温馨、和谐的生活环境，以服务质量的提升来推动物业服务费标准的上调。

二是事中加大宣传力度。首先，将物业管理行业的现状调查情况及小区物业服务费收支情况客观地向广大业主予以明示，让广大业主对物业管理行业现状及企业有一个更深层次的了解。其次，客户服务中心全员参与，通过一线操作员工平时零距离和业主接触沟通的机会，对业主不理解的地方予以解释与说明。再次，对于调价特别不理解的业主，项目经理主动进行单独的交流与沟通。同时，为了确保宣传工作的广泛开展，各项服务目标层层落实，责任到人。

三是事后加大与业委会的交流与沟通。他们就上调物业服务费标准问题同业委会反复交流和沟通，特别是就小区近年来物业服务费收支情况、未来数年成本上升趋势，编制了小区物业服务费用收支预算。在编制预算过程中，认真吸纳业委会的意见和建议，不断充实完善，把业主的每一分钱明明白白地用在实处。双方在建立平等和信任的基础上，从操作层面上减轻了业委会对调高收费标准可能存有的心理压力。

经过一系列细致、深入和艰苦的工作，在广大业主、业委会和居委会的认可和支持下，小区的物业服务费标准从2.20元/平方米·月提高到2.70元/平方米·月，提高了0.5元/平方米·月，物业服务企业和全体业主取得了双赢结果。

9.2 物业服务费用的构成及监管

9.2.1 物业服务费用的分类

物业服务费用是物业管理的基础，是物业管理正常运作的保障。各类房屋建成并交付使用，物业就进入了维护房屋功能、维护人们居住或工作环境的长期运营阶段。物业的维护、修缮、改造、更新，需要投入一定的人力、物力和财力。因此，物业服务各项费用的筹措和落实到位就显得更加迫切和重要。

1）专项维修资金

所谓专项维修资金，是指根据法律规定建立的专门用于住宅共用部位、共用设施设备保修期满后的大修、更新、改造的资金。所谓大修，是对共用部位、共用设备设施的大规模的维修。所谓更新和改造，是对共用部位、共用设施设备中坏旧部分的更换，以使其保持正常的使用，或者不断提高其使用效能，或使其具有新的效能。

专项维修资金是为了对物业的共用部位和共用设施设备进行维修养护而建立的，其受益人是全体业主，因此，根据“谁受益、谁负担”的原则，全体业主都有交纳专项维修资金的义务。

《物业管理条例》第五十三条规定：“住宅物业、住宅小区内的非住宅物业或者与单幢住宅楼结构相连的非住宅物业的业主，应当按照国家有关规定交纳专项维修资金。”该条例同时规定：“专项维修资金属业主所有，专项用于物业保修期满后物业共用部位、共用设施设备的维修和更新、改造，不得挪作他用。专项维修资金收取、使用、管理的办法由国务院建设行政主管部门会同国务院财政部门制定。”一般情况下，物业专项维修资金由开发企业与业主共同承担，初期，开发企业承担数额为建设投资额的2%~5%。就业主而言，专项维修资金大体有两种交纳方式：一是每月按管理费额的3%~5%交付，单列储存；二是入伙时一次性交付。

2）物业服务收费

物业管理服务收费按性质、特点可分为公共性服务费、公众代办性服务费和特约服务费三种。

（1）公共性服务费是指为物业产权人、使用人提供公共卫生清洁、公用设施维修保养和保安、绿化等公共性服务而收取的费用。

（2）公众代办性服务费是指为物业产权人、使用人提供代收代缴水电费、煤气费、有线电视费、电话费等公众代办性服务而收取的费用。

（3）特约服务费是指为物业产权人、使用人个别需求提供特约服务而收取的费用。此类服务是“谁受益、谁付钱”，服务费用较高，收费标准难以统一，基本上是各物业服务企业视具体服务内容双方约定即可。

上述三类费用中，公共性服务费最为重要，最需要由立法加以确认、由政府加以管理，原因在于：①公共性服务费每个业主都需要承担；②公共性服务费是许多物业管理公司最重要的收入；③公共性服务费的费用支出较为隐蔽，而公众代办性服务费、特约服务费则相对简单。因此，公共性服务费如果没有立法上的明确规定，实践中就容易出现许多问题。

3）经营性收入

物业服务企业在其物业管理区域内往往有部分物业可以进行经营，该物业的产权属全体业主共有，业主可以委托物业服务企业经营，双方签订协议，物业服务企业收取一定佣金作为其经营性收入。物业服务企业开展经营活动的范围非常广泛，如利用小区配套设施开办健身房、职业介绍所、幼儿园、餐饮服务等。

物业服务企业还可利用自身的优势，依靠可靠的信息来源，开展物业代租代售、代办产权转让等中介服务，承接工程装饰、居室装潢，受有关部门的委托办理储蓄、邮电等业务，开办建材购销、商业贸易等，作为企业盈利的手段。

4）国家财政拨款

住宅小区的社区文化和文明小区建设，是社会主义精神文明建设的重要组成部分，因此，对于创建文明小区，不仅物业服务企业重视，当地政府也十分重视并给予经济上的补贴。

9.2.2 物业服务费用的构成

物业服务费用或者物业服务支出构成一般包括以下八个部分：

（1）物业服务人员的工资、社会保险和按规定提取的福利费，具体有工资、津贴、福利基金、保险金、服装费以及其他补贴等。

（2）物业共用部位、共用设施设备的日常运行、维护费用，它包括外墙、楼梯、步行广场、消防系统、保安系统、电话系统、给排水系统及其他机械、设备装置和设施等的维修保养费，公共照明、喷泉、草地淋水等的费用。

（3）物业管理区域清洁卫生费用，它包括清洁用具、垃圾清理、水池清洁、消毒灭虫等费用，有时还有单项对外承包的费用。

（4）物业管理区域绿化养护费用，它是公共区域为植花种草而耗费的机器养护费用与为开展此类工作所购买的工具器材等的费用。

（5）物业管理区域秩序维护费用，它包括保安人员的工资、夜班津贴、福利支出，保安系统设备的日常维护费、耗用电费及保卫用工、器具的费用。

（6）办公费用，它是指物业服务企业管理人员和业务人员的工资、办公用的消耗品，以及邮电、书报、会议、水电、取暖、交通差旅、公关等费用和各类人员的岗位培训、业务技能培训的费用，还有与业务培训相联系的现场观摩等所支付的费用。

（7）物业服务企业固定资产折旧费用。固定资产折旧是指固定资产在使用过程中，由于损耗而逐渐转移到成本、费用中去的那部分价值，一般可分为有形损耗和无形损耗两种。

（8）物业共用部位、共用设施设备及公众责任保险费用。

物业共用部位、共用设施设备的大修、中修、更新改造费用，应通过专项维修资金支出，不得计入物业服务费用。

9.2.3 物业服务费用行政监督的若干规定

物业服务收费的标准实行国家监管制度，其监管机关是县级以上人民政府的价格主管部门及其同级房地产行政主管部门。价格主管部门及房地产行政主管部门对物业服务收费的监管包括以下四个方面：

（1）审批制度。在物业已交付使用但尚未成立业主委员会时，物业管理综合服务收费标准一般由物业管理公司在政府指导价范围内提出，报县级以上物价局核定审批。另外，物业管理公司向全体业主收取的公共性服务费，如装修保证金、有线电视入网费、水电费周转金等也应报物价局审批。

（2）备案制度。在业主委员会成立后，物业管理服务收费标准由物业管理公司与业主委员会在物业管理合同中约定或由双方协商确定，并报物价局备案。

（3）许可证制度。为了使政府有效监管物业管理服务收费行为，我国许多地方实行物业管理服务收费许可证制度，如《广东省经营服务性收费管理规定》中明确规定，政府定价的经营服务性收费管理实行许可证制度和年审制度。

（4）除以上制度以外，有关部门有权对违法违规行为进行监管。如果物业服务企业违反有关价格监管的法律，政府价格主管部门以及房地产主管部门可以依据相关法律、法规对物业服务企业进行相应的处罚。《城市住宅小区物业管理服务收费暂行办法》第十五条规定："凡有下列违反本办法行为之一者，由政府价格监督检查机关依照国家有关规定予以处罚：①越权定价、擅自提高收费标准的；②擅自设立收费项目，乱收费用的；③不按规定实行明码标价的；④提供服务质价不符的；⑤只收费不服务或多收费少服务的；⑥其他违反本办法的行为。"

9.3　物业服务费用的确定与分担

9.3.1　物业服务费用的定价方法

物业服务费用应根据所提供服务的性质、特点等不同情况，分别实行政府定价、政府指导价和市场定价。为物业产权人、使用人提供的公共卫生清洁、公共设施的维修保养和保安、绿化等有公共性服务以及代收代缴水电费、煤气费、有线电视费、电话费等公众代办性服务的收费，实行政府定价或者政府指导价。凡属于物业产权人、使用人个别需求提供的特约服务，除政府物价部门规定有统一收费标准外，服务收费均实行市场定价。

1）政府定价

政府定价是一种政策性定价。在目前物业管理市场发育尚未完全成熟、竞争机制尚未真正形成，物业类型较多、居民收入水平普遍不高的情况下，政府作为市场定价主体，谨慎、稳妥地确定物业服务价格，也是一种有效调节物业管理市场的重要方法。当然，毕竟我国正在完善社会主义市场经济体制，用发展的观点来看，政府定价的范围只应越来越小。因此，新颁布的《物业服务收费管理办法》并没有把政府定价作为一种价格形式列入其中。可以预见，随着我国市场经济体制的逐步发展和完善，物业服务收费的政府定价必将逐步淡出历史舞台。

2）政府指导价

政府指导价也是一种政策性定价，它是政府物价部门根据当地经济发展水平、物业管理市场的发育程度以及《普通住宅小区物业管理服务等级标准》等因素，在征询物业管理行政主管部门的意见后公布的基准价及浮动幅度。物业管理单位可在政府指导价格规定幅度内确定具体收费标准。政府指导价仅是一个幅度价，具体收费标准由业主与物业服务企业根据规定的基准价和浮动幅度，结合服务内容、服务质量、服务深度等因素，在物业服务合同中约定。另外，随着市场的发展及物业状况的改变，政府指导价应适时加以调整。

3）市场调节价

市场调节价是一种市场定价形式，它是指物业服务收费标准由物业服务企业与业主协商议定，然后将收费项目和收费标准向当地物价部门备案的一种价格形式。收费标准的确定，既要有利于物业管理服务的价值补偿，又要考虑到物业产权人、使用人的经济承受能力。

实行市场调节价的物业服务收费，可以采取包干制或者酬金制方式，具体方式由业主大会与物业服务企业协商确定；业主大会成立前，由开发建设单位、物业服务企业与业主在房屋买卖合同或物业服务合同中约定。

实行市场调节价的物业服务收费标准需要调整时，应由业主大会或共同履行业主大会、业主委员会职责的全体业主与物业服务企业协商确定。

随着物业管理市场的逐步成熟和完善，居民收入水平的逐步提高，以及社会对物业管理认识的加深及观念的正确转变，市场调节价将会成为物业服务的主要价格形式。

物业服务价格是物业管理市场经济关系的核心问题，也是物业服务企业和广大业主、物业使用人乃至全社会都十分关心的敏感问题，直接关系到物业管理市场的基本秩序以及物业管理工作的顺利开展。因此，《物业服务收费管理办法》明确规定："物业服务企业应当按照政府价格主管部门的规定实行明码标价，在物业管理区域内的显著位置，将服务内容、服务标准以及收费项目、收费标准等有关情况进行公示。"同时还规定，政府价格主管部门会同房地产行政主管部门，应当加强对物业服务企业的服务内容、服务标准和收费项目、收费标准的监督。物业服务企业违反价格法律、法规和规定，由政府价格主管部门依据《中华人民共和国价格法》（以下简称《价格法》）和《价格违法行为行政处罚规定》予以处罚。

【实战演练9-1】

某年4月，某物业公司正式进驻某高档小区，行使前期物业管理权。根据商品房预售合同附件约定，物业公司每月应收取每平方米4.5元的物业管理费。当业主入住该小区后，有的业主以隔壁相近楼盘每平方米只收2.4元为由，拒付物业费并投诉到物价管理部门。

问题：业主拒付物业费的做法合理吗？为什么？

9.3.2 物业服务收费的方式

根据《物业服务收费管理办法》，业主与物业服务企业可以采取包干制或者酬金制等形式约定物业服务费用。

包干制是指由业主向物业服务企业支付固定物业服务费用，盈余或者亏损均由物业服务企业享有或者承担的物业服务计费方式。实行物业服务费用包干制的，物业服务费用的构成包括物业服务成本、法定税费和物业服务企业的利润。

酬金制是指在预收的物业服务资金中按约定比例或者约定数额提取酬金支付给物业服务企业，其余全部用于物业服务合同约定的支出，结余或者不足均由业主享有或者承担的物业服务计费方式。实行物业服务费用酬金制的，预收的物业服务资金包括物业服务支出和物业服务企业的酬金。预收的物业服务支出属于代管性质，为交纳费用的业主所有，物业服务企业不得将其用于物业服务合同约定以外的支出。

物业服务企业应当向业主大会或者全体业主公布物业服务资金年度预决算，并每年不少于一次公布物业服务资金的收支情况。物业服务收费采取酬金制方式，物业服务企业或者业主大会可以按照物业服务合同约定，聘请专业机构对物业服务资金年度预决算和物业服务资金的收支情况进行审计。

【案例分析 9-2】

2002年12月，广州市某物业管理公司在业主委员会的多次催促下，向小区业主公布了《2002年6—10月收支表》。表中详细列出了该小区期内物业管理的各项收入和支出，最后的收支结余一栏显示，亏损55.2万元。由于亏损数额巨大，引起了小区相当数量业主的不满，一时间议论四起，责难纷至。

议论的焦点是对物业管理公司开支的必要性、真实性和合理性表示质疑，并且主要集中在整改工程费用和固定资产购置两个科目上。随后，业主委员会发函，请求物业管理公司负责人解释表中所列收支的具体情况，并出示整改工程费用和购置固定资产的原始凭证。应允？业内鲜有这样的先例。拒绝？又担心进一步激化矛盾。

于是，物业管理公司专门向政府主管部门做了汇报。政府主管部门明确答复：由于业主委员会成员不具备专业资格，不能向其公开财务原始凭证，要查账必须按照政府主管部门规定的程序，聘请专业的会计师事务所进行。据此，物业管理公司强调自己财务公开已清晰、详尽、全面，并完全符合有关政策和法规的要求，没有进一步公开的责任和义务，对业主委员会的来函作了回复。

在申明自己原则态度的同时，物业管理公司主动与业主委员会沟通，解释造成大额亏损的原因主要是物业管理公司刚刚接管小区，又想迅速改变小区面貌，所以在开办和整改中增加投入38万多元，并且承诺亏损部分不向业主分摊，在合同管理期内不提高物业管理收费标准（其实这个承诺才是促成问题解决的关键，其他答复、说法、解释只是起了一个铺垫、缓和的作用）。通过坦诚的沟通，物业管理公司的经济运行和财务状况得到了业主委员会和广大业主的理解和认可，矛盾烟消云散。

资料来源：佚名.业主要求查看物业管理财务原始凭证怎么办［EB/OL］.［2006-07-01］. http：//www.zzyfdc.com.cn/property/pop_case.asp？id=196.

分析：以上案例所反映出的类似矛盾屡见不鲜，其根本原因在于物业管理公司的利益实现形式不明确。若实行包干制，物业管理公司对服务质量负责，盈亏自负，业主没有必要过问其财务情况；若实行酬金制，物业管理公司提供规定服务就可以按成本的固定比例提取收益，之后的盈亏属于业主，业主当然应当审核开支。

【实战演练 9-2】

虹桥开发区某广场业委会与物业公司签订了一份《物业管理服务合同》。合同约定，业委会将广场全权委托物业公司进行管理，物业公司可按市场有关规定提取12%的管理酬金，物业管理费若有节余则归业委会所有。2021年，合同期满，物业公司拒绝将多余的物业管理费归还业委会。

问题：物业公司的做法合理吗？为什么？

9.3.3 物业服务费用的分担原则

在物业服务费用的分担中应遵循“谁受益、谁付费”的原则。也就是说，为哪一部分业主支出的物业管理费用就应当由哪一部分业主承担。

为进一步解决物业公共部分服务费用的分担问题、保护使用人的合法权益及保障房屋的正常使用，《城市异产毗连房屋管理规定》第九条规定，异产毗连房屋发生自然损坏（因不可抗力造成的损坏，视同自然损坏），所需修缮费用依下列原则处理：

（1）共有房屋主体结构中的基础、柱、梁、墙的修缮，由共有房屋所有人按份额比例分担。

（2）共有墙体的修缮（包括因结构需要而涉及的相邻部位的修缮），按两侧均分后，再由每侧房屋所有人按份额比例分担。

（3）楼盖的修缮，其楼面与顶棚部位，由所在层房屋所有人负责；其结构部位，由毗连层上下房屋所有人按份额比例分担。

（4）屋盖的修缮。①不上人屋盖，由修缮所及范围覆盖下各层的房屋所有人按份额比例分担；②可上人屋盖（包括屋面和周边护栏），如为各层所共用，由修缮所及范围覆盖下各层的房屋所有人按份额比例分担；如仅为若干层使用，使用层的房屋所有人分担一半，其余一半由修缮所及范围覆盖下层房屋所有人按份额比例分担。

（5）楼梯及楼梯间（包括出屋面部分）的修缮。①各层共用楼梯，由房屋所有人按份额比例分担。②为某些层所专用的楼梯，由其专用的房屋所有人按份额比例分担。

（6）房屋共用部位必要的装饰，由受益的房屋所有人按份额比例分担。

（7）房屋共有、共用的设备和附属建筑（如电梯、水泵、暖气、水卫、电照、沟管、垃圾道、化粪池等）的修缮，由所有人按份额比例分担。

因使用不当造成异产毗连房屋损坏的，由责任人负责修缮。

9.4 物业服务费用的收缴

物业管理实际上是一种服务，是通过对物业设施的管理而服务于广大业主的，收取一定的费用既符合市场经济原则，又是物业管理活动正常开展的需要。因此，一方面，我们必须依据法律、法规、政策，结合市场供求关系状况等因素制定合理的物业服务价格，并通过物业服务合同明确物业服务企业与业主双方的权利和义务关系；另一方面，还应采取科学、合理、有效的方法，认真、细致、及时地做好物业服务费用的收缴工作。

9.4.1 物业服务费用的收缴管理

1）明确收费项目和标准

物业服务企业应根据不同的物业、不同的管理要求确定物业收费种类及标准，做好费用的估算，明确其使用范围，正确处理好物业收费标准与服务水平之间的关系，并取得业主们的理解和支持。

2）加强立法，提高收费管理水平

（1）及时送达或公布收费通知。

收费通知单要每月及时送达业主（物业使用人），并由业主（物业使用人）签收。为了节省人力，可由水电工每月抄表时，发送上月的收费通知单或者在电梯厅醒目处张贴收费通知。

（2）物业费拖欠的追缴。

如果业主（物业使用人）不能如期交纳管理费，物业服务企业财务部门应进行催缴。

物业服务费用的追缴有如下方式：

①一般性追缴。

当上月费用被拖欠时，物业管理公司在第2个月向业主（物业使用人）发催款通知单。此单将上月费用连同滞纳金以及本月费用一起通知业主（物业使用人），并经常以电话催缴。电话中要注意文明礼貌。如果第2个月仍被拖欠，物业管理公司将在第3个月第2次发催款通知单，并将此前2个月的费用、滞纳金和当月费用一并通知，限期3日内缴清，若业主（物业使用人）3天过后仍不缴清物业相关费用，物业管理公司将依据管理公约停止对其服务。如果业主（物业使用人）经收费员上门催缴仍然拒付，物业管理公司可根据管理制度以及相应的法律程序处理。

②针对性追缴。

物业服务企业对拖欠费用的业主（物业使用人）要针对不同情况，采取相应措施。对于费用大户，要亲自登门（有时物业服务企业的总经理也要亲自去）进行劝导和解释，争取用户的理解和支持；对于一些“钉子户”，则应严格按照法律规定执行；对于一些确实缴费有困难的“困难户”，可以考虑适当予以优惠。

③区别性追缴。

业主（物业使用人）由于工作或其他原因而耽误了交款，他们一经提醒都会迅速补交所拖欠的费用，对这部分人物业公司财务部门应注意多与他们沟通、联系，消除不必要的误会。然而，确实有少数人当收费员上门催缴时，仍然拒付。对此，应通过物业管理制度及相应的法律程序来解决。此时应当注意，催款工作的书面记录是极其重要的，它是按照法律程序在法庭解决纠纷时的物证。通常程序如下：催款通知书→电话与业主沟通→最后通知书→按法律程序裁决或判决。

总之，费用的追缴是一门艺术。收费员一定要有较高的文化素质和社交能力，要主动和业主（物业使用人）交朋友，及时协助解决他们的投诉和困难，取得他们的信任和理解，收费工作就会由难变易。

【案例分析9-3】

金湘小区某业主，2021年以来已拖欠了7个月的管理费，管理处办公室和财务处人员多次送单催缴、电话催缴、上门做工作催缴，该业主都以小区有施工噪声、暖气不热等多种借口拒付。为了加速问题的解决，也为了给今后可能发生的经济法律纠纷保留于己有利的证据，管理处想出了一个办法：给该业主所在的单位发了一份传真，在传真文件上列出对方的欠费情况，并敦促其尽快缴清欠款，以免造成不良的法律后果。

传真发出后，仍旧杳无音信。管理处接二连三地发，而且措辞愈加严厉。7月2日上午是第5次向该业主单位发传真。当天中午，忽然一个电话打到了管理处，来电话者非常不礼貌地说："楼上都已经把我家给淹了，你们物业管理公司是干什么吃的？"物业管理公司马上就知道是谁了，他立即认识到和业主沟通的机会来了。管理员迅速赶到该业主家，进门一看，地上干干净净的，但墙壁和窗帘上确实被楼上滴下来的水弄脏了一块。

管理员先对业主表示同情和歉意，并请该业主放心，一定会将事情处理好。随后管理员把楼上施工的负责人叫到楼下查看，并要他向业主当面赔礼道歉。经过物业管理员的耐心调解，双方都接受了一个较为合理满意的解决方案，此事得以圆满解决。第二天，该业主主动来到管理处办公室补交了所欠的7个月的管理费，从此以后再也没有拖欠过管理处的任何费用。

资料来源：作者根据相关资料整理编写。

分析：物业管理工作与业主的生活息息相关，并且由于居住小区内业主众多，而物业管理公司受服务水平、经营能力及成本等因素的限制，很难做到按每位业主的需要提供及时到位的服务，因此，导致业主因对物业管理服务不满而拒付物业管理服务费是很常见的。这就要求物业管理公司在挖掘自身潜力、改善物业管理服务的同时加强费用的追缴工作。物业管理公司要把工作做到让业主找不出一点拒付管理费的理由几乎是不可能的，但若遇到欠费就付诸法律来解决，既耗费精力又损害双方的关系，而且时间成本很高。所以，物业管理公司要在加强与业主沟通的基础上，善于把握时机，如本案例管理处的做法，用真情来感化业主，取得业主对物业管理工作的理解和支持，这不失为一种解决欠费的有效手段。

9.4.2 物业服务收费的其他相关规定

1）物业服务费交纳义务人的规定

物业已经出售并交付给业主的，业主是交纳服务费的义务人。由于业主是物业的所有人，同时物业服务合同是由业主委员会代表业主与物业服务企业签订的，所以业主是合同的当事人，由其享有物业服务合同所产生的权利的同时也应当由其负担物业管理合同所创设的义务，物业服务合同业主一方的主要义务便是交纳物业服务费用。

业主将物业交付给他人使用时，业主与物业使用人约定由物业使用人交纳物业服务费用的，从其约定，业主负连带交纳责任。物业发生产权转移时，业主或者物业使用人应当结清服务费用或者物业服务资金。

当物业尚未出售或虽已出售但是尚未交付给业主时，物业管理合同的当事人是物业服务企业与房地产开发单位（即建设单位），所以物业服务费用应当由房地产开发单位支付。

业主或物业使用人违反物业服务合同约定逾期不交纳服务费用的，业主委员会应当督促其限期交纳；仍不交纳的，物业服务企业可以依法追缴。

2）特约性服务收费的规定

特约性服务收费，是物业服务企业为满足业主、物业使用人的个别要求，而与其约定提供专门服务所收取的费用。

根据《物业服务收费管理办法》第四十四条规定，物业服务企业可以根据业主的委托提供物业服务合同约定以外的服务项目，服务报酬由双方约定。如果业主需要物业服务企业提供物业管理合同中约定的服务以外的其他服务的，如水电维修、商务服务、家政服务、车辆寄存保管等，必须与物业服务企业单独订立委托合同，就服务的种类、标准、服务费用的数额及其支付的方式、时间等作出具体的约定。合同一经成立生效，当事人必须按照合同的约定履行合同，否则就会构成违约行为，从而必须承担违约责任。

对于特约服务的种类及费用完全由当事人自行约定，其不适用政府监管原则。

3）公共代办性服务收费的规定

根据《物业服务收费管理办法》第四十五条规定，物业管理区域内，供水、供电、供气、供热、通信、有线电视等单位，应当向最终用户收取有关费用。物业管理企业接受委托代收上述费用的，可向委托单位收取手续费，不得向业主等用户收取手续费等额外费用。

以收取电费为例，物业服务企业代收电费时不得向业主等用户收取额外的手续费，因为供电等单位是收取电费的权利人，用户则是交纳电费的义务人，物业服务企业不是合同的当事人，因此既不享有权利也不负有义务，如果其代理收取该费用是作为供电等单位的代理人，是接受供电等单位的委托，为这些单位处理事务，那么要收取手续费也应当向其委托人（即供电单位等）收取，而不是向用户收取。

4）物业服务收费明码标价的规定

为进一步规范物业服务收费行为，提高物业服务收费透明度，维护业主和物业服务企业的合法权益，促进物业管理行业的健康发展，国家发展和改革委员会、建设部根据《价格法》《物业管理条例》和《关于商品和服务实行明码标价的规定》，制定了《物业服务收费明码标价规定》。此规定要求物业服务企业向业主提供服务应当标示收费项目、收费标准等有关情况。标示内容具体包括：物业服务企业名称、收费对象、服务内容、服务标准、计费方式、计费起始时间、收费项目、收费标准、价格管理形式、收费依据、价格举报电话等。

实行政府指导价的物业服务收费应当同时标明基准收费标准、浮动幅度，以及实际收费标准。实行明码标价的方式一般为在物业管理服务区域内的显著位置或收费地点，采取公告栏、公示牌、收费表、收费清单、收费手册、多媒体终端查询等方式。

物业服务企业接受委托代收供水、供电、供气、供热、通信、有线电视等有关费用的，也应当依照规定实行明码标价。实行明码标价的物业服务收费的标准等发生变化时，物业服务企业应当在执行新标准前1个月，将所标示的相关内容进行调整，并应标示新标准开始实行的日期。

物业服务企业违反价格法律、法规和规定的，由政府价格主管部门依据《价格法》和《价格违法行政处罚规定》予以处罚。

9.5 物业专项维修资金的管理

9.5.1 物业专项维修资金的来源

1）商品住房

商品住房在销售时，购房者与售房单位应当签订有关维修资金缴交约定。购房者应当按购房款2%~3%的比例向售房单位缴交维修资金。售房单位代为收取的维修资金属于全体业主共同所有，不计入住宅销售收入。维修资金收取比例由省、自治区、直辖市人民政府房地产行政主管部门确定，如北京市规定，商品住宅购房者应按购房款的2%向市、区/县房地局或其委托的交易管理部门交纳维修资金。售房单位将其商品住宅转为租赁、经营或自用的，也应该按该标准交纳。商品住宅售房单位应在与购房者签订的房屋买卖合同中明文约定维修资金的缴交金额。

2）公有住房

公有住房售后的维修资金来源于两部分：①售房单位按照一定比例从售房款中提取，原则上多层住宅不低于售房款的20%，高层住宅不低于售房款的30%。该部分资金属售房单位所有。②购房者按购房款2%的比例向售房单位缴交维修资金。售房单位代为收取的维修资金属全体业主共同所有，不计入住宅销售收入。

9.5.2 物业专项维修资金的管理

1）物业专项维修资金的代管

在业主办理房屋权属证书时，商品住房销售单位应当将代收的专项维修资金移交给当地房地产行政主管部门代管。

业主委员会成立后，经业主委员会同意，房地产行政主管部门将专项维修资金移交给物业服务企业代管。物业服务企业代管的专项维修资金，应当定期接受业主委员会的检查与监督。

物业服务企业发生变更时，代管的专项维修资金账目经业主委员会审核无误后，应当办理账户转移手续。账户转移手续应当自双方签字盖章之日起10日内送当地房地产行政主管部门和业主委员会备案。

业主转让房屋所有权时，结余专项维修资金不予退还，随房屋所有权同时过户。

2）物业专项维修资金的使用

专项维修资金的使用应遵循五个原则，即“统一缴存，专户存储，专款专用，业主决策，政府监督”。为了保证资金安全，专项维修资金闲置时，除可用于购买国债或者用于法律、法规规定的其他范围外，严禁挪作他用。专项维修资金明细账户一般按单幢住宅设置，具体办法由市、县房地产行政主管部门制定。

专项维修资金自存入维修资金专户之日起按规定计息，其利息净收益转作本金滚存使用和管理。

使用建筑物及其附属设施的维修资金，应当由专有部分面积占比三分之二以上的业主且人数占比三分之二以上的业主参与表决。应当经参与表决专有部分面积过半数的业主且参与表决人数过半数的业主同意。

3）物业维修资金的续筹与退还

当专项维修资金不足时，经当地房地产行政主管部门或业主委员会研究决定，可按业主占有的住宅建筑面积比例向业主续筹。

因房屋拆迁或者其他原因造成住房灭失的，维修资金代管单位应当将维修资金账面余额按业主个人缴交比例退还给业主。

《民法典》第二百七十八条规定："筹集建筑物及其附属设施的维修资金，应当由专有部分面积占比三分之二以上的业主且人数占比三分之二以上的业主参与表决；经参与表决专有部分面积四分之三以上的业主且参与表决人数四分之三以上的业主同意。"

9.5.3　挪用专项维修资金的法律责任

挪用专项维修资金的行为，具有违约责任与法定责任相结合的特点。首先，它是违反了物业服务合同中关于专项维修资金的管理与使用之规定，行为当事人，无论是法人还是自然人，均应承担违约责任；其次，它也违反了《物业管理条例》关于"专项维修资金属业主所有，专项用于物业保修期满后物业共用部位、共用设施设备的维修和更新、改造，不得挪作他用"的规定。因此，挪用专项维修资金的行为不仅违反了物业服务合同的规定，也违反了《物业管理条例》的规定，是应受到处罚的。

拓展阅读9-2

物业维修资金

挪用专项维修资金的行为，如果涉及行政法律责任，则应承担的后果包括行政处罚和行政处分。依据《行政处罚法》第二条的规定，行政处罚的种类包括：警告；罚款；没收违法所得；没收非法财物；责令停产停业；暂扣或吊销许可证；暂扣或者吊销执照；行政拘留；法律、行政法规规定的其他行政处罚等。挪用专项维修资金的行为一旦涉及刑事法律责任，则当事人还应承担刑事责任。承担刑事责任的方式是刑事处罚，即刑罚。刑罚通常分为两类：一是主刑，包括管制、拘役、有期徒刑、无期徒刑和死刑；二是附加刑，包括罚金、没收财产和剥夺政治权利。以不可抗力、正当防卫、紧急避险、职务行为等为抗辩事由，刑事责任可以免除。

【案例分析9-4】

某物业小区在地震发生后，房屋共用部位、公共设施设备受损，急需修复，多数业主在地震发生后外出避灾。物业服务企业为及时修复，在联系业主无果的情况下，由工作人员擅自代表业主签名使用维修资金，虽然迅速修复了损坏部位，但是引发业主与物业服务企业的严重对立，后来演变成群体性上访事件，上千名业主无视相关部门的劝告上街游行、示威和阻拦交通等。

资料来源：佚名. 房屋专项维修资金使用管理法规及案例分析［EB/OL］.［2012-10-03］. http：//www.dotin.com/p-496978169.html.

分析：

1.物业服务企业违法行为及后果

物业服务企业冒充业主签名、擅自使用维修资金，侵犯了业主的合法权利，导致业主与物业服务企业矛盾激化，上升为群体性事件、形成极大的不稳定因素，造成恶劣的社会影响。在现实操作中应该坚决杜绝此类行为发生。

2.物业服务企业需承担的法律责任

物业服务企业擅自代表业主签名使用维修资金，业主可向公安机关报案，若经查实，则应该承担相应的处罚。因专项维修资金的使用发生纠纷，业主与物业服务企业可以自行协商解决，协商不成的业主可依照《最高人民法院关于审理物业服务纠纷案件具体应用法律若干问题的解释》第3条的规定，依法向人民法院起诉。

《最高人民法院关于审理物业服务纠纷案件具体应用法律若干问题的解释》第3条规定，物业服务企业不履行或者不完全履行物业服务合同约定的或者法律、法规规定以及相关行业规范确定的维修、养护、管理和维护义务，业主请求物业服务企业承担继续履行、采取补救措施或者赔偿损失等违约责任的，人民法院应予支持。

3.如何应对此类情况

物业服务企业无权擅自使用维修资金，在紧急情况下，应该作为紧急修复情况，由物业服务企业先行垫付维修项目所需资金。

维修完成后，物业服务企业有权要求业主或业委会完善维修资金使用的投票程序，支付物业服务企业垫付的维修资金。所在地房产管理部门有权对业主或者业委会进行监督，也可由社区街道办事处做好业主解释工作。

若业主拒不完善投票程序，物业服务企业可向人民法院提请民事诉讼，要求业主进行赔付。

本章小结

物业服务费用，是指物业服务企业按照物业服务合同的约定，对房屋及配套的设施设备和相关场地进行维修、养护、管理，维护相关区域内的环境卫生和秩序而向业主收取的费用。物业服务收费应坚持合理、公开、质价相符、合法竞争及政府监管等原则。

物业服务费用的分类主要包括物业专项维修资金、物业服务费、经营性收入及国家财政拨款。其支出构成一般包括员工的工资、福利及物业运行与维护费等八个部分。

物业服务费用实行政府定价、政府指导价和市场调节价。随着市场经济体制的逐步发展和完善，物业服务收费将以市场调节价为主。实行市场调节价的物业服务收费，可以采取包干制或者酬金制方式。包干制是指由业主向物业服务企业支付固定物业服务费用，盈余或者亏损均由物业服务企业享有或者承担的物业服务计费方式；酬金制是指在预收的物业服务资金中按约定比例或约定数额提取酬金支付给物业服务企业，其余全部用于物业服务合同约定的支出，结余或者不足均由业主享有或者承担的物业服务计费方式。

物业服务企业收费应严格遵守明码标价的原则，如有违反，由政府价格主管部门依据《价格法》和《价格违法行政处罚规定》予以处罚。

物业服务企业应明确收费项目和标准，加强立法，提高收费管理水平。目前，物业服务费用的追缴有三种方式：一般性追缴、针对性追缴及区别性追缴。

专项维修资金是为了对物业的共用部位或共用设施、设备进行维修养护而建立的，资金的收益人是全体业主，全体业主都有交纳资金的义务。专项维修资金的使用应遵循五个原则，即“统一缴存，专户存储，专款专用，业主决策，政府监督”。挪用专项维修资金，将承担相应的行政法律责任及刑事法律责任。

关键概念

物业服务费用　专项维修资金　包干制　针对性追缴　特约性服务收费

基础知识练习

△ 选择题

1. 物业服务收费标准的测算公式是（　　）。

A. P=8%　　B. P=5%　　C. P=15%　　D. P=12%

2. 前期物业服务合同的物业服务费一般由（　　）承担。

A. 业主　　B. 建设单位

C. 房地产开发商　　D. 视不同情况决定

3. 公司或项目管理部门根据项目发生的成本进行费用测算，根据测算依据与（　　）进行协商，确定物业管理费的收费标准。

A. 物业建设单位　　B. 业主大会

C. 相关建设职能部门　　D. 物业建设单位或业主大会

△ 判断题

1. 为了经营创收，物业可将服务范围内的部分楼栋下面的架空层作为经营使用。（　　）

2. 物业管理服务合同基本上属于格式合同。（　　）

3. 专业维修资金是用来对物业共用部位和公用设施设备进行维修养护的。（　　）

△ 思考题

1. 物业服务费用的定价需要哪些程序？

2. 简述物业服务费用的主要构成。

实践操作训练

△ 实训题

[实训情境设计]

李经理是某物业管理公司财务部门的负责人，为了更好地控制公司的财务预算，他打算对公司的高层管理人员进行一次财务预算控制工作内容的培训。

[实训任务要求]

请帮他列出控制企业财务预算的具体工作内容清单和控制财务预算的步骤。

[实训提示]

可从人员工资、福利等日常开支方面着手。

[实训效果评价表]

评价内容	分值（分）	评分（分）
以没有违反国家劳动合同为准则	20	
内容完整	30	
语言简洁明了	20	
格式正确	30	

注：考评满分为100分。60分以下为不及格；60~69分为及格；70~79分为中等；80~89分为良好；90分及以上为优秀。

第10章

物业交易法律制度

学习目标

通过本章的学习，要求了解物业交易的概念、特征和原则，了解物业转让的概念及其合法有效的要件，理解物业转让合同的内容，掌握物业转让的程序，了解物业租赁的概念，理解并掌握物业租赁合同的主要内容，理解租赁双方的权利义务，了解物业抵押的概念及其法律特征，理解物业抵押的程序，掌握物业抵押双方当事人的权利义务。

引例

市民方先生和其妻子名下共有三套房产，2018年4月初又欲购买一套205万元的房子，并支付了业主10万元定金。但是10天后，当地楼市调控政策出台，因为已有三套房，方先生无法从银行贷款一分钱。他只得找到卖房的业主，要求解除合同，退还定金，但遭到了业主拒绝。为此，双方闹到法院。

分析：此案的一审判决书上，法院明确了“国家政策调整导致无法获得贷款，并非商业风险，也非不可抗力，而是情势发生了变化”。法院判决因情势变更而解除合同，购房者不需承担责任。

在另一起案件中，一位居民看中一套40多万元的小户型房产，在2018年6月支付了3万元定金，其中付给业主2.8万元，付给中介公司中介费2 000元。不久“限购令”骤出，户籍家庭限购两套房。这名居民已经有了两套房产，而且“限购令”几乎是立即生效，他根本来不及到本市房地产主管部门信息系统网签购房合同。这意味着他即使买下了这套房子也根本无法过户!他要求业主返还3万元定金，但是业主不愿意。双方为此也起诉到了法院。法院进行了庭前调解，因为之前有过相关判例，法官成功地促使双方达成了调解：业主返还购房者定金2.6万元，只收了2 000元作为补偿。

为了解物业交易制度，本章将介绍有关物业交易的特征和原则、物业转让的条件和程序、物业租赁合同以及物业抵押的内容等相关内容。

10.1 物业交易概述

10.1.1 物业交易的概念和形式

物业交易是指以物业为标的而进行的转让、租赁、抵押等各种民事行为。由于“物业”有时与“房地产”或“不动产”通用，因此可以把物业交易等同于房地产交易。

物业交易的形式有物业转让、物业租赁、物业抵押、物业信托、物业典当等形式，而现实生活中最主要的物业交易形式是物业转让、物业租赁和物业抵押。

10.1.2 物业交易的特征

与一般商品交易相比，物业交易具有下列鲜明特征：

1）标的物位置的固定性

一般商品交易，其标的物是动产，交易的标的物发生了位置的移动，从一方转移到另一方。物业交易的标的物是不动产，其位置是固定的，不能移动，一旦移动，将导致标的物的性质与用途的改变，甚至是经济价值的减少或丧失。因此，不论是交易中还是交易后，物业均不发生位置的移动，交易双方运用所有权和使用权证书及合同进行交易。

2）物业市场是供给稀缺的市场

土地是不可再生资源，物业受土地稀缺性的限制，其供给是有限的，但是，随着社会经济的发展，物业的需求是不断扩大的。因此，供给稀缺是物业市场发展初期的明显特征，这一供需矛盾随着开发建设资金的不足会更加突出。

3）物业交易标的额大、专业性强

物业与一般商品相比，其价格比较昂贵，持久耐用。物业交易的价格不仅取决于取得土地使用权和建造房屋的成本，还受区位因素、供求关系、支付能力、社会因素等诸多因素的影响，使物业价格的评估具有极强的专业性。为了避免私下盲目成交造成的交易困难、价格失控、利益损失，《城市房地产管理法》第三十四条规定："国家实行房地产价格评估制度。房地产价格评估，应当遵循公正、公平、公开的原则，按照国家规定的技术标准和评估程序，以基准地价、标定地价和各类房屋的重置价格为基础，参照当地的市场价格进行评估。"

4）标的物具有联动性

根据我国现行的土地房屋权利体系，房屋与土地是紧密联系在一起的，也就是土地使用权和房屋所有权是密不可分的。如果把房屋的所有权和土地使用权划归不同的主体，必然导致大量无法解决的物业纠纷。因此，我国采用了房屋所有权与其土地使用权的联动做法，即物业转让、物业抵押时房屋所有权及其占用范围内的土地使用权一起转让、抵押，也就是实行"地随房走"的原则。

5）土地使用权出让行为所设定的权利义务具有承接性

物业交易中，土地使用权在出让时设定了一定的权利义务，该权利义务不能因物业的交易而增加或减少，亦不能因交易中断，原则上出让合同对每一次物业交易均具有约束作用，若作重大变更，必须取得原出让方及土地管理机关的同意。《城市房地产管理法》第四十二条规定："房地产转让时，土地使用权出让合同载明的权利、义务随之转移。"第四十三条规定："以出让方式取得土地使用权的，转让房地产后，其土地使用权的使用年限为原土地使用权出让合同约定的使用年限减去原土地使用者已经使用年限后的剩余年限。"第四十四条规定："以出让方式取得土地使用权的，转让房地产后，受让人改变原土地使用权出让合同约定的土地用途的，必须取得原出让方和市、县人民政府城市规划行政主管部门的同意，签订土地使用权出让合同变更协议或者重新签订土地使用权出让合同，相应调整土地使用权出让金。"

10.1.3 物业交易的原则

物业交易同其他商品交易一样，都是平等主体之间的民事行为，在交易活动中均应遵守平等、自愿、公平、等价有偿、诚实信用、符合社会公共利益和社会道德的原则。但物业是一种特殊商品，作为特殊民事活动的物业交易，还应遵守以下原则：

1）及时登记原则

物业转让、抵押必须依法向房地产管理部门办理登记手续，因物业自身的特点，交易者只能运用房屋所有权和土地使用权证书及合同进行交易。为了让交易合法有效，必须到房地产管理部门办理登记手续，进行公示。同时根据《城市房地产管理法》的有关规定，物业租赁亦应向房地产管理部门登记备案。

2）房地联动原则

物业转让、抵押时，房屋所有权和土地使用权必须同时转让、抵押。根据建筑物区分所有权的规定，单元性房地产在进行交易时，交易者在转让、抵押其物业专有部分的所有权时，共有部分的持分权必须同时转让、抵押，但共有部分的持分权无须办理登记手续。

3）物业交易价格受市场和国家政策的影响

与一般商品相比，物业交易的价格，除了受市场因素影响外，还受国家政策的指导、监督、管理，如经济适用房的价格是受政府控制的。政府实施的管理具体表现为：国家定期公布基准地价、标定地价和房屋重置价格作为房地产基础价格；国家实行房地产价格评估制度；实行房地产成交价格申报制度。

4）土地使用权出让合同设定的权利义务随土地使用权转移

物业交易活动中，只有坚持该原则，才能保证物业所有权在多次转移之后，仍能按出让合同规定即城市规划的要求进行开发利用与经营，从而保障了土地的合理开发利用，保障了国家和社会的利益。

10.2 物业转让

10.2.1 物业转让的概念和特征

物业转让是指物业权利人通过买卖、赠与或其他合法方式将其物业的所有权转移给他人的行为。物业权利人包括物业所有人、房地产经营人、土地使用权人。物业转让可以发生在公民与公民之间、公民与法人之间、法人与法人之间。物业转让具有以下特征：

（1）物业转让必须发生房屋所有权和土地使用权转移的行为。这是物业转让区别于物业抵押、物业租赁等物业交易行为的显著标志之一。物业转让把房屋所有权及其相应权利转移给受让方，转让行为一经生效，原业主的一切权利均归受让人享有，受让人成为业主，而物业抵押、物业租赁中，房屋的所有权及其相应的权利不发生转移。

（2）物业转让的主体是业主，即房屋所有人，非房屋所有人未经授权无权处分他人物业。

（3）物业转让的客体是房屋所有权及该房屋所占范围内的土地使用权。单元性的物业转让客体，除包括对房屋专有部分的所有权，还包括对共有部分的持分权。

（4）物业转让必须通过合同形式，并经过合法产权变更登记，才能最终生效。首先，转让人和受让人之间应当签订物业转让书面协议。《城市房地产管理法》第四十一条规定："房地产转让，应当签订书面转让合同。"其次，转让人与受让人之间应当办理权属变更登记手续。《城市房地产管理法》第六十一条规定："房地产转让或变更时，应当向县级以上地方人民政府房产管理部门申请房产变更登记，并凭变更后的房屋所有权证书向同级人民政府土地管理部门申请土地使用权变更登记，经同级人民政府土地管理部门核实，由同级人民政府更换或者更改土地使用权证书。"

10.2.2 物业转让的形式

物业转让的形式主要有买卖、赠与及其他合法形式。

1）买卖

物业买卖是指以支付价款为条件，出卖人将其合法的物业（包括房屋所有权、土地使用权）出卖给买受人，由买受人向出卖人支付物业价款的行为。但房屋所有权转让与国有土地使用权转让有本质区别，土地使用权转让后，所有权仍属国家。

2）赠与

物业赠与是指赠与人自愿将其合法的物业（包括房屋所有权、土地使用权）无偿转移给受赠人的行为。同样，土地使用权赠与后，土地所有权仍属国家。此外，城市公有房屋所有权属于国家，使用单位和个人不得赠与。

3）其他合法形式

实践中，物业转让的其他合法形式一般包括：物业交换；物业继承；以物业抵债；以物业作价入股、与他人成立企业法人，而使房地产权属发生变更的；一方提供土地使用权，另一方或者多方提供资金，合资、合作开发经营房地产，而使房地产权属发生变更的；因企业被收购、兼并或合并，房地产权属随之转移的；法律、法规规定的其他情形。

10.2.3 物业转让的条件

物业转让行为属民事法律行为。《民法典》第一百四十三条规定，合法有效的民事法律行为应当具备三个条件：一是行为人具有相应的民事行为能力；二是意思表示真实；三是不违反法律、行政法规的强制性规定，不违背公序良俗。由于物业是一种特殊的商品，所以物业转让除了要符合上述要求外，还有一些特殊的构成要件。

1）物业转让主体具有合法资格

自然人作为物业转让主体的资格要求：自然人从事物业转让时，必须具有民事权利能力及完全民事行为能力；无民事行为能力或限制民事行为能力人作为物业转让主体时，应当由其法定代理人代为从事转让行为。

非自然人作为物业转让主体的资格要求：机关、企事业单位和社会团体等非自然人进行物业转让时，除应具有民事主体资格外，根据有关法律、法规的规定，还有一些特别要求，公有房屋买卖的，出卖人应是国家授权依法行使经营和管理权利的单位，且经国有资产管理部门批准同意；集体所有的房屋出卖人必须是集体组织即产权人；机关、部队、社会团体等单位因特殊需要而购买城市私有房屋，必须经县级以上人民政府批准。

2）转让的物业符合法律的要求

转让的物业应符合什么要求，《城市房地产管理法》有专门的规定：

（1）以出让方式取得土地使用权的，转让房地产时，应当符合下列条件：按照出让合同约定已经支付全部土地使用权出让金，并取得土地使用权证书；按照出让合同约定进行投资开发，属于房屋建设工程的，完成开发投资总额的25%以上，属于成片开发土地的，形成工业用地或者其他建设用地条件；转让房地产时房屋已经建成的，还应当持有房屋所有权证书。

（2）以划拨方式取得土地使用权的，转让房地产时，应当按照国务院规定，报有批准权的人民政府审批。有批准权的人民政府准予转让的，应当由受让方办理土地使用权出让手续，并依照国家有关规定缴纳土地使用权出让金。以划拨方式取得土地使用权的，转让房地产报批时，有批准权的人民政府按照国务院规定决定可以不办理土地使用权出让手续的，转让方应当按照国务院规定将转让房地产所获收益中的土地收益上缴国家或者作其他处理。

（3）下列房地产，不得转让：司法机关和行政机关依法裁定、决定查封或者以其他形式限制房地产权利的；依法收回土地使用权的；共有房地产，未经其他共有人书面同意的；权属有争议的；未依法登记领取权属证书的；法律、行政法规规定禁止转让的其他情形。

【案例分析10-1】

老王从某建筑公司购买了某开发公司抵债给该建筑公司的一套抵债住房，购房合同是老王同某建筑公司签的，购房发票也是某建筑公司开具的。老王拿这些手续到房地产交易部门根本办不了房屋所有产权，这是为什么呢？

资料来源：作者根据相关资料整理编写。

分析：上述案例出现三个问题：第一，房地产转让的主体问题。房地产转让的主体只能是房地产权利人，开发公司抵给建筑公司的抵债房，既没有办理房屋所有权证，建筑公司难以成为房屋权利人，而且建筑公司又不具有房地产开发资质，没有房屋销售的权利，其所签订的购房合同无主体资格，因而是无效合同。第二，房屋销售的代理问题。商品房的转让可以委托代理人办理，但必须有书面委托书，建筑公司既不受开发商的委托卖房，又没有正式的书面委托书，自己签约、开票卖房，没有任何法律效力，因而无法办理房屋所有权证。第三，房屋销售的程序问题。商品房销售必须实施房地产交易部门提供的标准示范合同文本，转让商品房必须到房地产交易部门办理合同登记备案手续和办理房屋所有权证。老王办不了产权当属意料之中。

购买抵债房时应注意：①此抵债房是否有《商品预（销）售许可证》，有了此证，证明《国有土地使用证》等四证齐全，可以办理房屋所有权证；②签合同、开发票，一定要有合法的房地产转让主体，这个主体就是开发此抵债房的开发公司，买方一定要坚持同开发公司签订购房合同，坚持开发公司提供统一的商品房销售发票，然后才能进行备案、办房屋所有权证；③同开发公司签订一份书面现金转让协议，以保证建筑公司收到款项后买方及时领取钥匙和房屋。

（4）下列物业是法律限制转让的：物业所有人出售租出的物业，须提前3个月通知承租人，在同等条件下，承租人有优先购买权。出租人未按此规定出卖物业，承租人可以请求人民法院宣告该物业买卖行为无效。

物业共有人出卖共有物业的，在同等条件下，共有人有优先购买权。

3）物业转让要符合法律规定的形式

《城市房地产管理法》第四十一条规定："房地产转让，应当签订书面转让合同，合同中应当载明土地使用权取得的方式。"因此，物业买卖必须订立书面的买卖合同；物业赠与必须有书面的赠与书；物业交换必须有书面的协议书。同时，《城市房地产管理法》还规定："物业转让需要当事人到房地产管理部门办理权属变更登记手续。"

【实战演练10-1】

2020年6月，A先生通过中介公司购买了一套二手房，可刚入住不久，就接到物业管理处通知，称A先生购买的房子拖欠了1 000多元的费用，并限期于15个工作日之内缴付。A先生为此事丈二和尚摸不着头脑：刚收的房子，哪来这么多欠费，而且在签署合同时已清楚约定，由原业主将物业交付前的所有欠费结清，当时还看清楚了原业主提供的当年5月份的物业管理费的发票。但是此时，原业主已无法联系上了。据调查，该购房从上年9月份至当年5月份的管理费还未缴纳。

问题：该业主是否应该缴纳上述费用？

10.2.4 物业转让程序

物业转让，除必须符合转让条件外，还需要经过一定的程序，以利于政府对此进行监督与管理，一般有以下几个步骤：

1）签订合同

物业转让当事人签订书面转让合同。

2）提出申请

物业转让当事人在物业转让合同签订后，应持物业权属证书、当事人的合法说明、转让合同等有关文件向物业所在地的房地产管理部门提出申请，并申报成交价格。

3）受理

房地产管理部门对提供的有关文件进行审查，并在7天内作出是否受理申请的书面答复，7天内未作书面答复的，视为同意受理。

4）评估

房地产管理部门核实申报的成交价格，并根据需要对转让的物业进行现场查勘和评估。

5）缴纳税费

按照国家有关规定买卖双方需要缴纳契税、印花税、专项维修资金、产权转移登记费，签订、评估、勘测、测绘手续费以及证件工本费等。

6）登记（过户）

房地产管理部门办理物业权属登记手续，核发物业权属证书。

10.2.5 物业转让合同

根据我国《民法典》和《城市房地产管理法》及有关法律法规的规定，物业转让合同应当包括以下主要内容：

（1）合同双方当事人的姓名或者名称、住所。

（2）交易物业的基本情况，包括坐落位置、面积、四至界限等。

（3）物业的用途或使用性质。

（4）成交价格及付款方式。

（5）物业交付使用、物业过户登记的时间。

（6）违约责任。

（7）其他有关事项。

【案例分析10-2】

武先生购买了一套房屋，然而入住后不久，卖主妻子就要求解除卖主与武先生签订的合同，理由是该房系其夫妻共同财产，她对卖房一无所知，因此卖主与武先生签订的合同无效。后法院审理查明，卖主妻子理应明知卖主将房屋出售一事，最终法院驳回了卖主妻子的诉讼请求。

资料来源：作者根据相关资料整理编写。

分析：根据我国《民法典》规定，夫妻一方未经另一方同意，不得擅自处分夫妻共同财产。因此在购买二手房时，购房人应注意卖主是否已婚，该房屋是否属于夫妻共同财产。

10.3 物业租赁

10.3.1 物业租赁的概念及特征

物业租赁是指物业所有权人作为出租人将其物业出租给承租人使用，由承租人向出租人支付租金的行为。出租人可以是物业的产权人（业主），可以是接受业主委托的物业经营人（物业管理公司或其他人），还可以是得到产权人同意而转租的物业使用人。

物业租赁是商品交换的一种形式，物业租金是双方当事人商品交换的价格。由于其特殊性，因此具有以下特征：

（1）物业租赁只转移物业权属中的使用权，而不转移物业的所有权。承租人支付租金后，拥有的是物业的占有权和使用权，物业的处分权仍属于出租人所有。承租人只能按照租赁合同的规定合理使用物业，并在租赁期满后，将物业归还出租人。

（2）物业租赁有期限限制。承租人对物业的使用权和占有权只能在物业租赁的期限内有效，租赁期满，承租人须返还物业，出租人享有完整的所有权。《民法典》第七百零五条规定："租赁期限不得超过20年，超过20年的，超过部分无效。"所以，物业租赁合同最高年限不得高于20年。

10.3.2 物业租赁合同

物业租赁合同是出租人与承租人就物业租赁事宜明确双方的权利、义务的协议，也即以物业租赁为标的的契约。为了使物业租赁关系正常化、规范化和合法化，租赁物业时，当事人双方应就物业租赁的相关事宜签订书面的物业租赁合同。

签订物业租赁合同时，必须遵循以下原则：

（1）自愿互利原则，即签订物业合同是双方当事人的真实意思表示。凡是不符合客观实际情况或采取胁迫、欺骗手段达成的租约以及租约以外的其他协议事项，法律是不予承认和保护的。互利是指签订物业租赁合同的双方当事人都应享有一定的权利，承担相应的义务。

（2）公平合理原则，即物业租赁合同的内容必须公平合理，除了权利和义务要基本对等外，租金的确定也应按照合理租金和国家有关规定，经双方协商而定。

（3）合法原则。物业租赁合同必须在遵守国家法律政策的前提下签订。违反国家法律、政策的物业租赁合同，国家不予承认和保护。

物业租赁合同应该具体明确，主要包括以下内容：

（1）当事人姓名或者名称及住所，包括出租人与承租人的姓名或者名称、住所等基本情况。

（2）房屋的坐落、面积、装修及设施状况。必须在合同中标明其坐落地段、产权所有人、产权证号、建筑面积、使用性质、房屋结构、四至界限、附属物和附图等。其中，厨房、浴室、过道等物业辅助面积，附属于住房的租赁，不能作为独立的合同标的物。合同中还必须考虑租赁房屋的安全和卫生等因素。

（3）租赁用途。合同应载明出租房作为何种用途。

（4）租赁期限。定期租赁应该在合同中载明确切的期限和起止日期。

（5）租金及交付方式。支付方式可按月支付或每半年、一年支付一次，或按约定方式支付。无论是毛租、净租还是百分比租约，支付租金的时间和总数必须说清楚。如果租金是按平方米计算的，在租金计算时必须注明“每平方米”等字样。

（6）房屋修缮责任。

（7）租赁期间出租人与承租人的权利和义务。

（8）违约责任，如存放违禁物品，影响安全居住，逾期交付租金等的责任。

（9）房屋返还时的状态。

（10）转租的约定。

（11）纠纷解决，如协商、调解、仲裁等。

（12）当事人约定的其他内容。

10.3.3 物业租赁关系的成立

物业租赁关系的成立条件包括：出租的物业符合法律规定；租赁双方签订物业租赁合同；办理物业租赁登记。

1）出租的物业符合法律规定

根据有关规定，下列物业不得出租：

（1）未依法取得房屋所有权证的。

（2）司法机关和行政机关依法裁定、决定查封或者以其他形式限制房地产权利的。

（3）共有房屋未取得其共有人同意的。

（4）权属有争议的。

（5）属于违法建筑的。

（6）不符合安全标准的。

（7）已抵押，未经抵押权人同意的。

（8）不符合公安、环保、卫生等主管部门有关规定的。

（9）已依法公告为拆迁范围内的物业。

（10）有关法律、法规规定禁止出租的其他情形。

2）租赁双方签订书面的租赁合同

物业租赁关系的确立，是以“物业租赁合同”的签订为标志的。《民法典》第七百零七条规定：“租赁期限六个月以上的，应当采用书面形式。当事人未采用书面形式，无法确定租赁期限的，视为不定期租赁。”

《城市房地产管理法》第五十四条规定：“房屋租赁，出租人和承租人应当签订书面租赁合同，约定租赁期限、租赁用途、租赁价格、修缮责任等条款，以及双方的其他权利和义务，并向房产管理部门登记备案。”因此，物业租赁应当签订书面的租赁合同。

3）物业租赁登记

根据《城市房屋租赁管理办法》的规定，房屋租赁实行登记备案制度。其具体规定如下：

（1）房屋租赁当事人应当在租赁合同签订后30日内，持本办法第15条规定的文件到直辖市、市、县人民政府房地产管理部门办理登记备案手续。

（2）办理房屋租赁登记备案应当提交下列文件：书面租赁合同；房屋所有权证书；当事人的合法证件；城市人民政府规定的其他文件。出租共有房屋，还须提交其他共有人同意出租的证明。出租委托代管房屋，还须提交委托代管人授权出租的证明。

（3）房屋租赁申请经直辖市、市、县人民政府房地产管理部门审查合格后，颁发房屋租赁证。县人民政府所在地以外的建制镇的房屋租赁申请，可由直辖市、市、县人民政府房地产管理部门委托的机构审查，并颁发房屋租赁证。

10.3.4 租赁双方的权利和义务

1）物业出租方的权利

（1）按照合同约定向承租方收取租金的权利。根据租赁合同向承租方收取租金是物业出租方的基本权利。随着物业条件的改善和社会经济的发展，物业出租方有权在下一轮合同签订时调整租金。

（2）对承租方使用物业的情况进行监督、检查、指导的权利。承租方在使用物业过程中如有擅自拆改物业或损坏物业的情况，出租方有权要求其恢复原状。对造成经济损失的，有权要求赔偿损失。

(3) 法定解约权。符合法律规定的条件，物业出租方有权提出终止物业租赁合同、收回出租物业的权利，如租赁期满，承租方私自转租物业，擅自改变物业用途，无故拖欠租金6个月以上等。

(4) 期满收回原物业的权利。租赁期满，出租方收回原物业，并有权检查物业的完好状况，如有人为损坏，则有权要求承租方赔偿损失。

2）物业出租方的义务

(1) 按照合同交付完好物业的义务。租赁合同签订生效后，出租方就应按合同约定将完好物业交付承租人使用，并在交付使用前向承租方核对点交物业。如果出租方不能如期交付出租物业，承租方有权要求出租方赔偿经济损失。

(2) 修缮物业的义务。在租赁期限内，出租方有义务对物业（包括房屋及附属设施、设备）进行维修、养护，以保证承租方安全、正常使用物业。

(3) 权利瑕疵担保义务。所谓瑕疵担保是指出租方应保证其对物业享有合法权利，并不受任何第三人对物业的追索的限制。如果承租方承租的物业被第三人主张权利，影响了承租权，出租方应向承租人赔偿损失。

(4) 纳税义务。租赁期内，出租方应按规定交纳各种与物业有关的税费，以保证承租方能正常使用承租物业。

(5) 物业大修时为承租方解决临时用房的义务。如果出租物业需要大修，需要承租方暂时迁出时，出租方有为承租方解决临时用房的义务。

【案例分析10-3】

史某租赁尹某门脸房一套，合同约定该房屋用于餐饮店经营，并约定了租金和付款期限等条款。合同签订后，承租人史某开始装修，遭到小区多名业主和物业公司的阻拦，说市政府有明确规定，小区的门脸房不可以用作餐饮经营，会污染环境。史某随即向市政府有关部门进行咨询。市环保局告知，市政府确实有规定，说城镇建成区内按规划属于居民住宅的房屋不得改作或者租赁给他人用作能够产生噪声、振动、油烟、粉尘、异味的饮食、娱乐行业的经营活动用房。否则，办不了环评，也领不了营业执照。眼看经营无望，史某多次找到出租人尹某要求解除合同，返还合同款项，尹某拒绝。于是史某将尹某告上了法庭。

资料来源：作者根据相关资料整理编写。

分析：首先，法律法规一经颁布，就推定全体公民都知晓，被告不能以自己不知道该法规免除自己的责任。其次，《民法典》第七百零八条规定："出租人应当按照约定将租赁物交付承租人，并在租赁期限内保持租赁物符合约定的用途。"可见，在租赁期间保证出租物符合合同约定的用途，属于出租人的义务。《民法典》第五百六十三条规定："当事人一方迟延履行债务或者有其他违约行为致使不能实现合同目的，当事人可以解除合同。"我们认为出租人的违约行为不能实现合同目的，属于根本违约行为，据此，原告有权解除合同。

3）承租方的权利

（1）按照合同约定租赁期内占有、使用完好物业的权利。租赁合同签订生效后，承租方有权占有、使用完好物业，如果承租方的权益受到损害，可向政府房地产主管部门投诉或直接向法院起诉。

（2）要求及时修缮物业的权利。物业出现损坏，如非承租方的行为造成，承租方有权要求出租方及时修缮，以保障物业的正常使用。如承租方已报修而出租方未能及时维修而造成经济损失的，承租方有权向出租方索赔其经济损失。

（3）优先续租权和优先购买权。物业租赁合同期满时，如果出租方继续将物业出租，原承租方在同等条件下有优先续租权；在物业租赁期内，如果出租方要将物业出卖，应提前告知承租人，在同等条件下，承租人有优先购买的权利。

（4）监督和建议权。承租方对出租方的管理工作有权提出监督和建议。

4）承租方的义务

（1）按照合同约定按时交纳租金的义务。按期如数向出租方交纳租金是承租人的基本义务。无故拖欠租金累计6个月以上的，有可能被收回承租的物业。

（2）爱护、合理使用物业的义务。未经出租方同意，承租方不得擅自拆改物业，同时，应按合同约定的用途，合理使用物业，如因为承租方的过错而造成物业损坏的，承租方应负责物业的修复或赔偿业主的损失。

（3）不得擅自处置物业的义务。未经出租方同意，承租方不得擅自将物业转借、转租，凡擅自转租或利用承租物业从事非法活动的，有可能被收回承租的物业。

（4）租赁期满交还完好物业的义务。租赁合同终止时，承租方有义务将承租的物业完好无损地交还给出租方，并接受出租方的查收。

10.3.5 物业租赁关系的变更或终止

在物业租赁过程中，由于种种原因，物业租赁关系有可能发生变更甚至终止。物业租赁关系的变更或终止主要是指物业租赁合同的变更或终止。

1）物业租赁合同变更或终止的情形

根据我国《民法典》和我国《城市房地产租赁管理办法》的规定，有下列情形之一的，物业租赁关系的当事人可以变更或终止物业租赁合同：

（1）物业租赁关系所依据的国家政策、法令被修改或取消而造成物业租赁关系需要变更或终止。

（2）由于不可抗力造成物业租赁关系需要变更或终止。

（3）当事人双方协商一致同意变更或终止物业租赁关系且不因此损害国家和公众利益。

此外，承租人有下列行为之一的，出租人有权终止合同，收回房屋，因此而造成损失的，由承租人赔偿：

（1）将承租人的房屋擅自转租的；

（2）将承租人的房屋擅自转让、转借他人或擅自调换使用的；

（3）将承租人的房屋擅自拆改结构或改变用途的；

（4）拖欠租金累计6个月以上的；

（5）公用住宅用房无正当理由闲置6个月以上的；

（6）租用出租人房屋进行违法活动的；

（7）故意损坏出租人房屋的；

（8）法律、法规规定其他可以收回的情形。

2）物业租赁合同变更或终止的实施

（1）物业租赁当事人任何一方有上述变更或终止合同的情形而主张变更或终止租赁合同的，应当通知对方。合同自通知到达对方时解除。

（2）对方当事人就物业租赁合同的变更或终止有异议的，可以请求人民法院或者仲裁机构解除物业租赁合同。

【案例分析10-4】

小杨自房东黄阿姨处承租了一间商铺，用于经营副食零售，租期为两年。经营才一年小杨就亏损了不少，于是想要将商铺转租出去，可小杨与黄阿姨的合同中约定未经房东书面同意，出租人不得转租。小杨仍偷偷地运作，与次承租人小周签订了转租协议。

出于谨慎，小周要求小杨在合同里写明保证不收回商铺的使用权，保证其享有小杨与房东租赁合同中的同等权益，保证租期届满后协助其与房东续签合同的条款。这样，双方达成了转租协议，小周向小杨交纳了租金、转让费并接手了店铺。

不久，精明的黄阿姨发现了问题，立即提出解除与小杨的租赁合同，并将小周赶出了商铺。后来小周将小杨诉至法院，要求解除转租合同、返还租金、转让费并赔偿损失。

分析：合同具有相对性，仅能约束缔约的双方，小杨虽然在转租合同中对小周作出了种种承诺，均无法约束房东黄阿姨。房东黄阿姨与小杨的租赁合同明确约定禁止转租，如果小杨的转租未取得黄阿姨同意或追认，黄阿姨可单方解除与小杨的合同，并依据对商铺的所有权要求次承租人小周腾房。因此，一旦房东对转租提出异议，次承租人无法继续使用所租房屋。

小周可以请求小杨承担违约责任，但在双方未约定违约金的情况下，小周需证明实际损失情况，而且因小周明知小杨不具备转租权限，亦应自行负担部分损失。本案中，小周因无法充分证明损失情况，法院仅判令小杨返还剩余租金及部分转让费。

随着经济流转的加速，商铺转租日益频繁，而转租合同的全面履行需以前手租赁合同为基础，否则极易节外生枝。如部分次承租人偏信转租人的承诺，在前手租赁合同未约定转租权限的情况下贸然签约，一旦出租人拒绝追认，转租合同即陷入困境。

建议转租时应查明转租人权限，并应及时取得出租人的认可。对属于出租人与承租人之间的债务，亦应当场结清，防止事后发生纠纷。

10.4 物业抵押

10.4.1 物业抵押的概念和法律特征

1）物业抵押的概念

物业抵押是指抵押人以其合法的物业以不转移占有的方式向抵押权人提供债务履行担保的行为。债务人不履行债务时，抵押权人有权依法以抵押的物业拍卖所得的价款优先受偿。

2）物业抵押的法律特征

（1）物业抵押具有从属性。物业抵押从属于担保的债权，相对于债权关系，物业抵押具有从属性。设定抵押的目的，是保证主债权的履行，物业抵押不能脱离主债权而独立存在。物业抵押随主债权的成立而成立，随主债权的消灭而消灭，物业抵押权的行使以主债权未受清偿为基础。

（2）物业抵押具有不可分性。物业抵押与担保的债权不可分离，抵押的效力及于担保的债权和抵押物的全部。抵押物的分割或一部分灭失，债权分割或一部分让与或清偿，抵押权不受影响。

（3）物业抵押具有优先受偿性。债务人不履行债务时，抵押权人有权依法以抵押的物业拍卖所得的价款优先受偿。优先受偿权保证了抵押权人可以优先其他债权人而享受清偿的权利。首先，抵押权优先于其他普通债权。当有两个以上债权人时，设定抵押权的债权就抵押财产享有优先清偿的权利，只有抵押权人的债权清偿完以后，其他债权人才得以清偿。其次，在同一项物业上设定有数个抵押权时，先抵押权人优于后抵押权人而享受清偿，只有前一抵押权人的债权得到完全清偿后，后一顺序的抵押权人才可能就剩余的部分得到清偿。

（4）物业抵押具有物上代位性。物业抵押是一种价值担保，当被抵押的物业发生变化（包括形态、性质变化甚至灭失）时，但只要还存在交换价值，抵押权的效力就及于已发生变化的物或者其替代物上，这就是抵押的物上代位性，如抵押权人有权就因抵押物业拆迁而获得的补偿金优先受偿。

（5）物业抵押是要式抵押。物业抵押的要式性表现在两个方面：第一，物业抵押时抵押双方必须签订书面的抵押合同。我国《城市房地产管理法》第五十条规定："房地产抵押，抵押人和抵押权人应当签订书面抵押合同。"第二，物业抵押要办理抵押登记。我国《城市房地产管理法》第六十二条规定："房地产抵押时，应当向县级以上地方人民政府规定的部门办理抵押登记。"

10.4.2 物业抵押的条件

1）基本条件

（1）只有经出让和转让方式取得的土地使用权，才能抵押。

（2）土地使用权抵押时，其地上建筑物、其他附着物随之抵押。

（3）土地使用权抵押不得违背国家法律、法规和土地使用权出让合同的规定。

2）物业抵押权设定的具体规定

（1）购房者凭房屋所有权证与土地使用证或房屋预售合同设定抵押权。

（2）房地产开发商凭土地使用证、施工承包合同设定抵押权。

（3）抵押共有物业时，应出具其他共有人的意见书，并只能抵押本人所有的份额。

（4）外资、合资与合作企业设定抵押权时，应出具董事会的书面同意书。

（5）国有与集体所有制企业设定抵押权时，应出具其上级主管部门的书面同意书。

（6）境外抵押物业时，应出具有关外汇管理部门的批准书。

（7）抵押人以已出租的物业抵押时，应书面通知承租人，原租赁合同继续有效。

（8）抵押人就同一物业设定若干抵押权时，应事先将设定状况通知各抵押权人。各抵押权人按先后顺序行使抵押权。

10.4.3　物业抵押的程序

1）抵押双方当事人签订抵押合同

抵押双方必须签订书面的抵押合同，且合同不得违背国家法律、法规和土地使用权出让合同的规定。

2）由公证机关对双方签订的合同予以公证

3）抵押登记

抵押登记是抵押权成立的要件。登记的内容包括被担保的金额、抵押权人的姓名或名称、债权等。在办理物业抵押登记时，应当向房地产主管部门交验下列文件：

（1）抵押当事人的身份证明或法人资格证明。

（2）抵押合同。

（3）抵押登记申请书。

（4）作为标的物的房屋所有权证，共有房屋还必须提交房屋共有权证和其他共有人同意抵押的证明。

（5）以预购商品房抵押的，须提交生效的预购房屋合同。

（6）有效的房地产评估报告（如有）。

（7）登记机关认为必要的其他文件。

4）注销

抵押合同终止后，抵押权人应在规定的时间内分别向土地管理部门与房产管理部门办理抵押登记的注销手续。

物业抵押权的消灭主要有以下几种情况：

（1）因债务清偿而消灭。物业抵押合同从属于债务合同，因此物业抵押合同随主合同的消灭而消灭。当主合同因债务清偿而消灭时，物业抵押权也随之消灭。

（2）因物业抵押权的实现而消灭。抵押人到期未能履行债务或者在抵押合同期间宣告解散、破产的，抵押权人有权依照国家法律、法规和抵押合同的规定处分抵押物业。抵押权的实现方式主要有折价、变卖和拍卖。我国《城市房地产管理法》第四十七条规定：“债务人不履行债务时，抵押权人有权依法以抵押的房地产拍卖所得的价款优先受偿。”

（3）因抵押的物业灭失且无替代物而消灭。由于物业抵押权具有物上代位性，当物业灭失时，如有赔偿金或保险金等替代物，物业抵押权的效力及于该赔偿金或保险金等替代物。但当抵押的物业灭失且无替代物时，物业抵押权消灭。

（4）协议消灭。当事人之间约定消灭抵押权。

10.4.4 物业抵押合同

1）物业抵押合同的概念

物业抵押合同是指抵押人将自己所有的，或经授权可以抵押的物业抵押给抵押权人，作为自己或第三人履行债务的担保的合同。抵押人可以为自己的债务进行物业抵押，也可以为第三人的债务进行物业抵押。如果债务人逾期不履行债务时，抵押权人便可以将物业拍卖、变卖或折价抵作价款得到清偿。

2）物业抵押合同的内容

物业抵押合同应载明下列内容：

（1）当事人。物业抵押合同中的当事人有三方，即抵押人、抵押权人和主债务的债务人。当然，通常情况下，抵押人与主债务的债务人为同一人。合同中应明确以上三方的名称或者姓名和住所。

（2）主债权。主债权的性质、数额、期限以及产生原因均要写明。

（3）标的物。在标的物条款中，应详细列明抵押物业的处所、名称、状况、面积以及四至等。

（4）抵押物业的价格。物业估价可以通过有资质的评估机构作出有效的评估报告，也可以是双方都认可的价格。由于物业估价比较复杂，最好由有资质的专业评估机构来作出评估报告。

（5）抵押物业的占用管理人、占用管理方式、占用管理责任以及损毁、灭失的责任。物业抵押因不转移对房屋的占有、使用，故抵押人与抵押权人应该约定物业的占用管理人、占用管理方式及占用管理责任等。如果是因为抵押人的过错而使抵押物业损毁或灭失的，抵押权人有权要求抵押人以其他财产代替抵押物业。当事人对此另有约定的，从其约定。

（6）抵押期限。物业抵押合同中的抵押期限应当明确，一般情况下此期限等于或长于主债务的期限。

（7）抵押权灭失的条件。一般而言，抵押权基于以下几种情况灭失：所担保的主债权灭失；抵押期限届满；抵押物业因意外事故损毁、灭失，而当事人没有关于继续抵押的约定；双方协商解除该抵押合同；因政府行为或不可抗力造成合同履行的不可能。

（8）违约责任。物业抵押合同中应明确如果违反合同应承担的责任。一般约定为违约金或赔偿金的数额或其计算方式、支付方式及期限等。

（9）争议解决方式。抵押双方可以约定合同纠纷的解决方式，通常是选择仲裁或诉讼。

（10）抵押合同订立的时间、地点。这也是抵押合同应具备的条款。时间关系到有关抵押期限及违约金的计算等，地点往往决定纠纷时的诉讼管辖等。

（11）双方约定的其他事项。双方还可以约定变更条款、终止条款等，即约定在什么情况下变更其中的什么内容，在什么情况下可以终止抵押合同等。

10.4.5 抵押合同双方当事人的权利和义务

1）抵押人的权利

（1）占有、使用、收益和处分物业的权利。除物业抵押合同有其他约定外，物业被抵押后，抵押人仍享有对所抵押物业的占有、使用、收益和处分的权利，但必须以不影响抵押权为前提，行使处分权时也要受到限制，如抵押的物业转让时必须征得抵押权人同意，同时抵押人还应告知受让人转让物业已抵押的情况。

（2）就同一物业上设定数个抵押权的权利。为了保护物业抵押人的利益，最大限度地发挥物业的经济效益，法律允许就同一物业的剩余担保价值部分再设定抵押权。

2）抵押人的义务

（1）保证物业完好的义务。由于抵押人仍继续占有抵押的物业，因此抵押人有义务对该物业进行妥善保管，以防其价值降低。

（2）保证物业抵押权的实现。在债务人不能履行债务时，抵押人有义务协助抵押权人处分抵押的物业。

3）抵押权人的权利

（1）优先受偿的权利。这是抵押权人最重要的权利。在抵押实现时，抵押权人有对抵押物业拍卖所得价款优先受偿的权利。物业抵押权人的优先受偿权表现在两个方面：一是其优先于其他普通债权人受偿；二是其优先于后设定抵押权的债权人受偿。

（2）追偿权。物业抵押后，抵押人对已抵押的物业仍享有处分权，抵押人的处分行为对抵押权不发生影响，抵押权仍存在。在债务不能履行时，抵押权人有权追及到抵押物业的受让人而行使抵押权，使债权得以实现。

（3）物上代位权。当抵押的物业损毁或灭失时，抵押权人有权就补偿金或赔偿金优先受偿。抵押权人可以代替抵押人直接向第三人或保险公司请求损害赔偿或保险赔偿。

（4）处分抵押权。抵押权人有权对其抵押权进行处分，如抛弃或转让，但抵押权应当同债权一同让与，并且须通知抵押人。

4）抵押权人的义务

（1）不得干涉物业抵押人正当地对物业行使占有、使用、收益和处分的权利。

（2）在债务人清偿债务后，抵押权人负有尽快解除物业抵押的义务。

（3）抵押权实现后，抵押权人负有将清偿其债权后所余价款归还抵押人的义务。

本章小结

物业交易是指以物业为标的而进行的转让、租赁、抵押等各种民事行为。现实生活中最主要的物业交易形式是物业转让、物业租赁和物业抵押，其特征有标的物位置固定，物业市场是供给稀缺的市场，物业交易标的额大、专业性强，标的物具有联动性，土地使用权出让行为所设定的权利义务具有承接性等。物业交易时要遵守的原则有及时登记原则、房地联动原则、物业交易价格受市场和国家政策的影响、土地使用权出让合同设定的权利义务随土地使用权转移等。

物业转让是指物业权利人通过买卖、赠与或其他合法方式将其物业的所有权转移给他人的行为。物业转让的形式主要有买卖、赠与及其他合法形式。物业转让必须具备转让主体有合法资格、转让的物业符合法律的要求、物业转让要符合法律规定的形式等条件。物业转让应签订书面的物业转让合同并在房地产管理部门办理产权变更登记手续才能产生法律效力。

物业租赁是指物业所有权人作为出租人将其物业出租给承租人使用，由承租人向出租人支付租金的行为。物业租赁关系成立的条件包括出租的物业符合法律规定、租赁双方签订书面的租赁合同和物业租赁登记。租赁双方都应按照合同享受权利和履行义务。

物业抵押是指抵押人以其合法的物业以不转移占有的方式向抵押权人提供债务履行担保的行为。债务人不履行债务时，抵押权人有权依法以抵押的物业拍卖所得的价款优先受偿。物业抵押具有从属性、不可分性、优先受偿性、物上代位性、要式抵押等法律特征。物业抵押必须签订抵押合同，并由公证机关办理公证，还必须进行登记。物业抵押登记是物业抵押生效的要件。抵押人和抵押权人在享受权利的同时应承担各自的义务。

关键概念

物业转让　物业租赁　物业抵押

基础知识练习

△ 选择题

1.不能作为物业管理的委托方的是（　　）。

A.房地产开发企业　　B.公房出售单位

C.物业承租单位　　D.业主委员会

2.房屋租赁不转移（　　）。

A.房屋的使用权　　B.房屋的所有权

C.房屋部分收益权　　D.房屋的占有权

3.签订物业租赁合同，必须遵循（　　）原则。

A.自愿互利　　B.公平合理　　C.合法　　D.其他

△ 判断题

1.物业交易等同于房地产交易。（　　）

2.物业交易的标的物是不动产。（　　）

3.业主房屋租赁在本区备案即可。（　　）

△ 思考题

1.物业抵押需要的程序有哪些？

2.物业转让的程序有哪些？

实践操作训练

△ 案例题

2020年年底的一天，王玲（化名）发现她刚申请到的位于某市某区某居住小区的廉租房，已经有人居住。她一打听才知道，3个月前负责该小区物业管理的某市某物业公司该小区服务处（以下简称该物业服务处）把房子租给了现在的住户张红（化名），双方也签订了租赁合同。

张红说她是在网上看到招租广告，拨打上面的手机号，向该物业服务处的负责人“陈主任”租的房子。经查，所谓“陈主任”其实是该物业服务处的管理员陈晖。同时她的租赁合同上，也加盖了该物业服务处的公章。

对陈晖负责管理的保障房进行核查后发现，陈晖于2020年8月起私用该物业服务处公章，利用管理保障房的职务便利，通过委托中介、网络招租等方式擅自出租113套保障房，收取租金50多万元。

问题：(1) 案例中涉及的物业租赁关系主体有哪些？

(2) 案例中王玲和张红的租赁合同哪一份有效？为什么？

(3) 案例中该物业服务处是否应承担连带责任？为什么？

△ 实训题

[实训情境设计]

王先生家有1套2室1厅100平方米的房屋，因外出公干1年，为使出差时房屋不空置，决定将该房屋出租。广告贴出后，王先生决定租给承租人。请根据上述实际情况拟定1份房屋租赁合同。

[实训任务要求]

合同中需明确指出租赁日期及租赁期间的相关费用，具体责任到人。

[实训提示]

房屋具备租赁的要求，不需到相关单位备份。

[实训效果评价表]

评价内容	分值（分）	评分（分）
不能违反法律法规，具有合法性	20	
内容完整	30	
语言简洁明了	20	
各项费用明确	30	

注：考评满分为100分。60分以下为不及格；60~69分为及格；70~79分为中等；80~89分为良好；90分及以上为优秀。

第11章

物业质量管理法律制度

学习目标

通过本章的学习，要求了解物业的质量监督制度、建筑工程的质量责任制度、物业的竣工验收制度、物业的质量保修制度、商品住宅的质量保证书和使用说明书制度等，掌握目前我国这五种制度的相关规定。

引例 **业主以房屋质量问题拒交物业费用能否获得支持**

田某原为某小区开发商的销售人员，其购买该小区房屋后发现房屋存在漏水问题，遂向开发商反映。经过协商，双方达成协议，开发商向田某赔偿，赔偿款折抵田某的物业费。此后，田某房屋再次漏水，其因多次向物业公司寻求解决未果而拒绝交纳物业费。物业公司遂提起诉讼要求田某交纳物业费。田某以物业公司未为其解决房屋漏水问题以及物业服务存在诸多瑕疵为由拒绝交纳。北京市第三中级人民法院公开审理了物业公司与田某物业服务合同纠纷一案，最终维持一审酌减物业费的判决结果。

2011年6月，田某（甲方）与物业公司（乙方）签订了《前期物业服务协议》，物业公司为涉诉小区提供了物业管理服务，但田某未交纳2014年3月至2015年12月期间的物业费。田某主张，其原系涉案小区开发商的销售人员，按照开发商与物业公司的约定，对于房屋质量问题，开发商都要求业主找物业公司先行处理，否则不予处理，而且对于5 000元以下的赔偿，物业公司有权自主决定，现物业公司未对田某房屋漏水问题予以解决，物业公司未尽到相应职责，而且物业公司还存在诸多服务瑕疵，故不同意交纳物业费。为证明其主张，田某向法院提交了其与开发商之间的协议、小区照片、维修单等证据。一审法院认为田某应向物业公司交纳2014年3月至2015年12月期间的物业费，但鉴于物业公司为田某提供的服务存在瑕疵，一审法院判决酌减10%的物业费。

【裁判要点】

北京市第三中级人民法院经审查认为，依法成立的合同对当事人有法律约束力。当事人应当按照约定履行自己的义务，不得擅自变更或解除合同。当事人一方未支付价款或报酬的，对方可以要求其支付价款或者报酬。根据物业公司与田某于2011年6签订的《前期物业服务协议》可知，双方之间系物业服务合同关系。物业公司为田某提供了物业服务，田某应依约交纳相应的物业费。关于物业费的数额及违约金，由双方的陈述以及在案证据可知，物业公司提供的物业服务确实存在一定的瑕疵，一审法院据此对物业公司主张的违约金不再予以支持，并对其主张的物业费酌减10%，并无不当。田某上诉所主张的房屋质量问题，与本案并非同一法律关系，其可与相关责任者另行解决，而不能以此为由拒交物业费。

资料来源：龚勇超，李思巧．业主以房屋质量问题拒交物业费用能否获得支持［EB/OL］．［2020-06-09］．https：//www.haolvshi.com.cn/ztw/0-47971.html，

为了了解物业质量管理法律制度，本章将介绍物业质量监督的主体、建筑工程质量管理的各方承担者、物业的竣工验收及质量保修等相关内容。

11.1　物业的质量监督制度

11.1.1　政府监督

建筑工程质量监督是指由政府授权的专门机构对建筑工程质量实施的监督，其主要依据是国家颁布的有关法律、法规、技术标准及设计文件。为了加强政府的质量监督，1983年，城乡建设环境保护部（现为“住房和城乡建设部”）就与有关部门共同提出要建立工程质量监督制度，发布了《建筑工程质量监督条例》；1990年，建设部印发《建设工程质量监督管理规定》；2000年1月10日，国务院第25次常务会议通过《建设工程质量管理条例》等。根据这些规定，政府质量监督制度的主要内容包括：

1）担任建筑工程质量监督站站长、监督员必须具备相应的资质条件

担任监督站站长应当取得建筑类工程师以上职称，其中，特大城市和负责大中型工业、交通项目监督的监督站站长应当取得建筑类高级工程师职称。担任监督员应当具备相应建筑类中专以上学历并从事设计或施工工作5年以上。

2）实施质量监督的内容

实施质量监督的内容包括开工前的监督、施工过程中的监督和竣工核验。

（1）开工前的监督

①对受监工程的勘察、设计和施工单位的资质等级及营业范围进行审查，凡不符合规定要求的不得开工。

②对施工图设计质量进行监督，主要审查建筑结构、安全、防火和卫生等，使之符合相应标准的要求。

（2）施工过程中的监督

①按照监督计划对工程质量进行抽查。其中，对房屋建筑和构筑物工程的抽查重点是地基基础、主体结构和决定使用功能、安全性能的重要部位。

②建筑构件质量的监督，重点是核查生产许可证、检测手段和构件质量。

（3）竣工核验

竣工核验是在施工单位验收的基础上对工程质量等级进行检验。

3）实施质量监督的程序

（1）建设单位在工程开工前一个月，应到监督站办理监督手续，提交勘察设计资料等有关文件。

（2）监督站应在接到文件、资料的两周内，确定该工程的监督员，通知建设、勘察、设计、施工单位，并提出监督计划。

（3）具体实施质量监督的各项工作。

在实践操作中，有些人常常把政府的质量监督同建筑工程监理混淆起来。其实，虽然两者的出发点是一致的，都是为保证工程质量而做的工作，但却有很大的不同：①两者的性质不同。政府的质量监督是政府履行维护社会公共利益的职责而确定的，具有强制性和广泛性；而建筑工程监理则是受建设单位的委托而从事的质量监督活动，具有自愿性和限定性。②两者的工作对象不同。政府的质量监督的对象既包括所有从事建筑施工的单位和个人，也包括建筑工程监理单位；而建筑工程监理单位的监督对象只是施工单位。③两者监督的内容不同。政府的质量监督是依据有关工程建设的法律、法规、技术标准及设计文件对整个施工过程实行以抽查为主要方式的监督；而建筑工程监理则是依据建设单位的委托对工程建设承包合同的履行全过程进行现场监督，其监督的内容不仅有工程质量，还有关于工期、投资等更为广泛的内容。因此，政府的质量监督与建筑工程监理在保证工程质量方面各有各的作用，不可混为一谈。

11.1.2 群众监督

《中华人民共和国建筑法》（以下简称《建筑法》）第六十三条规定："任何单位和个人对建筑工程的质量事故、质量缺陷都有权向建设行政主管部门或者其他有关部门进行检举、控告、投诉。"建筑工程质量的群众监督就是指群众根据《建筑法》第六十三条的规定，对建筑工程质量事故及质量缺陷，向建设行政主管部门和其他有关部门进行检举、控告和投诉。它所涉及的行为主体包括两个方面：一是同工程质量事故及质量缺陷无利害关系的第三人享有的检举权；二是事故所侵害的当事人的控告权和投诉权。这两类行为主体行使其监督权，既可以向建设主管部门提出，也可以向工商监察等部门提出。对于这两类主体进行的检举、控告和投诉，有关政府主管部门都应接受并积极处理。

11.2 建筑工程的质量责任制度

建筑工程质量责任的落实是政府质量监督的重要内容，也是督促从事工程建设活动各方当事人加强质量管理的重要环节。一个健全、完善的质量责任承担制度既维护了当事人的合法权益，也维护了建设单位和消费者的合法权益。

根据《建筑法》《建设工程质量管理条例》等法律、法规的规定，建设单位、建筑施工单位、工程监理单位、勘察设计单位以及建筑材料、建筑构配件和设备供应单位都应承担相应的质量责任。

11.2.1 建设单位的质量责任和义务

建设单位也就是业主，是工程的投资者和使用者，其质量控制对保证建设工程质量具有关键作用。为了保证建设工程的质量，建设单位首先要承担起相应的质量控制责任。

1） 开工前的责任和义务

（1）建设单位应当将施工图设计文件报县级以上人民政府建设行政主管部门或其他有关部门审查。施工图设计文件未经审查批准的，不得使用。

（2）建设单位在领取施工许可证或者开工报告前，应当按照国家有关规定办理工程质量监督手续。

2） 在选择勘察、设计、施工单位方面的责任和义务

（1）建设单位必须根据工程特点和技术要求，按有关规定选择相应资格等级的勘察、设计、施工单位，并签订工程承包合同。

（2）建设单位应当依法对工程建设项目的勘察、设计、施工、监理以及与工程建设有关的重要设备、材料等发生的质量问题承担相应的责任。

（3）建设单位应当将工程发包给具有相应资质等级的单位。建设单位不得将建设工程肢解发包。肢解发包是指建设单位将应当由一个承包单位完成的建设工程分解成若干部分发包给不同的承包单位的行为。

（4）建设工程发包单位不得迫使承包方以低于成本的价格竞标，不得任意压缩合理工期。

（5）建设单位不得明示或者暗示设计单位或者施工单位违反工程建设强制性标准，降低建设工程质量。

（6）建设单位必须向有关的勘察、设计、施工、工程监理等单位提供与建设工程有关的原始资料。原始资料必须真实、准确、齐全。

3）在工程监理方面的责任和义务

（1）建设单位应根据工程特点，配备相应的质量管理人员，或委托工程建设监理单位签订监理合同，明确双方的权利义务。

（2）实行监理的建设工程，建设单位应当委托具有相应资质等级的工程监理单位进行监理，也可以委托具有工程监理相应资质等级并与被监理工程的施工承包单位没有隶属关系或者其他利害关系的该工程的设计单位进行监理。

（3）下列建设工程必须实行监理：①国家重点建设工程；②大中型公用事业工程；③成片开发建设的住宅小区工程；④利用外国政府或者国际组织贷款、援助资金的工程；⑤国家规定必须实行监理的其他工程。

4）在建筑材料、建筑构配件和设备使用方面的责任和义务

（1）建设单位应当依法对工程建设项目的勘察、设计、施工、监理以及与工程建设有关的重要设备、材料等的采购进行招标。

（2）按照合同规定，由建设单位采购建筑材料、建筑构配件和设备的，建设单位应当保证建筑材料、建筑构配件和设备符合设计文件和合同要求。同时，建设单位按照工程承包合同供应的设备等产品的质量，必须符合国家现行的有关法律、法规和技术标准的要求。

（3）建设单位不得明示或者暗示施工单位使用不合格的建筑材料、建筑构配件和设备。

5）在竣工验收与档案管理方面的责任与义务

（1）建设单位收到建设工程竣工报告后，应当组织设计、施工、工程监理等有关单位进行竣工验收。建设工程竣工验收应当具备下列条件：①完成建设工程设计和合同约定的各项内容；②有完整的技术档案和施工管理资料；③有工程使用的主要建筑材料、建筑构配件和设备的进场试验报告；④有勘察、设计、施工、工程监理等单位分别签署的质量合格文件；⑤有施工单位签署的工程保修书。建设工程经验收合格，方可交付使用。

（2）建设单位应当严格按照国家有关档案管理的规定，及时收集、整理建设项目各环节的文件资料，建立、健全建设项目档案，并在建设工程竣工验收后，及时向建设行政主管部门或者其他有关部门移交建设项目档案。

6） 在装修工程管理方面的责任与义务

涉及建筑主体和承重结构变动的装修工程，建设单位应当在施工前委托原设计单位或者具有相应资质等级的设计单位提出设计方案；没有设计方案的，不得施工。

11.2.2 勘察、设计单位的质量责任与义务

搞好勘察、设计是保证建设工程质量的重要环节。建设工程的勘察、设计单位必须对其勘察、设计的质量负责，并承担相应的质量责任。

1） 进行勘察设计的质量责任与义务

（1）在承接工程方面的责任和义务。

①从事建设工程勘察、设计的单位应当依法取得相应等级的资质证书，并在其资质等级许可的范围内承揽工程。

②勘察、设计单位应当接受工程质量监督机构对其资格的监督检查。

③禁止勘察、设计单位超越其资质等级许可的范围或者以其他勘察、设计单位的名义承揽工程。禁止勘察、设计单位允许其他单位或者个人以本单位的名义承揽工程。

④勘察、设计单位不得转包或者违法分包所承担的工程。

（2）在编制与实施勘察、设计文件方面的责任和义务。

①勘察、设计单位必须按照工程建设强制性标准进行勘察、设计，并对其勘察、设计的质量负责。

②注册建筑师、注册结构工程师等注册执业人员应当在设计文件上签字，对设计文件负责。

③勘察单位提供的地质、测量、水文等勘察成果必须真实、准确。

④设计单位应当根据勘察成果文件进行建设工程设计。设计文件应当符合国家规定的设计深度要求，注明工程合理使用年限。

⑤勘察、设计单位应按照国家现行的有关规定、技术标准和合同进行勘察、设计，建立健全质量保证体系，加强设计过程的质量控制，健全设计文件的审核会签制度，参与图纸会审以及做好设计文件的技术交底工作。

⑥设计单位应当就审查合格的施工图设计文件向施工单位作出详细的说明。

⑦设计单位应当参与建设工程质量事故分析，并对因设计造成的质量事故，提出相应的技术处理方案。

（3）在建筑材料、建筑构配件和设备选择方面的责任和义务。

①设计单位在设计文件中选用的建筑材料、建筑构配件和设备，应当注明规格、型号、性能等技术指标，其质量要求必须符合国家规定的标准。

②除有特殊要求的建筑材料、专用设备、工艺生产线等外，设计单位不得指定生产厂、供应商。

2） 工程勘察、设计文件的质量要求

（1）设计文件应符合国家现行的有关法律、法规、工程技术标准和合同约定。

（2）工程勘察文件应反映工程地质、地形地貌、水文地质状况，要求评价准确、数据可靠。

（3）设计文件的深度应满足相应设计阶段的技术要求。施工图应配套，细部节点应交代清楚，标注说明应清晰、完整。

（4）设计中选用的材料、设备等，应注明其规格、型号、性能、色泽等，并提出质量要求，但不得指定生产厂家。

（5）对大中型建设工程、超高层建筑以及采用新技术、新结构的工程，应在合同中约定设计单位向施工现场派驻设计代表。

11.2.3　建筑施工单位的质量责任

建筑施工单位是建筑施工任务的最终完成者，因此建筑施工单位对于工程建设质量负有极其重要的施工质量责任。

1）在质量责任承担方面的责任与义务

（1）施工单位对建设工程的施工质量负责。

（2）施工单位应当建立质量责任制，确定工程项目的项目经理、技术负责人和施工管理负责人。

（3）建设工程实行总承包的，总承包单位应当对全部建设工程质量负责；建设工程勘察、设计、施工、设备等采购的一项或者多项实行总承包的，总承包单位应当对其承包的建设工程或者采购的设备的质量负责。

（4）总承包单位依法将建设工程分包给其他单位的，分包单位应当按照分包合同的约定对其分包工程的质量承担连带责任。

（5）实行总包工程，总包单位对工程质量和竣工交付使用的保修工作负责。分包单位要对其分包的工程质量和竣工交付使用的保修工作负责。

2）在承接工程时的责任与义务

（1）施工单位应当依法取得相应的资质证书，并在其资质等级许可的范围内承揽工程，不得擅自超越资质等级及业务范围承揽工程。

（2）禁止施工单位超越本单位资质等级许可的业务范围或者以其他施工单位的名义承揽工程。禁止施工单位允许其他单位或者个人以本单位的名义承揽工程。

（3）施工单位不得转包或者违法分包工程。所谓转包，是指承包单位承包建设工程后，不履行合同约定的责任和义务，将其承包的全部建设工程转给他人或者将其承包的全部建设工程分解后以分包的名义分别转给其他单位承包的行为。所谓违法分包，是指下列行为：①总承包单位将建设工程分包给不具备相应资质条件的单位的；②建设工程总承包合同中未有约定，又未经建设单位认可，承包单位将其承包的部分建设工程交由其他单位完成的；③施工总承包单位将建设工程主体结构的施工分包给其他单位的；④分包单位将其承包的建设工程再分包的。

3）在建筑材料、建筑构配件和设备进场时的责任与义务

（1）建筑施工单位应谨慎地选择建筑材料、建筑构配件和设备供应单位。一般情况下，施工单位应建立合格建筑材料、建筑构配件和设备供应单位的档案，并从列入档案的供应单位处采购建筑材料、建筑构配件和设备，以防止不合格的建筑材料、建筑构配件和设备流入施工现场。

（2）建筑施工单位对于进场的建筑材料、建筑构配件和设备应当按照合同的约定，依据设计要求、技术标准进行检验，如在建筑材料、建筑构配件和设备进场时根据进料计划、送料凭证、质量保证书或产品合格证等，进行建筑材料、建筑构配件和设备的数量与质量验收。通过建筑材料、建筑构配件和设备的进场验收，杜绝假冒伪劣产品流入工地，保证并提高工程质量。

（3）建筑施工单位应加强施工现场的建筑材料、建筑构配件和设备管理，包括建筑材料、建筑构配件和设备计划管理，建筑材料、建筑构配件和设备的存储与保管，建筑材料、建筑构配件和设备领发，建筑材料、建筑构配件和设备使用监督，建筑材料、建筑构配件和设备回收等。

4）在施工中的责任与义务

（1）施工单位必须按照工程设计图纸和施工技术标准施工，不得擅自修改工程设计，不得偷工减料。施工单位在施工过程中发现设计文件和图纸有差错的，应当及时提出。

（2）施工单位必须建立健全施工质量的检验制度，严格工序管理，做好隐蔽工程的质量检查和记录。隐蔽工程在隐蔽前，施工单位应当通知建设单位和建设工程质量监督机构。

（3）施工人员对涉及结构安全的试块、试件以及有关材料，应当在建设单位或者工程监理单位监督下现场取样，并送具有相应资质等级的质量检测单位进行检测。

（4）施工单位对施工中出现质量问题的建设工程或者竣工验收不合格的建设工程，应当负责返修。

（5）应当接受工程质量监督机构的监督检查。

5）在施工教育培训方面的责任与义务

施工单位应当建立健全教育培训制度，加强对职工的教育培训，未经教育培训或者考核不合格的人员，不得上岗作业。

【实战演练11-1】

某工程承包单位在南京承建某商业用房工程项目中，发现部分梁拆除模板后，出现较多细裂缝。细裂缝主要沿梁侧面由下至上延伸，大致与梁方向垂直。出现裂缝的梁侧面细裂缝多的有三十余条，少的也有十余条。该质量事故发生以后，发包人认为质量事故应当由该承包单位负责，并且承担由此引起的损失。该承包单位则认为不应当承担责任，因为设计图纸的一部分主梁与次梁的受力钢筋直径偏小，是设计原因造成了梁裂缝问题。

问题：在本案中承包单位是否应承担质量责任呢？

11.2.4 工程监理单位的质量责任和义务

工程监理单位受建设单位委托进行监督，其本身行为也应受到规范和限制，承担相应的责任和义务。

1）在承接工程时的责任和义务

（1）工程监理单位应当依法取得相应等级的资质证书，并在其资质等级许可的范围内承担工程监理业务。

（2）禁止工程监理单位超越本单位资质等级许可的范围或者以其他工程监理单位的名义承揽工程监理业务。禁止工程监理单位允许其他单位或者个人以单位的名义承揽工程监理业务。

（3）工程监理单位不得转让工程监理业务。建设单位将监理业务委托给工程监理单位，是建设单位对该工程监理单位的信誉和能力的信任，工程监理单位接受委托后，应当自行完成工程监理业务，不允许将工程监理业务转让、委托给其他工程监理单位。如果由于业务太多或其他原因，工程监理单位无法完成该工程监理业务，工程监理单位应当依法解除委托关系，由建设单位将该建筑工程的监理业务委托给其他具有相应资质等级的工程监理单位。

2）在执行监理任务时的责任与义务

（1）建筑工程监理单位应当依照法律、行政法规及有关的技术标准、设计文件和建筑工程承包合同，对承包单位在施工质量、建设工期和建设资金使用等方面，代表建设单位实施监督，并对施工质量承担监理责任。

（2）工程监理单位应当根据建设单位的委托，客观、公正地执行监理任务。所谓客观地执行监理任务，是指监理单位必须实事求是，遵循客观规律，按工程建设的科学要求进行监理活动；公正地执行监理任务，是指监理单位执行监理任务时要公平正直，平等地对待各方当事人，没有偏私，真实、合理地进行监督检查，提出意见，为建设单位服务。这是对工程监理单位执行监理任务的基本要求。

（3）工程监理单位应当选派具备相应资格的总监理工程师和监理工程师进驻施工现场。未经监理工程师签字，建筑材料、建筑构配件和设备不得在工程上使用或安装，施工单位不得进行下一道工序的施工。未经总监理工程师签字，建设单位不得拨付工程款，不得进行竣工验收。

监理工程师应当按照工程监理规范的要求，采取旁站、巡视和平行检验等形式，对建筑工程实施监理。

（4）工程监理人员认为工程施工不符合工程设计要求、施工技术标准和合同约定的，有权要求建筑施工单位改正。这既是工程监理人员的权利，又是其应当履行的职责。如果工程监理人员应该发现问题而没有发现，应该提出改正而没有提出，就是失职，就应承担相应的法律责任。

（5）工程监理人员发现工程设计不符合建筑工程质量标准或者合同约定的质量要求的，应当报告建设单位要求设计单位改正。这既是工程监理人员的权利，也是其应当履行的义务。

同时，为了保证工程监理人员能够正常行使其权利、履行其义务，建设单位应在委托的工程范围内，授予工程监理人员以下具体权利：向承包单位提出施工组织设计和技术方案建议权；工程建设有关协作单位的组织协调的主持权；经建设单位同意，发布开工令、停工令、复工令权；工程上使用的材料和施工质量检验权；工程施工进度的检查、监督权；工程款支付的审核和签认权等。

3）在处理与建筑材料、建筑构配件和设备供应单位关系方面的责任和义务

工程监理单位与被监理工程的承包单位以及建筑材料、建筑构配件和设备供应单位不得有隶属关系或者其他利害关系。工程监理单位与被监理工程的承包单位以及建筑材料、建筑构配件和设备供应单位有隶属关系或者其他利害关系的，不得承担该项建筑工程的监理义务。这里的隶属关系是指工程监理单位与被监理工程承包单位以及建筑材料、建筑构配件和设备供应单位有母子公司关系等。其他利害关系是指其他经济利益关系，如参股、联营等关系。当出现工程监理单位与被监理工程的承包单位以及建筑材料、建筑构配件和设备供应单位有隶属关系或者其他利害关系的情况时，工程监理单位在接受建设单位委托前应当自行回避；在接受委托后发现这一情况时，应当依法解除委托关系。

11.2.5 建筑材料、建筑构配件和设备供应单位的质量责任与义务

要保证建筑工程质量，建筑材料、建筑构配件和设备供应单位也应承担相应的质量责任。

1）建筑材料、建筑构配件和设备供应单位承担的一般质量责任

根据《中华人民共和国产品质量法》（以下简称《产品质量法》）的规定，生产者应当对其生产的产品质量负责。产品质量应当符合下列要求：

（1）不存在危及人身、财产安全的不合理的危险，有保障人体健康，人身、财产安全的国家标准、行业标准的，应当符合该标准。

（2）具备产品应当具备的使用性能，但是对产品存在使用性能的瑕疵作出说明的除外。

（3）符合在产品或者其包装上注明采用的产品标准，符合以产品说明、实物样品等方式表明的质量状况。

此外，《产品质量法》对于产品及其包装也提出了具体要求，同时还规定：生产者不得生产国家明令淘汰的产品；生产者不得伪造产地，不得伪造或者冒用他人的厂名、厂址；生产者不得伪造或者冒用认证标志、名优标志等质量标志；生产者生产产品，不得掺杂、掺假，不得以假充真，以次充好，不得以不合格产品冒充合格产品。这些关于产品质量的一般规定，都适用于建筑材料、建筑构配件和设备的生产厂家，是它们必须承担的一般质量责任。

2）建筑材料、建筑构配件和设备供应单位承担的特别质量责任

建筑材料、建筑构配件和设备供应单位除《产品质量法》规定的一般质量责任外，还应承担特别质量责任。

（1）建筑材料、建筑构配件及设备供应单位对其生产或供应的产品质量负责。

（2）建筑材料、建筑构配件及设备的供需双方均应签订购销合同，并按合同条款进行质量验收。

（3）建筑材料、建筑构配件及设备供应单位必须具备相应的生产条件、技术装备和质量保证体系等，具备必要的检测人员和设备，把好产品看样、订货、存储、运输及核验的质量关。

（4）建筑材料、建筑构配件及设备质量应当符合下列要求：

①符合国家或行业现行有关技术标准规定的合格标准和设计要求；

②符合在建筑材料、建筑构配件及设备或其包装上注明采用的标准，符合以建筑材料、建筑构配件及设备说明、实物样品等方式表明的质量状况。

（5）建筑材料、建筑构配件及设备包装上的标志应当符合下列要求：

①有产品质量检验合格证明；

②有中文标明的产品名称、生产厂厂名和厂址；

③产品包装和商标样式符合国家有关规定和标准要求；

④设备应有产品详细的使用说明书，电气设备还应附有线路图；

⑤实施生产许可证或使用产品质量认证标志的产品，应有许可证或质量认证的编号、批准日期和有效期限。

11.3　物业的竣工验收制度

11.3.1　概　述

工程项目的竣工验收是施工全过程的最后一道工序，有的是工程项目管理的最后一项工作。它是建设投资成果转入生产使用的标志，也是全面考核投资效益、检验设计和施工质量的重要环节。

《建筑法》第六十一条规定："交付竣工验收的建筑工程，必须符合规定的建筑工程质量标准，有完整的工程技术经济资料和经签署的工程保修书，并具备国家规定的其他竣工条件。建筑工程竣工经验收合格后，方可交付使用；未经验收或者验收不合格的，不得交付使用。"根据该规定，建筑工程竣工验收必须符合一定条件，未经竣工验收合格的，不得交付使用。

【案例分析11-1】

某开发商新建商品房于2019年12月开始向业主交付使用，从2020年1月开始收取物业管理费。后经调查发现，该开发商组织的该商品房的竣工验收，于2020年4月10日才经各方评定验收合格。

资料来源：作者根据相关资料整理编写。

分析：建筑工程必须经验收合格后，方可交付使用。因此该开发商于2020年4月10日前，该商品房验收合格前向业主收取的物业管理费，应予以退还。

1）有关竣工验收的条件

交付竣工验收的建筑工程，应当符合以下条件：

（1）必须符合规定的质量标准。

由于建筑工程项目门类很多，要求各异，因此必须有相应的竣工验收标准，以便遵循，一般有土建工程、人防工程、管道工程、桥梁工程、电气工程及铁路建筑安装工程等的验收标准。下面仅对土建工程和安装工程的验收标准作一下介绍：

①土建工程验收标准是指凡生产性工程、辅助功用设施及生活设施按照设计图纸、技术说明书、验收规范进行验收，工程质量符合各项要求，在工程内容上按规定全部施工完毕，即对生产性工程要求室内全部做完，建筑物、构筑物周围场地平整、障碍物清除，道路及下水道畅通，对生活设施除上述要求外，还要求水道、电道、道路畅通。

②安装工程验收标准是指按照设计要求的施工项目内容、技术质量要求及验收规范的规定，各道工序全部保质保量施工完毕。更新改造项目和大修理项目，可以参照国家标准或有关标准，根据工程性质，结合当地的实际情况，由业主与承包商共同商定提出使用的竣工验收的具体标准。

建筑工程的竣工验收，必须符合相应的验收标准。

（2）有完整的工程技术经济资料和经签署的工程保修书。

工程技术经济资料是工程项目竣工验收和质量保证的重要依据之一，施工单位应按合同要求提供全套竣工验收所必需的工程资料，经监理工程师审核确认无误后，方能同意竣工验收。一般情况下，工程项目竣工验收的资料主要有以下几项：①工程项目竣工报告；②分项、分部工程和单位工程技术人员名单；③图纸会审和设计交底记录；④设计变更通知单、技术变更核实单；⑤工程质量事故发生后调查和处理资料；⑥建筑材料、建筑构配件和设备的质量合格证明资料；⑦试验、检验报告；⑧隐蔽验收记录及施工日志；⑨竣工图；⑩质量检验评定资料。

施工单位提供的以上竣工验收资料应当经监理工程师审查后，认为符合工程施工合同及国家有关规定，并且准确、完整、真实，才可同意竣工验收。

此外，施工单位同建设单位签署工程保修书也是交付竣工验收的条件之一。未签署工程保修书的，工程不得竣工验收。

2）建筑工程竣工验收合格后，方可使用

在实践中，竣工验收一般分为两个阶段。

（1）单项工程验收。

这是指在一个总体建设项目中，一个单项工程或一个车间已按设计要求建设完成，能满足生产要求具备的使用条件，施工单位已预验，监理工程师已初验通过，在此条件下进行的正式验收。由几个施工单位负责施工的单项工程，当其中一个单位所负责的部分已按设计完成，也可组织正式验收，办理交工手续，交工时应请总包单位参加。

对于建成的住宅可分栋进行正式验收，以便及早交付使用，提高投资效益。

（2）全部验收。

这是整个建设项目已按设计要求全部建设完成，并已符合竣工验收标准，施工单位预验通过，监理工程师初验认可，由监理工程师组织以建设单位为主，设计、施工等单位参加的正式验收。在整个项目进行全部验收时，对已验收过的单项工程，可以不再进行正式验收和办理验收手续，但应将单项工程验收单作为全部工程验收的附件而加以说明。

无论是单项工程（如单栋住宅）提前交付使用，还是全部工程整体交付使用，都必须经过竣工验收这一环节，并且还必须验收合格，否则，不得交付使用。

11.3.2　房屋建筑工程和市政基础设施工程的竣工验收

1）房屋建筑工程和市政基础设施工程竣工验收的条件

依照2000年建设部发布的《房屋建筑工程和市政基础设施工程竣工验收暂行规定》第五条规定，房屋建筑工程和市政基础设施工程应当符合下列要求方可进行竣工验收：

（1）完成工程设计和合同约定的各项内容。

（2）施工单位在工程完工后对工程质量进行检查，确认工程质量符合有关法律、法规和工程建设强制性标准，符合设计文件及合同要求，并提出工程竣工报告。工程竣工报告应经项目经理和施工单位有关负责人审核签字。

（3）对于委托监理的工程项目，监理单位对工程进行了质量评估，具有完整的监理资料，并提出质量检查报告。工程质量评估报告应经总监理工程师和监理单位有关负责人审核签字。

（4）勘察、设计单位对勘察、设计文件及施工过程中由设计单位签署的设计变更通知书进行了检查，并提出质量检查报告。质量检查报告应经该项目勘察、设计负责人和勘察、设计单位有关负责人审核签字。

（5）有完整的技术档案和设施管理资料。

（6）有工程使用的主要建筑材料、建筑构配件和设备的进场试验报告。

（7）建设单位已按合同约定支付工程款。

（8）有施工单位签署的工程保修书。

（9）城乡规划行政主管部门对工程是否符合规划设计要求进行检查，并出具认可文件。

（10）有公安消防、环保等部门出具的认可文件或者准许使用文件。

（11）建设行政主管部门及其委托的工程质量监督机构等有关部门责令整改的问题全部整改完毕。

2）房屋建筑工程和市政基础设施工程竣工验收的程序

房屋建筑工程和市政基础设施工程的竣工验收应当按以下程序进行：

（1）工程完工后，施工单位向建设单位提交工程竣工报告，申请工程竣工验收。实行监理的工程，工程竣工报告须经总监理工程师签署意见。

（2）建设单位收到工程竣工报告后，对符合竣工验收要求的工程，组织勘察、设计、施工、监理等单位和其他有关方面的专家组成验收组，制订验收方案。

（3）建设单位应当在工程竣工验收7个工作日前将验收的时间、地点及验收组名单书面通知负责监督该工程的工程质量监督机构。

（4）建设单位组织工程竣工验收，其内容主要包括：

①建设、勘察、设计、施工、监理单位分别汇报工程合同履约情况和在工程建设各个环节执行法律、法规和工程建设强制性标准的情况；

②审阅建设、勘察、设计、施工、监理单位的工程档案资料；

③实地查验工程质量；

④对工程勘察、设计、施工、设备安装质量和各管理环节等方面作出全面评价，形成经验收组人员签署的工程竣工验收意见。

参与工程竣工验收的建设、勘察、设计、施工、监理等各方面不能形成一致意见时，应当协商提出解决的方法，待意见一致后，重新组织工程竣工验收。

3）房屋建筑工程和市政基础设施工程竣工验收报告

工程竣工验收合格后，建设单位应当及时提交工程竣工验收报告。工程竣工验收报告主要包括工程概况，建设单位执行基本建设程序情况，对工程勘察、设计、施工、监理等方面的评价，工程竣工验收时间、程序、内容和组织形式，工程竣工验收意见等内容。

工程竣工验收报告还应附有下列文件：

（1）施工许可证。

（2）施工图设计文件审查意见。

（3）上述房屋建筑工程和市政基础设施工程竣工验收条件的（2）、（3）、（4）、（9）、（10）所规定的文件。

（4）验收组人员签署的工程竣工验收意见。

（5）市政基础设施工程应附有质量检测和功能性试验资料。

（6）施工单位签署的工程保修书。

（7）法规、规章规定的其他有关文件。

负责监督该工程的工程质量监督机构应当对工程竣工验收的组织形式、验收程序、执行验收标准等情况进行现场监督，发现有违反建设工程质量管理规定行为的，责令改正，并将对工程竣工验收的监督情况作为工程质量监督报告的重要内容。

4）房屋建筑工程和市政基础设施工程竣工验收的备案

依照《房屋建筑工程和市政基础设施工程竣工验收备案管理暂行办法》的规定，凡是在中华人民共和国境内新建、扩建、改建各类房屋建筑工程和市政基础设施工程应当实行竣工验收备案。建设单位应当自工程竣工验收合格之日起15日内，依照该规定，向工程所在地的县级以上地方人民政府建设行政主管部门（以下简称备案机关）备案。

建设单位办理工程竣工验收备案应当提交下列文件：

（1）工程竣工验收备案表。

（2）工程竣工验收报告。竣工验收报告应当包括工程报建日期，施工许可证号，施工图设计文件审查意见，勘察、设计、施工、工程监理等单位分别签署的质量合格文件及验收人员签署的竣工验收原始文件，市政基础设施的有关质量检测和功能性试验资料以及备案机关认为需要提供的有关资料。

（3）法律、行政法规规定应当由规划、公安消防、环保等部门出具的认可文件或者准许使用文件。

（4）施工单位签署的工程保修书。

（5）法规、规章规定必须提供的其他文件。

商品住宅还应当提交住宅质量保证书和住宅使用说明书。

备案机关收到建设单位报送的竣工验收备案文件，验证文件齐全后，应当在工程竣工验收备案表上签署文件收讫。

工程竣工验收备案文件一式两份，一份由建设单位保存，另一份留备案机关存档。工程质量监督机构应当在工程竣工验收之日起5日内，向备案机关提交工程质量监督报告。备案机关发现建设单位在竣工验收过程中有违反国家有关建筑工程质量管理规定行为的，应当在收讫竣工验收备案文件15日内，责令停止使用，重新组织竣工验收。

建设单位在工程竣工验收合格之日起15日内未办理工程竣工验收备案的，备案机关责令限期改正，处20万元以上30万元以下罚款。

11.4　物业质量保修制度

物业质量保修制度即建筑工程质量保修制度，是指建筑工程在办理竣工验收手续后，在规定的保修期内，因勘察、设计、施工、材料等原因造成的质量缺陷，应当由责任单位负责维修。质量缺陷是指工程不符合国家或行业现行的有关技术标准、设计文件以及合同中对质量的要求。《建筑法》第六十二条规定："建筑工程实行质量保修制度。建筑工程的保修范围应当包括地基基础工程、主体结构工程、屋面防水工程和其他土建工程，以及电气管线、上下水管线的安装工程，供热、供冷系统工程等项目；保修的期限应当按照保证建筑物合理寿命年限内正常使用，维护使用者合法权益的原则确定。具体的保修范围和最低保修期限由国务院规定。"

11.4.1　物业质量保修的范围

根据《建筑法》的规定，建筑工程保修范围包括以下几个方面：

（1）地基基础工程。

（2）主体结构工程。

（3）房屋防水工程。

（4）其他土建工程。

（5）电气管线、上下水管线的安装工程。

（6）供热、供冷系统工程等项目。

【实战演练11-2】

某住宅小区2010年交付业主使用，2014年该小区某单元6层一住户家的外墙下水管渗漏，湿了以下5层沿管的大片外墙。物业公司提出要对此进行维修，可维修费该由谁出？7层和8层的住户说，此事与他们无关，他们不出维修费；6层以下的住户说，维修费应由6层的住户出；6层的住户说，维修费应从维修基金中出。

问题：该维修费应该由谁来出？

11.4.2 物业质量保修的期限

根据国务院2000年发布的《建设工程质量管理条例》第四十条和建设部2000年颁布的《房屋建筑工程质量保修办法》第七条的规定，物业的最低保修期限主要包括以下几个方面：

在正常使用条件下，建设工程的最低保修期限为：

（1）基础设施工程、房屋建设的地基基础工程和主体结构工程，为设计文件规定的该工程的合理使用年限；

（2）屋面防水工程和有防水要求的卫生间、房间和外墙面的防渗漏为5年；

（3）供热与供冷系统，为2个采暖期、供冷期；

（4）电气管线、给排水管道、设备安装为2年；

（5）装修工程为2年。

其他项目的保修期限由发包方与承包方约定。

建设工程的保修期，自竣工验收合格之日起计算。

11.4.3 物业质量保修的责任承担

对物业实行质量保修，应当由有关负责方承担：

（1）施工单位未按国家有关规范、标准和设计要求施工，造成的质量缺陷，由施工单位负责维修并承担经济责任。

（2）由于设计方面的原因造成的质量缺陷，由设计单位承担经济责任，可由施工单位负责维修，其费用按有关规定通过建设单位向设计单位索赔，不足部分由建设单位负责。

（3）因建筑材料、建筑构配件和设备质量不合格引起的质量缺陷，属于施工单位采购的或经其验收同意的，由施工单位承担经济责任；属于建设单位采购的，由建设单位承担经济责任。

（4）因使用单位使用不当造成的损失问题，由使用单位自行负责。

（5）因地震、洪水、台风等不可抗力原因造成的损失问题，施工单位、设计单位不承担经济责任。

（6）因第三方的原因造成的质量缺陷不属于保修的范围。

11.5 商品住宅的质量保证书和使用说明书制度

为了加强商品住宅的质量管理，确保商品住宅的售后服务质量和水平，维护商品住宅消费者的合法权益，1998年建设部规定了商品住宅实行住宅质量保证书和住宅使用说明书制度，要求房地产开发企业在向用户交付销售的新建商品住宅时，必须提供住宅质量保证书和住宅使用说明书。

11.5.1 住宅质量保证书的性质和用途

住宅质量保证书是房地产开发企业对其销售的商品住宅承担质量责任的法律文件，

房地产开发企业应当按住宅质量保证书的约定，承担保修责任。

住宅质量保证书可以作为商品房购销合同的补充约定，也就是说，住宅质量保证书可以作为商品房购销合同的补充合同，其条款与商品房购销合同条款具有同等效力。

11.5.2 房地产开发企业在执行住宅质量保证书和使用说明书制度中的责任和义务

（1）房地产开发企业在向用户交付销售的新建商品住宅时，必须提供住宅质量保证书和使用说明书。

（2）商品住宅售出后，委托物业管理公司等单位维修的，应在住宅质量保证书中明示所委托的单位。

（3）房地产开发企业向用户交付商品住宅时，应当有交付验收手续，并由用户对住宅设备、实施的正常运行签字认可。用户验收后自行添置、改动的设施、设备，由用户自行承担维修责任。

（4）住宅质量保证书和使用说明书应在住宅交付用户的同时提供给用户。

（5）房地产开发企业在住宅使用说明书中对住户合理使用住宅应有提示。因用户使用不当或擅自改动结构、设备位置和不当装修等造成的质量问题，开发企业不承担保修责任；因住户使用不当或擅自改动结构，造成房屋质量受损或者其他用户损失的，由责任人承担相应责任。

11.5.3 住宅质量保证书和使用说明书的内容

1）住宅质量保证书的内容

（1）工程质量监督部门核验的质量等级。

（2）地基基础和主体结构在合理使用寿命年限内承担保修责任。

（3）在正常使用情况下各部位、部件保修内容与保修期：①屋里防水3年；②墙面、厨房和卫生间地面、地下室、管道渗漏1年；③墙面、顶棚抹灰层脱落1年；④地面空鼓开裂、大面积起砂1年；⑤门窗翘裂、五金件损坏1年；⑥管道堵塞2个月；⑦供热、供冷系统和设备1个采暖期或供冷期；⑧卫生洁具1年；⑨灯具、电器开关6个月；⑩其他部位、部件的保修期限，由房地产开发企业与用户自行约定。

（4）用户报修的单位，答复和处理的时限。住宅保修期从开发企业将竣工验收的住宅交付用户使用之日起计算，保修期不应低于规定的期限。房地产开发企业可以延长保修期。国家对住宅工程质量保修期另有规定的，保修期按照国家规定执行。

上述各部位、部件的保修期是在《商品住宅实行住宅质量保证书和住宅使用说明书制度的规定》中规定的，但其中有保修期限不明或有与前述11.4.2所讲的“保修期限”内容有冲突的，按照上位法优于下位法的原则，以国务院2000年发布的《建设工程质量管理条例》第四十条和建设部2000年颁布的《房屋建筑工程质量保修办法》第七条的规定为准，即以11.4.2的“保修期限”的内容为准。

2）住宅使用说明书的内容

住宅使用说明书应当对住宅的结构、性能和各部位（部件）的类型、性能、标准等作出说明，并注明使用注意事项，一般应当包括以下内容：

（1）开发单位、设计单位、施工单位，委托监理的应注明监理单位。

（2）结构类型。

（3）装修、装饰注意事项。

（4）上水、下水、电燃气、热力、通信、消防等设施配置的说明。

（5）有关设备、实施安装预留位置的说明和安装注意事项。

（6）门、窗类型及使用注意事项。

（7）配电负荷。

（8）承重墙、保温墙、防水层、阳台等部位注意事项的说明。

（9）其他需说明的问题。

其中，住宅中配置的设备、设施，生产厂家另有使用说明书的，应附于住宅说明书中。住宅质量保证书和住宅使用说明书的具体式样见表11-1和表11-2。

表11-1　　住宅质量保证书　　填发日期：

公司名称		电话	
地址		邮编	
商品房项目名称		工程质量等级	
竣工验收时间		交付使用时间	
负责质量保修部门			
联系电话		答复期限	
保修项目	保修期限	保修责任	
屋面防水			
地基主体结构			
墙面、厨房和卫生间地面、地下室、管道渗漏			
墙面、顶棚抹灰层脱落			
地面空鼓开裂、大面积起砂			
门窗翘裂、五金件损坏			
卫生洁具			
灯具、电器开关			
供冷系统和设备			
管道堵塞			
房地产开发公司承诺的其他保修项目			

表11-2　　**房地产开发公司住宅使用说明书**　　填发日期：

开发单位	名称			
	地址			
	电话		邮编	
设计单位	名称			
	地址			
	电话		邮编	
施工单位	名称			
	地址			
	电话		邮编	
监理单位	名称			
	地址			
	电话		邮编	
住宅部位	使用说明和注意事项			
结构和装修装饰				
上水、下水				
供电设施、配电负荷				
通信				
燃气				
消防				
门、窗				
承重墙				
防水层				
阳台				
其他				

本章小结

本章从五个方面进行介绍：物业的质量监督制度、建筑工程的质量责任制度、物业的竣工验收制度、物业质量保修制度、商品住宅的质量保证书和使用说明书制度等。在物业质量监督制度里，主要包括两个重要组成部分即政府监督和群众监督，只有充分利用好了这两方面的力量才能真正完善我国的物业质量监督制度。建筑工程的质量责任制度中对整个工程的进度和涉及的各个方面都有严格规定，不但对建设单位、施工单位、勘察单位、设计单位、监理单位等作出了规定，而且对在建筑过程中建筑材料、建筑构配件和设备供应单位都作出了相应的规定。物业的竣工验收制度中对物业竣工验收的基本条件以及房屋建筑工程和市政基础设施工程的竣工验收做了详细的阐述。物业的质量保修制度中对保修范围、期限和责任承担做了详细的介绍。商品住宅的质量保证书和使用说明书制度中对住宅的质量保证书和使用说明书的内容和式样进行了介绍。

关键概念

工程项目的竣工验收　转包　违法分包　物业质量保修制度

基础知识练习

△ 选择题

1.建设单位在工程竣工验收合格之日起（　　）内需办理工程竣工验收备案。

A.15日　　B.30日　　C.半年　　D.一年

2.实施质量监督的内容包括（　　）。

A.开工前的监督　　B.施工过程中的监督　　C.竣工核验

3.《城市绿化规划建设指标的规定》中，要求新建居住区占居住区总用地比率不低于（　　）。

A.20%　　B.35%　　C.15%　　D.30%

△ 判断题

1.建设单位也就是业主。（　　）

2.勘察、设计单位可适当超越其资质等级许可的范围承揽工程。（　　）

3.施工单位可根据实际情况转包或者分包工程。（　　）

△ 思考题

1.物业管理法律制度有什么特点？

2.物业保修的范围是什么？

实践操作训练

△ 案例题

某房产开发公司开发××小区，从2010年至2013年，该小区建设工程全面竣工，于2014年1月向业主交付使用。

问题：(1) 在工程建设过程中，分别有哪些单位需要对××小区建设工程行使质量责任？

(2) 建设工程竣工后，需要走哪些验收程序？

(3) 房屋交付一年后，业主黄先生发现房屋外墙漏水，应该如何处理？为什么？

△ 实训题

[实训情境设计]

×××市××小区建设工作已初步完成，开发商为了更快交房，准备对小区进行逐步验收以便尽快移交给物业。请列出物业的质量监督内容及建筑工程的质量责任。

[实训任务要求]

合理化列出各项步骤。

[实训提示]

根据《建筑工程质量监督条例》《建筑法》等法律条文。

［实训效果评价表］

评价内容	分值（分）	评分（分）
条理清晰明了	20	
内容完整	30	
语言简洁明了	20	
符合建筑法的标准	30	

注：考评满分为100分。60分以下为不及格；60～69分为及格；70～79分为中等；80～89分为良好；90分及以上为优秀。

第 12 章

物业管理纠纷的处理

学习目标

通过本章的学习，要求认识我国物业管理纠纷的现状，了解目前物业管理过程中所面临的各种纠纷的类型，熟悉我国物业管理纠纷中应该掌握的处理原则和手段，掌握物业管理过程中各种纠纷的处理方法。

引例

空房业主不交费

某小区物业公司将小区业主周某起诉至法院，称其两年未交纳物业管理费，期间物业公司多次向周某催交，周某一直未予理睬，请求法院判令周某支付。周某辩称，其两年前已搬离该小区，房屋一直处于空置状态，他没有接受物业公司的物管服务，不应该交物业费。

根据《最高人民法院关于审理物业服务纠纷案件具体应用法律若干问题的解释》第六条的规定，物业服务企业已经按照合同约定以及相关规定提供服务，业主仅以未享受或者无须接受相关物业服务为抗辩理由的，人民法院不予支持。因此，法院审理认为，周某应当履行按时交纳物业费的义务。

在另一起物业费纠纷中，业主朱某辩称自己的房屋空置了一年半，该期间的物业费应当享受折扣优惠。最终，法院判令朱某全额支付物业费。

分析：物业费为公管费用，并非针对单一业主。《物业管理条例》规定，物业管理是指业主通过选聘物业服务企业，由业主和物业服务企业按照物业服务合同约定，对房屋及配套的设施设备和相关场地进行维修、养护、管理，维护物业管理区域内的环境卫生和相关秩序的活动。交纳物业费是业主应承担的一项基本合同义务。虽然房屋空置，但小区卫生仍需天天清洁打扫，公共秩序必须时时巡查维护，所有设施设备如电梯、消防、二次供水、配电等费用也要一分不少地支出。

资料来源：作者根据相关资料整理编写。

为了了解物业管理纠纷的处理，本章将介绍有关物业管理纠纷的分类、处理纠纷的原则和方式以及一些常见纠纷的处理方法等相关内容。

12.1 物业管理纠纷概述

我国的物业管理行业是随着改革开放的深入，伴随着市场经济以及房地产综合开发和住房商品化的发展而产生和发展起来的，物业管理纠纷案件逐年成倍增长，纠纷类型也从原先单纯的追索物业费纠纷转而向服务质量、乱收费、乱搭建以及解聘物业管理公司等的纠纷发展。

《最高人民法院关于审理物业服务纠纷案件具体应用法律若干问题的解释》已于2009年4月20日由最高人民法院审判委员会第1466次会议通过，自2009年10月1日起施行。具体内容扫描左侧二维码查看。

12.1.1 物业管理纠纷现状

物业管理纠纷是指自然人、法人、其他社会组织、国家有关行政管理部门之间在物业管理的民事、经济、行政活动中，因对同一项与物业有关或与物业管理服务有关或与具体行政行为有关的权利和义务有相互矛盾（对立、对抗）的主张和请求，而发生的具有财产性质的争执。目前，物业管理纠纷呈现以下发展趋势：

1）物业管理纠纷案件逐年上升

1990年以来，特别是1992年以后，全国各地的房地产业异军突起，形成了不同档次、不同类型的新建住宅小区和商用写字楼的大厦（以下简称为住宅小区和商厦），各类住宅小区和商厦物业管理者在收取物业管理费用、提供管理服务方面的做法不尽一致，业主与物业管理者之间缺乏约束各方的合同、公约或法律规范，使业主与物业管理者、行政主管部门等之间的矛盾渐生，从而产生纠纷，向房产、物价等管理部门的投诉也大量增加。

2）物业管理纠纷的案件形式多种多样，且多是新类型的案件

物业管理纠纷是物业管理过程中所发生的纠纷。目前所受理的物业管理纠纷，已从刚开始时物业管理者追索物业管理费的纠纷发展到涉及民事诉讼、行政诉讼的多类型纠纷，其内容主要有：

（1）物业管理者（包括房地产开发商和物业管理公司）向业主或使用人追索物业管理费、水电费的纠纷。这类纠纷数量较多。

（2）业主或使用人要求物业管理者承担停水、停电、停气或其他行为的侵权赔偿纠纷。

（3）房地产开发商与物业管理公司之间的物业管理承包合同纠纷。

（4）房地产开发商与物业管理公司之间的物业委托管理纠纷。

（5）业主或使用人要求物业管理者赔偿在提供特约服务如保管服务中所造成的财物损失的纠纷。

（6）业主或管委会选聘、解聘物业管理公司产生的纠纷。

（7）业主诉房产管理部门行政侵权纠纷。

这些类型的纠纷，涉及民法关系中合同之债（包括服务管理关系、代理关系、承包关系）、侵权行为所生之债，以及行政诉讼中房产管理部门的行政行为是否合法。

3）物业管理纠纷诉讼主体复杂，法律关系复杂，对纠纷的审理有一定的难度

该类案件的主体，既有我国公民、法人和其他组织，又有外国公民、外国企业；参与诉讼的既有业主、使用人或小区管委会，也有物业管理公司、房地产开发商和行政管理部门。

12.1.2　物业管理纠纷分类

为了能够更详细地了解物业管理纠纷，可以依不同的标准将其划分出多种类型。下面按照法律关系性质差异以及基本权利性质和特点两个方面分类进行介绍。

（1）按纠纷所属法律部门不同的法律关系性质差异，可以将物业管理纠纷划分为四大类：

①民事纠纷。它是指民事法律地位平等的自然人、法人、其他社会组织相互之间基于财产关系和人身关系而发生的纠纷。物业管理纠纷大部分属于民事纠纷，主要表现为服务合同纠纷（违约纠纷）、侵权纠纷、不动产相邻关系纠纷、无因管理纠纷等。

②经济纠纷，确切地说是经济管理和协作纠纷。它是指存在经济组织隶属关系地位不平等的个人与其所在经济组织之间、下级组织与其上级组织之间或者依法依合同结成

经济协作性隶属关系的不同经济组织之间，基于经济利益关系和组织管理职责关系而发生的纠纷。其主要表现为：基于营业性物业管理委托合同而在承发包当事人（物业服务企业与特定业主及业主委员会）之间发生的经营管理权限纠纷；有关单位依物业管理法规应当相互协助却未尽协助职责而产生的纠纷等。

③行政纠纷。狭义上，它是指行政机关在行使管理职权过程中与自然人、法人和其他组织之间发生的具体行政行为纠纷及连带利益（如行政赔偿）纠纷。广义上，它还包括对抽象行政行为即行政规范性文件内容规范的纠纷。在物业管理行政法律关系中，主要有物业管理的行政主管机关的行政指导和行政监督的具体行政行为纠纷，以及其他相关行政部门监督管理或干预物业管理活动引起的纠纷。

④刑事纠纷。它是指个人和法人单位的行为触犯刑法而引起的纠纷。有些物业管理纠纷首先表现为民事经济纠纷或行政纠纷，但由于未得到及时、公正、公平、合理的解决，就很容易使当事人矛盾冲突尖锐化、剧烈化，使纠纷扩大，演变成刑事纠纷。

（2）按纠纷中的基本权利性质和特点不同，可以将物业管理纠纷划分为四大类：

①物业管理产权类纠纷。这主要是物业所有权方面的业主专有权与业主团体共有权辖属范围的确认纠纷，业主团体的所有权与托付物业服务企业的物业经营管理权行使之间的权限划分和确认纠纷，物业使用人与业主及业主团体之间发生的使用权益确认纠纷等。

②物业管理债权类纠纷。这主要是与物业管理服务有关的合同之债、侵权之债等债权债务关系纠纷，例如物业管理服务违约纠纷、物业管理行为失误致人损害的赔偿纠纷、车辆保管纠纷、无因管理之债纠纷等。

③物业管理行政权类纠纷。这主要是物业管理行政主管机关和其他有关行政部门在行使职权的具体行政行为中与行政相对人之间发生的行政权限和行政权行使是否违法、是否得当、是否显失公正的纠纷，如违法建筑和违法搭建的行政确认与行政执法强行拆除引起的纠纷等。

④物业管理自治权类纠纷。这主要是业主、物业使用人、业主大会、业主委员会在团体民主自治权益方面发生的纠纷，如业主不执行管理规约的有关规定或不执行业主会议续筹物业维修资金的分摊决定而引起的纠纷。

12.1.3 物业管理纠纷的特点

物业管理纠纷属于房地产纠纷总类中的一个分类，虽也具有与其他类房地产纠纷类似的方面，如因物业与纠纷当事人切身利益关系相当重大而具有矛盾容易激化性和处理棘手性等，但也明显存在自己的一些特点。其特点可以概括表述为以下三点：

（1）物业管理纠纷的酿成不仅基于违法或违背社会公共利益的行为，而且也基于违反业主团体自治规约的行为。其他类房地产纠纷都不涉及自治规约的存在和违反问题。物业管理法规赋予业主团体自治的组织权利和保护业主团体自治的运行秩序，承认管理规约的自治规范约束力。受自治规范约束的业主、物业使用人、业主委员会若有违反自治规范的行为，即引发自治类纠纷。

（2）物业管理纠纷的法律关系非常复杂，既有涉及民事、经济、行政、刑事法律关系的纠纷，又有涉及业主团体经济事务和社会事务民主自治法律关系的纠纷；既有狭义的物业管理纠纷，即仅包括业主团体的物业管理事务委托和承办过程中发生的纠纷，又有广义的物业管理纠纷，即还包括物业开发规划设计时期、物业管理超前介入时期、前期物业管理时期、业主团体自治管理时期所发生的涉及物业管理因素或物业管理活动的全部纠纷。在各种物业管理纠纷中，有的还因含有涉外因素而成为涉外纠纷。

（3）物业管理纠纷具有易发性。基于服务产品的生产过程与流通过程、消费过程的交融性，服务大都直接面对消费者的人事性，服务态度和业主等消费者心理受个人情绪的影响性，在物业管理服务的提供和交易过程中，容易发生对服务质量好坏、满意与否的争执。

12.1.4　物业管理纠纷产生的原因

当前引发物业管理纠纷的原因，有历史的和现实的，有内部的和外部的，有社会的和个人的，有主观的和客观的，有管理体制上的和工作上的等各种具体原因。归纳起来，大致有以下几个主要原因：

（1）物业管理专业、优质服务供不应求。随着人们的生活水平的提高，人们不仅对物业管理专业服务的需求量在迅速增加，而且对服务的期望值即对服务质量的要求也相应提高。但是由于中国物业服务企业起步较迟，大部分企业的专业水准和员工综合素质不是很高，因而在专业、优质服务供给上难以满足众多业主们的需要。

（2）新生事物的法律规范不健全和行政管理工作不得力。物业管理、业主团体自治管理都是在20世纪90年代中期才纳入国家规范化管理轨道的新生事物，对实践经验的追踪调研总结或立法工作没有制度化，使得有关法规的健全完善工作滞后于新生事物发展的法制要求。这就使得物业管理和业主自治管理实施过程中所发生的新型纠纷没有可依据的对应规范来参照处理，从而造成一些纠纷长期难以解决，困扰当事人和行政主管机关。加上一些物业管理的行政主管部门及其工作人员，对业主自治管理认识模糊，对自治管理与物业管理的关系未能准确理解，因而在具体行使行政指导和监督职权时，未能及时、有效地以行政手段保护业主团体自治的合法权益，从而引发行政纠纷。

（3）纠纷当事人缺乏民主自治和法律常识或民主法治观念淡薄。一些涉及业主团体自治事务的纠纷当事人，未能真正把握民主自治的精神和原则，不正当行使或者滥用自己的成员权，人为地在业主团体内部制造派别对立纠纷和其他纠纷；有的纠纷当事人并不缺乏法律知识，但民主法治观念淡薄，订了管理规约、服务合同之后不认真履行，从而酿成纠纷；有的纠纷当事人有意或无意地将不同主体间的法律关系相混淆，把原本不属于物业管理服务范围的法律关系硬牵扯到物业服务企业身上而引发纠纷。

总之，造成当前物业管理纠纷的原因是相当复杂的，但是就一件具体的物业管理纠纷而言，可能只有一两个主要原因，所以对具体的物业管理纠纷应实事求是地做具体分析，从而针对原因找出妥善合法解决纠纷的有效对策。

12.2 物业管理纠纷的处理

物业管理的纠纷各种各样，产生的原因也不尽相同，因此在处理纠纷的时候，在坚持一些基本的处理原则的基础上，要采取不同的处理方式。同时，在处理纠纷过程中，要对一些事项特别注意。

12.2.1 物业管理纠纷的处理原则

对物业管理纠纷，无论是人民调解组织、物业管理行政主管机关、仲裁机关、人民法院处理时，还是当事人之间协商解决时，都应遵守下列原则：

（1）严格执行法规和政策的原则。所谓“严格执行”包含两层含义：凡是法规、政策有明文规定的应依照其严格执行；凡是法规、政策没有明确规定或规定不同的，就应严格按照法规、政策的原本精神和基本原则，公正地处理或裁决。

（2）维护合法的业主团体自治规约效力的原则。业主团体自治权和自治地位是法规赋予的，在城乡不同范围的群众中制定和执行各种守则、公约也是《宪法》（第二十四条）支持的。表现业主团体自治的共同意志的管理规约，只要其约定的内容不与法律规范相抵触，就应得到尊重和具有约束力，可以得到国家强制力量的支持和维护。在解决物业管理纠纷涉及管理规约的正当约定条款适用时，应当承认其效力并予以维护和贯彻执行。

（3）确认和保护合法产权、债权的原则。合法的产权通常以房地产权证为凭据，合法的债权通常以合同为凭据。只要能证明自己是某项产权或某项债权的合法主人且查证属实，就应当予以确认和给予法律保护。产权和债权是民事经济社会活动的两项维系经济利益的基本权利，是民事经济社会活动关系的重要权利纽带，关系社会经济运行秩序，历来是国家法律保护的重点。

（4）坚持权利与义务相一致的原则。物业管理纠纷的本质不是单纯的“物”（物业）或“服务”的纠纷，而是这些物业上和服务过程中的人与人的社会关系的纠纷，当这种社会关系被物业管理法规调整时，就表现为法律上的权利义务关系的纠纷。

（5）保障社会公益优先实现和社会安定的原则。社会的安定团结和社会经济秩序的稳定是压倒一切的头等大事，保障社会公益优先实现是社会主义社会发展的基本原则和要求。

（6）严守法律、政策与实事求是相结合的原则。由于物业管理纠纷的情况比较复杂，牵涉面广，引发原因多样，因而在具体处理纠纷时，既要严格依法处理，也要奉行“以事实为依据、以法律为准绳”的法律原则，从实际出发，尊重历史事实，兼顾社会妥当效果。对于以往已作出的处理决定或裁判，若确有失误，应本着实事求是、有错必纠的原则，依法予以纠正。

【案例分析12-1】

某日，某小区的保安人员在检查进小区车辆时，发现某车辆上装载的107胶有一部分洒落在小区坡道处，随后保安进行了清除。当晚下雨，次日下午1时，业主孙某（73岁）行至该坡道处，脚踩到未清除干净的107胶而摔倒，遂被送到医院进行治疗。医院诊断业主孙某损伤系“颈椎外伤，脊髓损伤伴不全瘫”，后经鉴定为四级伤残。

业主孙某以物业服务企业未及时履行清扫、保洁义务造成人身损害为由，诉至某区人民法院，要求该物业服务企业承担民事责任，赔偿其医疗费、营养费、误工损失费、残疾补偿费、精神损失费共计90 000元。

一审法院判决认定，该物业服务企业未清除干净坡道上的107胶，业主孙某损害结果的发生与该物业服务企业疏于管理存在着必然的因果关系，因此对业主孙某的经济损失，该物业服务企业应承担赔偿责任，即赔偿住院医疗费、出诊治疗费、鉴定费、就医交通费、残疾生活补助金等合计90 000元。

一审判决后该物业服务企业以一审法院赔偿过高为由提出上诉。该物业服务企业认为一审法院未能确定侵害人、责任人，未查明孙某致伤因果关系，草率认定其负有全部责任，有悖“以事实为依据、以法律为准绳”的原则。

二审法院判决认为，该物业服务企业和业主孙某系物业管理关系，作为管理部门应当保证小区内及辖区内的清洁，现由于坡道上的107胶导致孙某摔伤，物业服务企业应承担主要责任。业主孙某系完全民事行为能力人，应该预见自己的行为，由于其行走不慎摔伤，亦应承担一定责任。因此对业主孙某的经济损失，物业服务企业承担部分赔偿责任，包括医疗费、鉴定费、营养费、误工损失费等合计90 000元的80%即72 000元。业主孙某自行承担损失的20%，即18 000元。

资料来源：赵娜.物业管理纠纷常见案例解析［EB/OL］.［2013-05-24］. http: //www.66law.cn/goodcase/19932.aspx.

分析：判定物业服务企业是否应当承担赔偿责任的核心在于物业服务企业在提供服务时是否按照物业服务企业与业主之间签订的物业服务合同来提供相应的服务。一般来讲，维护物业区域内的环境卫生是物业服务合同的一项基本内容，物业服务企业必须履行保洁义务，为业主提供一个安全、舒适的小区环境。若在合同履行过程中存在不当行为，就要承担相应的法律责任。对此，《物业管理条例》第三十五条第二款规定：“物业服务企业未能履行物业服务合同的约定，导致业主人身、财产安全受到损害的，应当依法承担相应的法律责任。”本案中，物业服务企业在对辖区路面进行清洁时未清除净洒落在坡道上的107胶，理应预料到下雨天遗留在路面上的107胶可能会导致行人摔伤，却因疏忽大意而不作为，当然应当承担违约责任。

孙某作为具有完全民事行为能力人，应当预见到雨后地面湿滑，有滑倒摔伤的危险性，也应在走路时提高注意力。孙某没有预见，或虽有预见但抱有侥幸心理而轻信不会发生危害结果，即主观上存在疏忽大意的过失，因此也应当承担一定的民事责任。

综上所述，二审法院的判决结果是合理合法的。

12.2.2 物业管理纠纷的处理方式

物业管理纠纷的处理方式概括起来有以下几种：①当事人各方协商和解；②当事人各方请求第三人调解，请求政府主管部门行政调解；③当事人之间约定仲裁；④司法诉讼。这几种方式孰优孰劣，难作评定，当事人可以自己决定。自选协商和解是双方对话解决纠纷的方式，而后面三种则是借助第三方解决纠纷的方式。

1）协商和解

协商和解是由物业管理纠纷当事人双方或多方本着实事求是的精神，依据有关法律规定、管理规约和所订合同中的约定，直接进行磋商，通过摆事实、讲道理的办法来查明事实、分清是非，在自愿互谅、明确责任的基础上，达成一致意见，按照各自过错的有无、大小和对方受损害的程度，自觉承担相应的责任，以便及时地自行解决物业管理纠纷的一种处理纠纷的方式。

2）调解

调解是指当事人之间发生物业管理纠纷时，由国家规定的有管辖权的第三人来主持引导当事人进行协商活动，坚持自愿原则和合法原则，运用对当事人进行利害分析、说服教育的方法，促使当事人双方相互谅解、自愿达成协议、平息纠纷争端的一种方式。调解按调解主持人的身份不同可分为民间调解、行政调解和司法调解三种。

（1）民间调解广义上包括人民调解委员会调解、律师调解、当事人请调停人调解；狭义上仅指人民调解委员会调解民间纠纷，具有民间性质。其调解虽有一定约束力，但要靠当事人自觉履行，一方不履行调解书内容，人民调解委员会和另一方当事人皆不能强制其执行。

（2）行政调解是指在特定的国家行政主管机关主持下进行的调解，具有行政性质。行政调解书具有法律效力，若一方不执行，特定的国家行政主管机关虽无权强制其执行，但另一方当事人可以持行政调解书向有管辖权的法院申请强制执行；若达成调解协议的一方反悔了，要推翻行政调解书写明的协议，就必须到法院起诉，不经过司法程序，就不能推翻原来的行政调解。

（3）司法调解指法院调解，又称诉讼内调解，具有司法性质。法院受审案件中的民事部分，可以在审判人员主持下进行调解，一般只有在调解不成时，才依法作出判决。即使一审作了判决，到了二审的时候还是可以调解的，如果调解成立，一审判决即视为撤销。

3）仲裁

可以通过仲裁途径解决的应是民事性质的争议，主要是基于合同的纠纷或财产权益纠纷。依据《中华人民共和国仲裁法》（以下简称《仲裁法》）的规定："平等主体的公民、法人或其他组织之间发生的合同纠纷和其他财产权益纠纷，可以仲裁。"

仲裁庭管辖物业管理纠纷的依据是当事人认定的协议。仲裁协议有两种方式：一种是在订立合同时就约定一个条款，说明一旦有争议就提交仲裁，这叫仲裁条款；另一种方式是双方当事人出现纠纷后临时达成提交仲裁庭的书面协议。

4）司法诉讼

当事人通过诉讼方式解决民事、行政纠纷是较常见的方式。诉讼的管辖是人民法院。与仲裁明显不同，人民法院对已提交诉讼的当事人的管辖是强制性的。

中国的诉讼制度主要包括起诉、受理立案、（被告）答辩、开庭审判（包括法院调查、辩论调解、制作调解书或一审判决书）、上诉二审、二审终审不得上诉以及生效的一审判决、二审判决的执行等制度。

【实战演练12-1】

某房地产开发商开发了花地小区。由于采用分期开发、分期入住的方式，该小区在很长一段时间内难以成立业主委员会，故由该开发商委托某物业公司管理。但随后该开发商接到该小区居民投诉，指责该物业公司工作人员经常不到位，楼梯垃圾清理不及时，环境绿化无人管等。该开发商立即向该物业公司提出限期解决问题的要求，但该物业公司在限期内并无任何明显改善。于是该开发商以该物业公司违约为由，起诉到法院，要求解除合同，并由该物业公司赔偿相关损失。

问题：（1）该开发商与该物业公司之间的合同是否有效？为什么？

（2）该开发商是否有权解除合同？为什么？

12.2.3　物业管理纠纷处理的注意事项

民事性质的物业管理纠纷的处理要着重调解。在合法的前提下遵循当事人意思自治原则，尽量促成纠纷当事人协商和解，从而有利于及时解决纠纷、节约成本，有利于维持当事人之间的良好关系、便于执行。除人民调解委员会进行调解外，要充分发挥一些社会服务组织或自律组织的调解功能，如通过业主团体自治组织、物业管理协会、消费者权益保护组织和一些法律服务机构主持调解某些纠纷。

1）物业管理纠纷案件的管辖问题

确定物业管理纠纷案件的管辖问题，是正确审理此类案件的前提。物业管理纠纷案件的管辖问题，应以物业管理纠纷案件的具体类型来确定。目前当事人一般都在物业所在地的法院起诉，并把物业所在地作为业主或使用人的住所地。要注意审查何处为被告住所地、何处为合同履行地。

2）物业管理的合同的法律效力问题

审查物业管理合同的效力关系到正确处理纠纷、维护法律严肃性的问题。在物业管理纠纷中，主要涉及三类合同：一为物业管理服务合同，即业主或业主委员会与物业管理公司或房地产开发商签订的由房地产开发商或物业管理公司对建筑物及其附属物进行有偿管理服务的书面协议，通常所说的物业管理合同主要是指物业管理服务合同；二为物业管理承包合同即房地产开发商或物业管理公司与另一物业管理公司签订的将物业管理权发包给另一物业管理公司承包的书面协议；三为物业委托管理合同，即房地产开发商与物业管理公司签订的将物业管理权委托给物业管理公司管理的书面协议。在审理中，应区分合同的不同性质，注意合同的效力，以正确处理物业管理纠纷。

（1）注意审查物业管理服务合同的效力。在审查物业管理服务合同（或称聘用管理合同）时，应主要从当事人是否具备民事主体资格和相应的民事权利能力、民事行为能力来审查其效力，还应注意审查合同的内容是否合法。

（2）注意审查物业管理承包合同的效力。由于房地产开发商或物业管理公司在与业主签订物业管理服务合同后，将受托进行物业管理的经营权发包给其他的物业管理公司，坐收承包金，由此产生了发包方与承包方因收取、上缴物业管理承包金及业主拒向承包管理人交纳物业管理费用的纠纷。《物业管理条例》中规定，小区物业管理权属全体业主所有，只有业主或者代表业主的委员会才有权选聘物业管理公司，为业主提供有偿服务。

（3）注意审查物业委托管理合同的效力。在考察物业委托管理合同时应注意审查合同的当事人和合同的内容。业主或代表业主的委员会委托、聘用物业管理公司提供管理服务，据此所签订的物业委托管理合同，实质上是属于前述物业管理服务合同，如无其他导致合同无效的情形，所签订的物业委托管理合同应确认有效。业主将物业委托给其选定的物业管理公司管理，是基于业主对所选定的物业管理公司物业管理能力的信任，物业管理公司既无权将享有的受托管理权转包、转让，也无权另行委托他人对业主的物业进行管理。根据民法理论，转委托成立的前提必须是经委托人（即业主）同意，接受委托进行物业管理的物业管理公司擅自将管理权转委托他人行使，所签订的物业委托管理合同侵犯了业主的利益，实施了无权转委托的行为，应确认合同无效。

12.3 常见物业管理纠纷类型及处理

物业管理是一个从物业开发规划开始分阶段、分期逐步全面推开的过程，同时也是物业管理服务的多种经营、多类提供依其共性或关联密切性而自然构成不同板块的过程。物业管理法规对不同阶段和不同板块的物业管理服务关系也有一些特殊规范可适用。

12.3.1 前期物业管理阶段

在前期物业管理阶段，物业管理的纠纷一般集中在以下三个方面：

1）业主以其未签订前期物业管理合同为由而拒绝履行合同

例如，某业主入住新购房产后，以前期物业管理合同是房地产开发商而非自己与物业服务企业签订，对其不发生效力为由，拒绝缴付物业管理费。物业服务企业在多次催讨不成的情况下，向法院提出诉讼。法院判决该业主按照前期物业管理合同的约定缴付物业管理费。

2）物业服务企业利用前期物业管理的特殊性侵犯业主的合法权益

例如，某房产开发企业与某物业服务企业（系由该房产开发企业设立）签订前期物业管理合同，委托该物业服务企业对小区实施物业管理，委托期限为8年，每平方米收费2.5元（同等物业收费1.2元）。业主相继入住后，发现小区管理混乱，物业服务差，收费相比同等其他物业高出许多，业主因此不满，矛盾纠纷不断。

3）房屋装饰装修期纠纷

住宅工程初装饰是指新建住宅工程户门以内的部分项目，在施工阶段只完成初步装饰。由于初装饰是二次装饰的基础，其标高、坡度、平整度、棱角等质量要求不能降低，竣工验收时观感质量评定的基准分不变，其质量标准按国家《建筑安装工程质量检验评定标准》及有关规定执行。根据建设部1994年6月16日（建监字第392号）颁布的《住宅工程初装饰竣工验收办法》第十一条的规定："凡实行初装饰的工程因实行初装饰发生的预算差额部分，由建设（开发）单位统一划给物业管理机构，然后，由物业管理机构再按拥有的面积比例补偿给住户。"初装饰房屋竣工验收交付使用后，房屋进行再装饰，按城市房屋装饰管理有关规定执行。

原有房屋装饰装修时，业主所委托的设计施工队伍，应当是经建设行政主管部门进行资质审查，并取得资质证书的从事建筑装饰装修的企业。未取得建筑装饰装修资质证书而进行建筑装饰装修的设计、施工队伍，要受到行政处罚，并可处装饰装修工程造价3%以下的罚款。为保护业主利益，物业服务企业在办理业主申请装修装饰事务中，应审核装修施工队伍的来源及资质证书，提醒业主不要贪图省钱找装修"游击队"来施工，以免日后发生装修质量纠纷和难以索赔。

原有房屋装饰装修时，对影响原有房屋结构稳定和承载能力的装饰装修工程要严格实行审批制。凡涉及拆改主体结构和明显加大荷载的，必须严格按照《建筑装饰装修管理规定》第八条的规定装饰装修。

12.3.2 业主委员会自治主持下的物业管理阶段

业主委员会成立后，前期物业管理转入业主团体自治管理与专业化物业管理相结合的运行阶段。物业管理的纠纷主要有：

1）物业服务企业的辞退纠纷

按现行物业管理相关法规规定，只有物业管理合同期满，或者接受委托的物业服务企业提供的管理服务未能达到政府部门和委托合同规定的管理服务效果标准或者有其他违约行为的，业主委员会或委托方才可以决定终止委托合同。

2）业主人身或财产受到损害造成的物业纠纷

例如，在打架斗殴中，涉及物业管理公司负责管理的物业的损失。

3）物业维修、更新费用纠纷

根据权利与义务相一致原则和损失与赔偿相称原则来处理物业管理辖区内的房屋维修、更新的费用纠纷。

(1) 属于业主独有（房屋室内）部分的自用部位和自用设备的维修、更新费用由业主负责。

(2) 房屋使用人承租的，我国《民法典》第七百二十二条规定："出租人应当履行租赁物的维修义务，但当事人另有约定的除外。"《民法典》第七百一十三条规定："承租人在租赁物需要维修时可以请求出租人在合理期限内维修。出租人未履行维修义务的，承租人可以自行维修，维修费用由出租人负担。因维修租赁物影响承租人使用的，应当相应减少租金或者延长租期。”

（3）房屋共用部位和共用设施设备的维修、更新费用，由整幢房屋本体业主按照各自拥有的建筑面积比例共同承担，《城市异产毗连房屋管理规定》（1989年11月21日原建设部令第5号）第九条，比较详细地规定了异产毗连房屋发生自然损坏（因不可抗力造成的损坏，视同自然损坏）所需修缮费用的处理原则。另外，各地区也出台了相应的管理办法，例如，深圳市的规定突出了住宅维修资金，由业主按规定分摊、分期交纳，房屋共用部位、共用设施设备由物业管理公司组织定期养护和维修，其费用从住宅维修资金中支出。

（4）物业管理区域内的水、电、气、通信、有线电视等管线及其他属公用事业部门专项管理的设施，也可以委托物业服务企业管理维护，并承担相应费用。

（5）属人为损坏的，由该行为人负责承担维修、更新费用或者给予赔偿。

（6）物业出现严重损坏而影响业主、使用人权益和公共安全的，区、县房地产行政主管机关应当督促限期维修；必要时，房地产行政主管部门可以采取排险解危的强制措施，排险解危的费用由当事人承担。

（7）房屋的共用部位、共用设施设备维修时，相邻业主、使用人应当予以配合。因相邻业主、使用人阻挠维修造成其他业主、使用人财产损失的，责任人应当负责赔偿。反之，依不动产相邻关系法理及规定，因物业维修、装修造成相邻业主、使用人的自用部位、自用设备损坏或者其他财产损失的，责任人应当负责修复或赔偿。

8）高空抛物引发的纠纷。《民法典》第一千二百五十四条规定：“禁止从建筑物中抛掷物品。从建筑物中抛掷物品或者从建筑物上坠落的物品造成他人损害的，由侵权人依法承担侵权责任；经调查难以确定具体侵权人的，除能够证明自己不是侵权人的外，由可能加害的建筑物使用人给予补偿。可能加害的建筑物使用人补偿后，有权向侵权人追偿。”公安等机关应当依法及时调查，查清责任人。物业服务企业等建筑物管理人应当采取必要的安全保障措施防止前款规定情形的发生；未采取必要的安全保障措施的，应当依法承担未履行安全保障义务的侵权责任。

4）物业的使用纠纷

物业的使用纠纷是因涉及公共秩序、公共环境卫生、公共利益的利用等物业行为违法或不正当所引发的纠纷。处理这类纠纷应遵循社会公益优先保障原则、维护相关行政管理秩序原则和尊重物业所有权原则。

物业管理法规明确规定了物业使用关系中的禁止行为：损害房屋承重结构和破坏房屋外貌；占用、损坏房屋的共用部位、共用设施或者移装共用设施设备；在天井、庭园、平台、屋顶以及道路或者其他场地搭建建筑物、构筑物；侵占绿地、毁坏绿化；乱设摊点、集贸市场；乱倒垃圾、杂物；在建筑物、构筑物上乱张贴、涂写、刻画；随意停放车辆和鸣喇叭；发出超出规定标准的噪声；排放有毒、有害物质；从事管理规约所禁止的营业活动；法律、法规及政府规章所禁止的其他行为。对违反强行性禁止行为规范的行为人，业主、使用权人、居民、业主委员会、物业服务企业有权劝阻、制止和举报，相关行政主管部门的执法监察机构有权依法予以行政处罚。

【案例分析12-2】

张某住在某大厦的6层，自家大门正对电梯门，每次电梯上下人，尤其是在晚上，对其干扰非常大。为减少干扰，张某请人在电梯门与自家大门之间的公用楼道砌了一道墙并安装了一道防盗门，致使电梯门口公用楼道变窄，行人只好侧身进出电梯。6层其他住户和物业服务企业都劝其恢复原状，但张某以自己的权益受侵害为由不予理会，张某的行为是否正确？

资料来源：根据相关资料整理编写。

分析：张某砌墙和安装防盗门的行为不但侵犯了其他业主的共同权益，而且直接妨碍了同层其他业主的正常行走，应立即拆除砌墙和防盗门，恢复楼道原状。张某的行为违反了有关"相邻关系"的相关规定。"相邻权"是两个或两个以上相毗连的不动产所有人或使用人因各自所有或占有的不动产所享受的权利，它强调的是不动产所有人在行使自己合法权利时，应尊重其他所有人或使用人的权利，给予必要的便利，不得损害对方的合法权益。根据《民法典》第二百七十一条"业主对建筑物内的住宅、经营性用房等专有部分享有所有权，对专有部分以外的共有部分享有共有和共同管理的权利"的规定，电梯门前的楼道是属于本大厦全体业主共有的建筑物的共有部分，张某砌墙和安装防盗门的行为属于非法占用共有空间、扩大自己专有部分的范围。业主在享有各自所有或占有的不动产专有部分的合法权利时，也应履行不动产专有部分以外的共有部分的共同管理的义务，二者缺一不可。

物业管理从业人员特别是物业服务企业经理层人员及行政主管机关的工作人员，应在日常工作和学习中，注意收集、研究物业管理实务纠纷案例分析资料和相关法学理论文章，以不断提高自己依法办事的工作水平和理论水平。

本章小结

本章对物业管理纠纷的现状进行了详细的分析，同时对物业管理纠纷的分类按法律关系性质差异与基本权利性质和特点不同两个方面分别介绍。物业管理纠纷处理方式概括起来有以下几种：当事人各方协商和解；当事人各方请求第三人调解，请求政府主管部门行政调解；当事人之间约定仲裁；司法诉讼。协商和解是双方对话解决纠纷的方式，而后面三种则是借助第三方解决纠纷的方式。在进行纠纷处理时的注意事项有以下几个方面：物业管理纠纷案件的管辖问题；物业管理的合同的法律效力问题等。物业管理常见纠纷类型及处理分两个方面介绍：前期物业管理阶段和业主委员会自治主持下的物业管理阶段。

关键概念

物业管理纠纷　协商和解　调解　住宅工程初装饰　物业的使用纠纷

基础知识练习

△ 选择题

1.按纠纷所属法律部门不同的法律关系性质差异，可以将物业管理纠纷划分为（　　）。

A.民事纠纷　　B.经济纠纷　　C.行政纠纷　　D.刑事纠纷

2.按纠纷中的基本权利性质和特点不同，可以将物业管理纠纷划分为（　　）。

A.产权类纠纷　　B.债权类纠纷

C.行政权类纠纷　　D.自治权类纠纷

3.物业管理纠纷的处理方式有（　　）。

A.协商　　B.调解　　C.仲裁　　D.司法诉讼

△ 判断题

1.物业管理纠纷属于房地产纠纷总类中的一个分类。（　　）

2.物业管理规范性文件方面，有专门调整物业管理的规定。（　　）

3.物业管理纠纷是物业管理过程中所发生的纠纷。（　　）

△ 思考题

1.物业管理纠纷产生的原因有哪些？

2.处理物业管理纠纷需要注意哪些事项？

3.物业管理纠纷的处理原则有哪些？

实践操作训练

△ 案例题

某市物业服务企业是某房地产开发商的全资子公司，承接了该开发商开发的一个住宅小区的前期物业管理。业主入住后，对该物业服务企业的物业管理费收费标准和服务标准多次提出质疑，而该物业服务企业多次向业主提出该项目严重亏损，并要提高物业管理费，双方僵持不下，业主与物业服务企业的矛盾也日益突出。

问题：(1) 案例中前期物业管理是否可继续执行，为什么？

(2) 物业管理中合同的法律效力有哪些？

(3) 如果业主不满意该物业公司，可怎么做？

△ 实训题

[实训情境设计]

位于长沙市的××小区在2019年10月15、16、17日正式集中办理交付手续。其中××栋××房业主在看房过程中发现房间的厨房和卫生间出现渗水问题，并以此为由拒绝办理交付手续。2020年2月15日业主接到通知，房屋已经整改完毕，望业主尽快办理交付手续。但业主以房屋质量有问题而导致自己延期交付为由，拒绝交纳房子交付前的物业管理费。

[实训任务要求]

物管费的交纳需要从何时开始计算？采用打折的方式处理是否比较妥当？

［实训提示］

根据长沙市物业管理相关规定进行查证。

［实训效果评价标准表］

评价内容	分值（分）	评分（分）
找到相关法律法规	20	
内容完整	30	
语言简洁明了	20	
有充分的说服力	30	

注：考评满分为100分。60分以下为不及格；60~69分为及格；70~79分为中等；80~89分为良好；90分及以上为优秀。

主要参考资料

[1] 法律出版社法规中心. 物业管理条例注释本［M］. 北京：法律出版社，2010.

[2] 刘湖北，胡万平，王炳荣，等. 物业管理法规与案例评析［M］. 2版. 北京：中国建筑工业出版社，2010.

[3] 董藩. 物业管理法律与制度［M］. 2版.北京：清华大学出版社，2010.

[4] 张作祥. 物业管理概论［M］. 2版.北京：清华大学出版社，2011.

[5] 王跃国. 物业管理法规［M］. 北京：机械工业出版社，2009.

[6] 袁永华. 物业管理法规［M］. 武汉：华中科技大学出版社，2010.

[7] 鲁捷. 物业管理案例分析与技巧训练［M］. 北京：电子工业出版社，2012.

[8] 赵军. 物业管理典型案例评析［M］. 北京：中国科技文化出版社，2013.

[9] 陈鹏志. 现代物业管理范例精解［M］. 延边：延边人民出版社，2010.

[10] 黄安心. 物业管理案例分析［M］. 北京：中央广播电视大学出版社，2011.